Nos vaches sacrées

Ghislaine Ottenheimer

Nos vaches sacrées

Albin Michel

La mélancolie
C'est un' rue barrée
C'est c'qu'on peut pas dire
C'est dix ans d'purée
Dans un souvenir
C'est ce qu'on voudrait
Sans devoir choisir.

Léo Ferré

Ce livre a été écrit avec l'aide et les conseils de mon ami Alain Lizotte, psychiatre et analyste, qui m'a aidée tout au long de ce voyage.

Avant-propos

On en pleurerait de rage. Tant de chances gâchées. La France a tout pour être un pays accueillant, performant. Or, année après année, on constate une lente dégradation. Dans tous les domaines. Pourquoi la France est-elle impuissante à régler ses problèmes ? Pourquoi ce pays qui réussit l'exploit d'être la cinquième puissance économique de la planète, alors qu'il ne représente que 1 % de la population mondiale, a-t-il sombré dans une crise de doute abyssale dont il n'arrive pas à sortir ? Tristesse, repli sur soi-même, refus du changement. Nous ne sommes pas plus stupides, plus peureux que nos voisins et pourtant nous semblons avoir baissé les bras. Ressassant nos angoisses. Alors pourquoi ?

Quand j'ai commencé à réfléchir à ce livre, il y a près de deux ans, je me demandais si je n'avais pas une vision un peu pessimiste de l'état de la France, si je ne me laissais pas aller à un « déclinisme » malsain. La France dépressive ? Ou juste râleuse, morose, désabusée ? Et puis, il y a eu la campagne pour le référendum sur la Constitution européenne, au cours de laquelle se sont déversés toutes les peurs, tous les fantasmes. L'échec de la candidature de Paris pour l'organisation des Jeux olympiques. Une défaite vécue comme une gifle, mais aussi comme une sanction à l'encontre d'un pays arrogant, coupé des réalités. Les sondages qui ont continué à afficher des taux d'inquiétude historiques, malgré Villepin et ses harangues. Et les banlieues qui explosent.

« La France est foutue » : c'est devenu un leitmotiv, dans les chaumières, comme dans les plus hautes sphères de la République. Un tel abattement, unique au sein du monde occidental, ne peut pas s'expliquer uniquement à l'aune des piètres résultats économiques. Ou des déceptions politiques. Le mal est plus profond. Il s'est installé au tréfonds de notre inconscient collectif. Par crises successives. La France est malade. Victime d'une sorte de déprime, de « psychose maniaco-dépressive », en langage médical. Et pour guérir, il ne suffit plus d'en appeler à une réforme de l'État ou à une baisse des charges. Il faut commencer par soigner cet état douloureux, provoqué par la perte de notre statut de nation modèle.

Pour surmonter ce choc affectif, ce traumatisme, un seul remède : accepter la réalité, faire le deuil du passé, se tourner vers l'avenir au lieu de se réfugier dans le déni. De s'abriter, sans esprit critique, derrière des pratiques d'un autre âge. En vénérant nos vaches sacrées à nous. Notre modèle social, notre sécurité sociale, notre code du travail, notre intégration républicaine, notre éducation nationale, notre système de retraite par répartition, nos régimes spéciaux, nos services publics, notre politique agricole, nos grandes écoles, nos intermittents du spectacle... Bref, en croyant aveuglément en notre exception française, sans admettre qu'elle maintient avant tout un certain ordre social.

Même en Inde, peu à peu, on s'attaque aux tabous, au statut des vaches sacrées, et au régime des castes qui en découle. Car l'interdiction d'abattre les bovidés et de manger de la viande est un mécanisme complexe, mais cohérent, qui permet d'attribuer une place précise aux individus dans la hiérarchie sociale. Les strates les plus basses de la société, les plus démunies, qui sont acculées à manger les carcasses de vaches mortes – puisqu'il est interdit d'abattre les bovidés –, sont désignées comme intouchables. Et ce sont ces parias qui nettoient la bouse. Les brahmanes, eux, possèdent les bovidés, boivent le lait, mangent les yoghourts, marchent avec des sandales faites à partir du cuir des vaches sacrées...

Or, récemment, Dwijendra Narayan Jha, professeur d'histoire à l'université de Delhi, a affirmé, dans un livre, que, selon les *dharmasastra* (la loi hindoue), à l'origine la viande de bœuf faisait partie de la cuisine ancienne de l'Inde. Que Bouddha et Mahavira (le fondateur présumé du jaïnisme) mangeaient du bœuf. Selon lui, ce sont les brahmanes qui ont inventé cette interdiction. Pour préserver leur suprématie. Bien sûr, les extrémistes hindouistes ont crié au scandale. Dwijendra Narayan Jha a été menacé de mort et accusé de participer à une vaste conspiration... anti-indienne !

Quoi qu'il en soit, l'Inde prend peu à peu ses distances avec les vieux rituels. Plus question de laisser déambuler librement les vaches, en provoquant d'absurdes embouteillages dans les villes. Désormais, dans les centres urbains, aussi sacrées soient-elles, elles doivent être munies de puces électroniques et maintenues sous bonne garde dans des fermes ad hoc. Peu à peu, les politiques s'attaquent au problème de fond :

11

la production laitière, le remembrement cadastral, le ramassage des ordures ménagères, jadis « nettoyées » par les vaches sacrées... C'est tout un système vétuste qui doit être remis en cause.

La France doit devenir elle aussi un pays normal. Un pays qui assume l'économie de marché, un pays de tolérance, multiethnique, doté d'institutions avec de vrais contre-pouvoirs, des évaluations, de la transparence. Un pays où les patrons acceptent d'être surveillés par des comités de rémunération qui ne soient pas à leur botte. C'est cela aussi l'économie de marché, pour ne pas parler de libéralisme, terme honni. Pas seulement la flexibilité de l'emploi. Un pays où l'on respecte l'autre, un pays qui conçoit l'Europe comme la résultante de plusieurs cultures et non « une France en grand ». Un pays qui accepte les règles du jeu au lieu d'accuser la terre entière d'être à l'origine de tous ses maux.

Contrairement aux idées reçues, ce ne sont pas les plus faibles qui ont le plus à craindre d'une telle révolution, mais les élites qui ont magnifiquement profité du système passé et sont incapables d'en concevoir un autre. Ce sont elles qui ont intérêt au maintien d'un État quasi féodal et ont installé entre le peuple et la France d'en haut un plafond de verre infranchissable.

Imaginez deux familles ayant hérité de grands domaines. La première, fidèle aux traditions, ne veut rien changer. Peu à peu, au fil du temps, la propriété a commencé à se détériorer. La maison est glaciale. Inchauffable. Le maître de maison, qui refuse de déroger et n'a rien changé à ses habitudes, a été contraint de vendre peu à peu des tableaux, des bijoux. Certes, il est toujours servi par un maître d'hôtel, dans un service de table armorié, mais l'atmosphère est devenue invivable. Coupée du monde réel, ayant perdu son rang, la famille s'aigrit et voue aux gémonies le monde extérieur. Un monde de commerçants, obsédés par l'argent. Quant aux fidèles employés, ils vivent dans des chambres mal chauffées, leurs gages n'ont pas été augmentés depuis de nombreuses années, mais ils n'osent pas chercher un travail ailleurs. Ici est leur destin. Et eux aussi ont peur. Peur du changement.

L'autre famille, elle, a pris la mesure des choses. Elle a compris que si elle voulait conserver et entretenir la propriété, il fallait s'adapter. Elle a transformé le château en maison d'hôtes. Le père ne rechigne pas à officier à l'accueil. Il porte les bagages, gratifie ses hôtes de quelques mots aimables. Sa femme a mélangé avec goût meubles de famille et mobilier contemporain. Un des fils a créé un centre de montgolfières très lucratif : baptêmes, sorties, ballons publicitaires. L'autre a monté une affaire de vente par correspondance où il propose des articles inspirés du terroir, avec les armoiries familiales en guise de logo. Peu à peu, ils ont racheté les terres avoisinantes où ils font de l'élevage bio. Ils sont devenus les plus gros employeurs du canton. Et comme les affaires marchent bien, ils envisagent de monter un petit hôtel à Madagascar, un pays plein de promesses.

C'est une image. La comparaison est un peu audacieuse mais, d'une certaine manière, la France qui a choisi de ne pas déroger ressemble à la première famille. Elle n'est pas fichue. Le déclin n'est pas inexorable. Ce n'est pas une fatalité. Mais il faudrait s'attaquer à la racine du mal : accepter le monde tel qu'il est. Bref, se réveiller. Il y a urgence. On ne peut pas éternellement repousser l'échéance. Et se réfugier derrière des mythes définitivement archaïques.

Chapitre 1

Un pessimisme record

« Tout n'est pas perdu quand on est
mécontent de soi. »

CIORAN

Comme d'habitude, tout avait été organisé pour
protéger le chef de l'État d'un éventuel dérapage
médiatique. Jacques Chirac est le seul président de la
République à n'avoir jamais organisé une véritable
conférence de presse à l'Élysée ! Pas une seule. Si :
une. Au tout début de son premier mandat, en 1995,
une vraie fausse conférence de presse avait été impro-
visée par son conseiller en communication Jacques
Pilhan pour dédramatiser l'annonce de la reprise des
essais nucléaires. Là aussi, la mise en scène avait été
soignée : les drapeaux, le pupitre à l'américaine, le
prompteur invisible et un parterre de journalistes
rameutés à la dernière minute. Une question sur ce
sujet sensible avait surgi comme par hasard. Posée
avec naturel par le journaliste de l'AFP accrédité à
l'Élysée, qui avait été dûment briefé. Ce fut la seule et
unique tentative. Alors que dans toutes les démocraties, les dirigeants sont régulièrement soumis à la question, en France, la communication du chef de l'État

est totalement verrouillée. Quiconque a assisté à une conférence de presse de Bush, de Clinton ou de Blair, avec parfois de longues réponses argumentées, exprimées sans notes, ne peut être que frappé par la dérive monarchique de nos institutions.

L'intervention du 14 avril 2005 sur TF1, pour défendre la Constitution européenne, avait donc été, comme d'habitude, transformée en un show médiatique sympathique. D'où tout risque avait a priori été écarté. Pas de confrontation avec un autre homme politique, comme l'avait fait François Mitterrand avec Philippe Séguin lors du référendum sur Maastricht. Pas d'interview avec des journalistes, considérés à l'Élysée comme des emmerdeurs. Claude Chirac a essentiellement retenu de son apprentissage avec Jacques Pilhan l'art de scénariser les interviews du chef de l'État. Leur donner du peps, les rendre vivants. Jacques Chirac dialoguerait donc avec des jeunes et de gentils animateurs. Ce show, très artificiel, avait même déclenché un début de polémique. Mais patatras, ce spectacle censé célébrer la Constitution européenne sur un mode enjoué s'est transformé en catharsis. En expression de toutes les angoisses. Dans la débâcle, l'aveu a surgi, le chef de l'État s'est livré à cette incroyable confidence qui a marqué les esprits, il s'est dit « désorienté par le pessimisme des jeunes ». « Peiné. »

Stratosphériques

Étonné, Chirac ? On a du mal à le croire. Depuis le premier jour où il a pris ses fonctions à l'Élysée, en 1995, les sondeurs n'ont eu de cesse de lui communiquer des chiffres sur l'inquiétude des Français et particulièrement des jeunes, premières victimes du chômage. Un sur quatre ne trouve pas d'emploi, même avec des diplômes. Alors, il n'est pas très étonnant qu'ils soient pessimistes, frileux, que 70 % d'entre eux rêvent de devenir fonctionnaires.

Et puis, il y avait eu le 21 avril 2002, avec des votes protestataires records, un leader d'extrême droite présent au second tour. Deux ans plus tard, le cataclysme des régionales de 2004 : une défaite écrasante dans toute la France. Et Chirac n'aurait pas entendu le message des Français ? Lui qui avait si bien décelé la « fracture sociale » ne pouvait ignorer le désarroi de la jeunesse à un moment où, précisément, les lycéens étaient dans la rue. Au-delà des revendications systématiques, dans le fond, ce mouvement était aussi l'expression d'un mal-être. Les jeunes sentent bien, comme une grande majorité de Français, que leur avenir est bouché. Qu'on ne leur dessine aucune perspective. Que ce sont eux qui devront rembourser les déficits qui s'accumulent : 18 000 euros de dette par habitant. Qu'il n'y a aucune stratégie à la tête de l'État. Qu'il n'y a plus de pilote dans l'avion.

On leur avait promis que le bac, les diplômes leur assureraient un bel avenir professionnel. Erreur. Ils sont des milliers, bac + 5, à errer, de stages non rémunérés en stages payés 30 % du Smic, des salaires de misère, exonérés de charges sociales. Des emplois aidés. Des sous-jobs. Comment, dans ces conditions, ne pas douter ? Et on le sait, l'inquiétude des jeunes est contagieuse, elle se transmet aux parents, aux grands-parents. C'est le sujet de toutes les conversations : « On va dans le mur ! » Les nantis, ceux qui appartiennent à la grande bourgeoisie, à l'aristocratie d'État, eux, ont trouvé la parade : ils envoient leurs enfants étudier en Grande-Bretagne, aux États-Unis, faire des stages à Shanghai. La France est foutue, ils le disent ouvertement. Mais leurs enfants, eux, seront sauvés. Un haut fonctionnaire, conseiller à Matignon, m'explique très naturellement que dès qu'il rencontre un jeune un peu doué, il lui recommande d'aller à l'étranger. « Il n'y a plus rien à tirer de ce pays. »

Chirac surpris ? Est-il à ce point déconnecté de la réalité ? Pourtant, conseillers, sondeurs, visiteurs du soir, élus, vieux compagnons de route du président, tous en témoignent, en privé. Ils sont allés tirer la sonnette d'alarme, à l'Élysée : « Il faut un sursaut, le pays s'enlise. » En vain. Beaucoup ont fini par se lasser : « À quoi bon aller l'embêter ? Je vais finir par l'énerver ! Et il n'écoute pas, il n'en tient pas compte. Il est dans sa bulle. » « En réalité, il a très bien compris la gravité de la situation, confie un conseiller, mais c'est une chose de le savoir abstraitement et de le voir exprimer. Et puis surtout, Chirac a voulu calmer les esprits. Il a vécu Mai 68, il sait que tout peut basculer à la moindre étincelle. Il n'a qu'une crainte, que le pays se retrouve dans la chienlit. » Calmer les esprits. Il n'y a plus que cela à faire. En invoquant la sainte trinité républicaine : l'intérêt général, le modèle social et les services publics.

Conscient du malaise, à la fin de l'émission, par instinct de survie, Chirac a eu un sursaut. À défaut d'avoir su calmer les angoisses, les canaliser, il tente de retourner la situation. Ce n'est pas lui qui est responsable de la situation anxiogène de la société, ce sont les jeunes qui manquent d'optimisme. Une jeunesse hargneuse et immature. Et il en est peiné. Mais on ne demande pas à un chef de l'État de la compassion ! Ces jeunes sont devenus une menace pour le président. Ils ont révélé son impuissance, son absence de leadership. En réaction, il a voulu se poser en protecteur bienveillant : « Ayez confiance », leur a-t-il dit, paraphrasant le pape. Traduction : allez-y ! Bougez-vous, l'avenir est à vous ! Qu'est-ce que vous attendez ? Mais la manœuvre s'est retournée contre lui, comme un boomerang. Elle a confirmé les Français dans le sentiment qu'il existe un gouffre, un abîme, un précipice entre eux et les politiques. Entre eux et le chef de l'État.

En réalité, à son célèbre « N'ayez pas peur ! », le pape Jean-Paul II avait ajouté – Chirac ne l'a pas précisé : « De quoi faut-il ne pas avoir peur ? Avant tout de faire la vérité sur nous-mêmes. »

Le politologue Henri Rey, chercheur au Centre d'études de la vie politique française (Cevipof), a vu dans la surprise du président de la République l'illustration de la coupure persistante entre le bas et le haut. Selon Dominique Reynié, professeur à l'IEP-Paris, « ce divorce produit un climat d'insurrection froide, interpelle les élites au sens large, c'est-à-dire les politiques, mais aussi les intellectuels et les experts en tout genre ». Pour Pierre Nora, de l'Académie française, directeur de la revue *Le Débat*, cet aveu du président est la preuve que les hommes politiques sont demeurés « stratosphériques ».

Une opinion cristallisée

État de choc, atonie, résignation, sinistrose, angoisse, anxiété, climat pourri... Jamais les mots utilisés par ceux qui auscultent la France en cette année 2005 n'ont été aussi sombres. Bien avant l'emballement de la campagne référendaire. Les uns après les autres, tous les sondages, toutes les études qualitatives le confirmaient : la France broie du noir. Les ménages comme les entreprises ont le moral dans les chaussettes. Selon une enquête menée par l'institut CSA pour le journal *La Tribune*, début 2005, les deux tiers des Français se disaient pessimistes pour l'avenir. Un record, soulignait-on à l'époque. Le 31 mars 2005, l'Insee, l'organe statistique officiel, publiait à son tour ses chiffres mensuels. Alarmants : « Tous les soldes d'opinion sont défavorablement orientés. » Qu'il s'agisse de leurs revenus personnels, du niveau de vie général de la France, du chômage, les Français estimaient que les choses allaient en empirant. Mais ce sentiment n'est pas nouveau.

Fin 2003, au lendemain de la publication du livre de Nicolas Baverez, *La France qui tombe*, l'institut CSA avait fait un sondage sur l'avenir de la France pour le journal *L'Humanité*. Le quotidien communiste, qui avait qualifié ce livre de brûlot ultralibéral, espérait tordre le cou à l'idée de déclin qui semblait s'installer. Mais les résultats ont donné raison à Baverez. Seulement 48 % des personnes interrogées estimaient que la France était en déclin, mais 42 % pensaient qu'elle n'était ni en déclin ni en progression. Autrement dit, pour 90 % des Français, la France faisait au mieux du surplace, au pire régressait. 9 % seulement pensaient que ce pays allait de l'avant ! Or, éprouver un sentiment de surplace n'est-ce pas, en soi, déjà croire en une forme de régression ? Force est de constater que le « déclinisme », ce sentiment diffus que nos enfants vivront moins bien que nous, que la France n'est plus ce qu'elle a été, et qu'elle n'a pas d'avenir, pas de projet, plus d'identité, cette vision pessimiste n'appartient plus, de fait, aux seuls extrémistes de droite et de gauche, ni aux néoconservateurs nostalgiques et réactionnaires.

Ce pessimisme est d'autant plus alarmant qu'il est chronique et ressenti dans toutes les catégories socioprofessionnelles. « Cristallisé », selon l'expression stendhalienne mise à la mode par Jacques Pilhan. Une opinion « cristallisée », c'est une opinion qui s'est solidifiée, enkystée, un noyau dur qui devient insensible aux arguments. Et donc difficile à combattre.

Pierre Giacometti, directeur général d'Ipsos, explique que désormais ce pessimisme « se transmet de génération en génération, entre voisins de quartier, entre collègues de travail. Les études qualitatives mettent en évidence cet effet miroir, avec des phrases telles que "j'ai encore appris la fermeture de telle petite entreprise"... "Regardez ce qui se passe dans le quartier, les boutiques changent vite de propriétaires ! " ». Cette transmission négative remonte d'ailleurs plus loin que les années quatre-vingt-dix. Dans certaines familles, les pères ont vécu le premier choc pétrolier. Ils ont eu une carrière hachée, entrecoupée de chômage. Les mots plan social, restructuration sont associés à des drames familiaux, à des plaies qui n'ont jamais cicatrisé. Et tous les efforts consentis, la restructuration de pans entiers de l'industrie, les multiples réformes de la sécurité sociale, les nouveaux impôts, les privatisations, la flexibilité, rien de tout cela n'a contribué au redressement de la France.

Les résultats de toutes ces enquêtes, qualitatives comme quantitatives, reflètent l'état d'esprit d'une France plutôt désespérée. « Et d'ailleurs, ajoute Giacometti, depuis presque trente ans pas une seule majorité n'a été reconduite. » « Cette chute vertigineuse du moral des Français est d'autant plus inquiétante qu'elle est totalement transversale, explique pour sa part Stéphane Rozès, directeur de l'institut de sondage CSA. Elle traverse tous les clivages, droite-gauche, riches-pauvres, patrons-employés. Tous les Français partagent un même sentiment d'angoisse, de malaise, de défiance. » Et de conclure : « Cette crise n'est pas passagère, ni davantage une réédition du passé. »

Toute l'Europe et même l'ensemble du monde développé sont confrontés à la concurrence, à la mondialisation, à la révolution technologique. Partout les mutations ont été difficiles. Partout les conditions de travail ont évolué. Partout les intellectuels s'interrogent sur le sens à donner aux sociétés postmodernes, matérialistes et égoïstes. Partout les peuples sont peu ou prou déboussolés par l'abolition des frontières, la dépendance grandissante à l'égard des autres pays. Mais la France est le seul pays à avoir sombré dans un tel état de découragement chronique. Ainsi, l'institut Ipsos a mis au point un baromètre intitulé G6, réalisé dans six pays : les États-Unis, la France, l'Allemagne, l'Italie, l'Espagne, et la Grande-Bretagne. Il est destiné aux grandes entreprises et aux gouvernements (donc transmis à l'Élysée). Systématiquement, la France arrive en dernière position.

Début 2005, la Fondation de Dublin[1] a publié une étude dont le moins qu'on puisse dire, c'est qu'elle

---

1. European Foundation for the improvement of living and working conditions.

n'a pas été très médiatisée en France ; à son tour, elle a révélé l'ampleur du malaise français. En 2003, à la veille de l'intégration des dix nouveaux membres de l'Union, cette institution, qui a pour but de contribuer à l'amélioration et à l'harmonisation des conditions de travail et du niveau de vie au sein de l'Europe – une préoccupation qui n'est pas uniquement française –, a lancé une très vaste étude pour apprécier les écarts entre les vingt-huit pays de l'Union : les quinze, les dix entrants et les trois candidats (Bulgarie, Roumanie et Turquie). Une sorte de check-up sur l'état de ces différents pays en vue d'élaborer des politiques appropriées.

L'enquête, qui a duré deux ans, est une première en son genre, car elle diffère des traditionnelles études qui se fondent sur de simples sondages ou consistent essentiellement à comparer des données macroéconomiques : taux de chômage, PIB par habitant, dépenses publiques, etc. La Fondation de Dublin a pris en compte des éléments concrets permettant d'apprécier les niveaux de vie, comme le nombre de pièces par habitant, l'accès à la formation professionnelle, la qualité de l'environnement, les structures collectives, les services sociaux, la possibilité de prendre des vacances, d'acheter de la viande ou des légumes frais, l'accès à Internet. Et également des éléments subjectifs, tels que la perception qu'ont les citoyens de la société dans laquelle ils vivent et l'appréciation de leur propre situation.

Au vu des résultats, il apparaît que la France n'est pas un pays particulièrement exceptionnel en matière d'égalité ou de justice sociale, mais se situe dans la moyenne des quinze. Sixième en termes de qualité des services sociaux et du système de soins. Sixième concernant les conditions de logement. Pour le revenu par habitant après impôt, en revanche, elle n'est que dixième. Quant au niveau de pauvreté, elle fait partie des mauvais élèves, en se classant douzième. Ce qui est à peine mieux que la Grande-Bretagne, et beaucoup moins bien que l'Autriche, la Suède, la Finlande, le Danemark ou les Pays-Bas. Enfin, si l'on regarde le pourcentage de foyers qui ont des difficultés à boucler les fins de mois, pour payer le chauffage ou la nourriture, la France est douzième ex aequo avec la Belgique et la Slovénie. Pas de quoi pavoiser, mais pas de quoi non plus sombrer dans le défaitisme.

Or, en termes de satisfaction, la France se situe au seizième rang. Elle est bonne dernière parmi les quinze. Quant à la perception de son avenir, elle se situe à l'avant-dernier rang, à la vingt-septième place. Juste devant... la Slovénie. Un tel désarroi interpelle.

Le prix Nobel d'économie 2002, l'Américain Daniel Kahneman, un démocrate, professeur à Princeton, spécialiste du *well being,* a même entrepris une étude sur ce mal-être français. Comment se fait-il que cette nation qui a tenu tête à Bush, qui prône des valeurs humanistes, qui refuse le tout-libéral, qui bénéficie d'une qualité de vie apparemment exceptionnelle, soit rongée par une telle crise de doute ? C'est une énigme pour toutes les forces progressistes de la planète.

Le sentiment que c'est fichu

Il y a bien sûr toute une série d'explications rationnelles, objectives, concrètes. La sinistrose a deux moteurs : le premier est conjoncturel, c'est la situation de l'emploi et le niveau des revenus. Le second est

24

structurel. Il est lié à la situation de l'environnement institutionnel : services publics, sécurité sociale, système éducatif, organismes de retraite, finances publiques...

Le chômage est évidemment le premier facteur d'inquiétude et de mécontentement. Durant la campagne sur le référendum, l'euro a été accusé d'être responsable de ce chômage persistant, extrêmement élevé, qui oscille autour de 10 %. Or, au sein de la zone euro, la France se situe très nettement en queue de classement. Sans la France et sans l'Allemagne, le taux de chômage de la zone euro serait comparable à celui des États-Unis : 4,9 % de chômeurs au Danemark ; 5 % aux Pays-Bas ; 6,3 % en Suède ; 4,6 % en Autriche ; 4,6 en Norvège ; 4,5 % au Royaume-Uni ; 4,2 % en Irlande ; 7,2 % au Portugal... La France fait partie des mauvais élèves, alors que c'est l'un des pays qui consacrent le plus d'argent à la lutte contre le chômage, sous forme d'exonérations de charges, de primes, d'aides à la création d'entreprises... Certes la Grèce (10,3 %), l'Allemagne (10 %) et l'Espagne (10 %) ne font guère mieux. Est-ce une consolation ? La Grèce est d'ailleurs, avec la France, l'un des pays les plus pessimistes d'Europe. Concernant l'Allemagne, autre grand malade de l'Europe, le contexte est très différent. Ce pays a relevé un défi d'envergure : la réunification. Un défi qui lui a coûté des dizaines de milliards d'euros sous forme de transferts sociaux et d'investissements.

Quant à l'Espagne, qui connaît un taux d'activité comparable à celui de la France, elle s'inscrit dans une dynamique positive. Grâce aux aides européennes, sans aucun doute. Mais la réalité est là. Durant les quatre dernières années, elle a réduit le nombre de chômeurs de 10 %. Les Espagnols ont donc le sentiment que la machine repart. « On le voit bien dans les études qualitatives, les gens nous disent qu'ils vont changer de job, parce qu'ils ont des propositions. Du coup, ils prennent des risques. Et les gens ont le sentiment que le pays change, que cela bouge », raconte Pierre Giacometti. En revanche, en France, les gens voient bien ce qui se passe autour d'eux. Les difficultés persistent. Les jeunes et les plus de cinquante ans se sentent exclus du marché du travail. Nombre de salariés sont coincés dans des jobs où ils ne sont pas heureux, mais ils font le gros dos. Ils s'accrochent. Résignés.

Entre 1997 et 2002, sous le gouvernement Jospin, le chômage avait diminué de près de 3 %. Grâce à la croissance mondiale, aux emplois jeunes, aux 35 heures ? Qu'importe, le chômage était repassé au-dessous de la barre symbolique des 10 %. Encouragé par ces résultats, le Premier ministre avait même ressuscité la perspective d'un retour au plein-emploi. « Mais le scepticisme est tel que, même durant cette période, le niveau d'inquiétude n'a pas diminué », constate Pierre Giacometti.

Et l'échec du gouvernement Raffarin en matière d'emploi a fait grimper la sinistrose de manière spectaculaire. Il a renforcé le sentiment que c'est inéluctable. Que les emplois foutent le camp, inexorablement. Dès 2002, Chirac et Raffarin s'étaient engagés à faire de l'emploi la grande priorité, en fixant même des objectifs chiffrés, une baisse de 10 % du taux de chômage, avant d'admettre, quelques mois plus tard, sans autre forme de procès, que l'objectif ne serait pas atteint.

Fin 2004, un document, rédigé à partir des réflexions des préfets, révélé par le journal *Le Monde*,

fait l'effet d'un camouflet pour le gouvernement :
« Les Français ne croient plus en rien. C'est même
pour cela que la situation est relativement calme, car
ils estiment que ce n'est même plus la peine de faire
part de son point de vue ou de tenter de se faire
entendre. L'incapacité du gouvernement à tenir ses
promesses en termes de croissance et donc de baisse
du chômage ne passe pas dans l'opinion. » En plein
dans le mille. Officiellement, ce document, d'une rare
franchise, n'a jamais existé. « Ce n'était pas un rapport
à proprement parler, explique un proche du Premier
ministre de l'époque. C'était juste une note hebdoma-
daire, informelle, faite à partir des réflexions des préfets. On n'a rien appris. On le savait. Mais pas la peine
de gloser là-dessus. Cela ne peut qu'aggraver les choses. » On cache, on dissimule. On fait comme si.

Dans ce climat d'insécurité économique, de précarité, le développement de la grande pauvreté est un
autre facteur d'angoisse. La France compte désormais
près de 8 millions de personnes écartées du marché
du travail. Un million de familles vivent – ou plutôt
vivotent – avec le RMI. Le président d'Emmaüs, Martin Hirsch, décompte dans son rapport un million
d'enfants vivant dans la pauvreté ! Selon un autre rapport publié en janvier 2005 par la fondation Abbé-
Pierre, « L'état du mal-logement en France », un million de personnes en panne de logement évitent le
spectre de la grande exclusion en se faisant héberger
par des proches : famille, amis. Et les trentenaires sur-
diplômés qui s'attardent par confort chez leurs
parents ont été exclus de cette étude. Près de 3 millions de personnes renoncent à des soins de santé

parce qu'elles ne disposent pas de mutuelle complémentaire.

Ce fléau, durable, influe évidemment sur la psychologie collective. Pas seulement parce que les Français ont pris conscience que, désormais, ils peuvent à tout moment, eux ou l'un des leurs, tomber dans le trou. Mais également parce que cette grande pauvreté développe un sentiment de culpabilité et d'impuissance. Elle entretient le malaise. Le mal-être. L'idée que la France n'est plus à la hauteur de ses grands principes d'Égalité et de Justice. Alors que tous les Français consentent beaucoup d'efforts au nom de la solidarité, par le biais des cotisations et des impôts, ils aimeraient au moins être fiers du résultat dans ce domaine.

Toujours moins

Autre sujet de grogne et d'inquiétude : le niveau de vie. Pour les Français, non seulement le pouvoir d'achat stagne mais il recule. Et ils n'ont pas tort. Après plusieurs années de blocage des salaires – en raison des déficits chroniques de l'État, des restructurations dans les entreprises, de la mise en place des 35 heures –, en 2004, les revenus ont recommencé à très légèrement augmenter. Mais la hausse des prix est venue rogner cette petite progression. Selon l'Insee, en 2004, le pouvoir d'achat a progressé de 0,7 %. Mais c'est une hausse en trompe l'œil, car, pour calculer l'inflation, l'Insee ne prend pas en compte un certain nombre de dépenses, comme les impôts locaux ou la CSG, qui ont augmenté. Il ne tient pas compte non plus des innombrables PV qui ont commencé à pleuvoir avec l'installation des radars aux quatre coins de l'Hexagone, ni de l'euro supplémentaire pour toute consultation médicale, ni des médicaments qui ne sont plus remboursés, ni du montant des loyers qui ont explosé dans les grandes métropoles, mais également en Dordogne, en Provence, en Normandie, en Savoie, dans toutes ces provinces qui attirent une clientèle internationale... D'où le sentiment, là encore, d'un recul. Ou, au mieux, d'un surplace. D'ailleurs, le Centre de recherche pour l'étude et l'observation des conditions de vie (Crédoc), lui, affirme qu'en 2004, le pouvoir d'achat des ménages a baissé de 2 %.

Mais, bien au-delà des chiffres, ce qui compte, c'est la perception de la réalité. Dans les ménages, il y a une mémoire collective. Les Français se souviennent que, dans les années soixante-soixante-dix, ils ont pu accéder aux nouveaux biens de consommation. Ils avaient le sentiment de participer au progrès, aux mutations. Avec un niveau de vie qui augmentait en moyenne de 5 % par an, ils ont pu installer le téléphone, des salles de bains modernes, acheter voitures, réfrigérateurs, machines à laver, télévisions, chaînes stéréo et même des logements... La vie embellissait. À cela s'ajoutaient la démocratisation des études, des pratiques sportives et culturelles, le développement du tourisme de masse, la libéralisation des mœurs. Le monde bougeait. Ils bougeaient.

Et puis, cela s'est arrêté. Depuis bientôt vingt ans, à part quelques jours de congés en plus, les Français ont le sentiment que leur vie est chaque jour plus dure et qu'elle le sera encore plus pour leurs enfants. Tuc, Smic jeune, emploi jeune, emploi tremplin, contrat solidarité, contrat formation, et maintenant contrat nouvelle embauche : voilà leur avenir. On est passé du toujours plus au toujours moins. Un vrai choc ! D'autant qu'ils ne savent pas jusqu'où ira cette régression, cette fragilisation. Ils ne croient plus que ce toujours moins débouchera un jour sur une dynamique vertueuse de plein-emploi et donc de réduction des déficits. Cette incertitude nourrit la frustration et l'inquiétude.

Compte tenu de cette pauvreté croissante et de la stagnation des revenus, une grande majorité de Français n'a pas accès aux nouveaux biens de consommation : ordinateurs, MP3, iPod, WiFi, écrans LCD, home cinéma, appareils numériques, téléphones multifonctions, agendas électroniques, consoles de jeux, logiciels, CD, DVD, haut débit, décodeurs, câble... Tous ces joujoux qui sont les attributs de la nouvelle économie. Une privation qui accentue le sentiment de mise à l'écart. Et d'aigreur à l'égard d'une révolution industrielle dont ils ne recueillent pas les fruits.

Et comme si cela ne suffisait pas, chaque jour l'État génère un peu plus d'angoisse : déficits publics vertigineux, dette abyssale, retraites menacées, sécurité sociale en quasi-faillite permanente, recherche en mal de crédits, hôpitaux au bord de la faillite, écoles en état de rébellion chronique, prisons montrées du doigt par les organisations humanitaires, maisons de retraite mouroirs, banlieues qui implosent, intégration en panne... Sans parler des scandales politico-financiers ! Cela fait beaucoup.

Un pays de plus en plus provincial

La recherche, clé de notre avenir, garantie de notre survie dans un monde de plus en plus compétitif et innovant, domaine auquel – Jacques Chirac l'a souligné avec satisfaction, lors de son intervention du 14 Juillet – la France consacrait près de 3 % de son budget ? Force est de constater qu'elle ne produit pas les résultats escomptés. Même Alain Juppé en convenait dans son blog du 23 mars 2005 : « Au regard de ses moyens, la France est l'un des deux pays de l'OCDE qui a consacré le plus d'argent public à la recherche au cours des trente dernières années. Entre la médiocrité des résultats et l'ampleur de l'effort public, le contraste est saisissant. À la racine du mal : le fait que la recherche reste, à l'instar de l'éducation, gérée comme une grande administration centralisée de l'État. » « La France à la traîne pour les biotechnologies », s'alarmait en janvier 2005 le député socialiste de Meurthe-et-Moselle Jean-Yves Le Déaut, à l'occasion du rapport de l'office parlementaire d'évaluation des choix scientifiques et technologiques.

Même notre orthographe va mal. Le collectif *Sauver les lettres* a testé 23 000 lycéens de seconde, avec une dictée plutôt facile – niveau brevet des collèges. Résultat ? Plus de 56 % des élèves ont eu zéro. Seuls 18 % ont eu la moyenne. Pour un pays qui a le plus haut niveau de dépense par lycéen de toute l'Europe, c'est à désespérer.

Selon un colossal audit sur l'école réalisé par l'OCDE dans 41 pays, la France, qui a pourtant une assez haute idée de son système éducatif, n'obtient pas

31

des résultats très glorieux. En dépit d'une journée scolaire chargée, elle figure au treizième rang pour les sciences, au dix-septième pour la lecture et les mathématiques. En tête du palmarès ? La Finlande, la Corée, le Canada, les Pays-Bas, le Japon. Toujours selon ce rapport, l'école en France est plutôt moins juste qu'ailleurs, les écarts entre les bons élèves et les élèves en difficulté étant particulièrement importants.

Et si on détient le record de dépense pour l'enseignement scolaire avec des résultats aussi piteux, que dire de l'enseignement supérieur ? On y dépense trois fois moins qu'ailleurs. Alors que c'est évidemment sur l'université qu'il faut concentrer les efforts financiers. Le cursus scolaire chez nous prépare à une économie de reproduction, d'exécution et non d'innovation.

Peu à peu, le pays des Lumières s'enfonce dans la pénombre d'une médiocrité provinciale. Il fait figure de pays démodé. « Aujourd'hui, la littérature française est un désert. Je ne trouve pas l'équivalent, dans notre pays, d'un António Lobo Antunes, au Portugal, d'un Antonio Muñoz Molina ou d'un Javier Marias en Espagne, d'un Thomas Bernhard en Autriche », s'inquiète Richard Millet, l'auteur de *Harcèlement littéraire.*

Sur le marché de l'art, la crise persiste. Alors que les prix ne cessent de grimper de plus de 3 % par an aux États-Unis, en France ils baissent de 1,5 %. Le nombre de catalogues de ventes publiés par les maisons françaises a enregistré une baisse de 9,3 % en 2004, alors que ce chiffre a doublé outre-Atlantique et progressé de 15 % en Grande-Bretagne, de 7 % en Italie...

Sur le plan diplomatique, si la France a su faire entendre sa voix haut et clair lors de l'intervention américaine en Irak, elle n'a pas réussi à fédérer une alternative politique crédible. En Afrique, elle a perdu tout crédit. Et au niveau européen, bien avant le non à la Constitution, la relégation du seul membre français de la Commission, Jacques Barrot, au poste de commissaire aux Transports, en août 2004, a été considérée comme une claque pour Paris. La marque d'un déclin, de l'effacement de la France, un des plus mauvais élèves de l'Union, qui ne respecte pas les grandes orientations économiques et enregistre des retards records dans l'application des directives. La France est devenue un poids pour nos partenaires. Sans l'euro, elle ne serait pas à l'abri d'une grave crise financière.

Peu à peu, dans le commerce mondial, la France cède du terrain. Comme tous les pays développés, mais un peu plus que les autres. Trop longtemps, elle est restée prisonnière d'un tropisme régional, en partie hérité de son passé colonial, qui l'a conduite à concentrer 80 % de ses exportations vers un ensemble constitué par l'Europe, l'Afrique, le Proche et le Moyen-Orient, alors que c'est en Asie, en Amérique latine que se sont développées les zones de forte croissance. Et pour la première fois depuis la récession de 1993, en 2004 son commerce extérieur a enregistré un solde négatif de 2,4 milliards d'euros.

C'est donc toute la société qui semble aller à vau-l'eau. Depuis plus de trente ans, des centaines de rapports, des livres, des milliers d'articles et de tribunes ont dénoncé les injustices, les blocages, les gaspillages, les dysfonctionnements. Et pschit ! Rien. Les réformes sont allées de fiasco en fiasco. L'argent des privatisations, les nouveaux impôts, au lieu de fournir une réelle impulsion, ont servi à boucher les trous. « Une dynamique négative d'inquiétude économique est installée dans l'Hexagone », résumait Pierre Giacometti à la veille du référendum. Cela avait été dit et redit au chef de l'État. Et l'émission avec le panel de jeunes a révélé à quel point il n'avait pas su répondre aux préoccupations croissantes des Français. Bien au contraire. Depuis son accession à l'Élysée, le pessimisme des Français n'a cessé de progresser.

Chapitre 2

Une France « maniaco-dépressive »

> « La névrose n'est que la souffrance de quelqu'un qui cherche son âme. »
>
> CARL G. JUNG

Autisme ? Aveuglement ? Impuissance ? Depuis des années, le pouvoir semble sourd à ces appels de détresse. Résigné, il n'ambitionne même plus de réformer le pays, il se contente de quelques vitamines et de beaucoup d'agitation médiatique. Mais qui peut croire qu'un nouveau contrat d'embauche de deux ans ou le doublement de la prime pour l'emploi vont à eux seuls résoudre la crise du chômage ? Redonner espoir ? Et en octobre 2005, face à la flambée de violence, Dominique de Villepin, le second Premier ministre du quinquennat, est apparu totalement déconnecté. Déclamant avec emphase les grands principes républicains, mais incapable de répondre aux angoisses et à la désespérance de manière concrète. Depuis des années en effet, le pouvoir fait comme si tout était *under control.*

Même si en privé les ministres avouent leur trouble, mais chut ! ils n'ont pas le droit de le dire. Comment ne pas s'inquiéter, en effet, quand il n'y a plus un sou en caisse ? Quand tous les investissements, tous les contrats de plan ont été gelés, faute de crédits ? Qu'on vit dans le virtuel ? Que la dette représente déjà 66 % du PNB, que chaque année, les dépenses de l'État sont supérieures de 25 % à ses recettes, et que rien ne laisse entrevoir une évolution favorable ?

Les uns après les autres, les dirigeants affirment avec assurance qu'il ne faut pas non plus croire que tout est rose ailleurs. On explique que les États-Unis ont, eux aussi, des déficits, que, chez eux, la pauvreté progresse. Que partout dans le monde se pose la question de l'augmentation des dépenses de santé. Qu'une fois digéré l'effet 35 heures, les entreprises vont commencer à réembaucher. Que la France a toujours eu un chômage structurel important, que le taux d'activité n'est pas le seul critère pour juger une économie. Bref, il n'y aurait pas de raison de se laisser aller à un tel abattement.

Après tout, ils n'ont pas entièrement tort. Si l'on regarde l'ensemble de la planète, il est certain que nous faisons partie du club des ultraprivilégiés. Une grande majorité de Français a un boulot, vit dans des conditions convenables, est bien soignée, possède une voiture, un appartement, un pavillon, part en vacances, les services publics fonctionnent. Nous avons une des meilleures espérances de vie au monde. Nous sommes capables, avec Airbus, de rivaliser avec le tout-puissant constructeur américain Boeing. Sur les circuits de Formule 1, Renault rivalise avec McLaren. La France affiche de belles réussites. Nous ne sommes pas si ringards. Et si on parlait du verre à moitié plein au lieu de regarder le verre à moitié vide ? Si on se laissait aller à une *positive attitude,* comme l'a suggéré Jean-

Pierre Raffarin, en janvier 2005, inspiré par Laurie, la chanteuse favorite des sept-dix ans ? Un peu de gaieté, d'optimisme, de confiance dans l'avenir. Et si on se laissait aller à un peu de bonheur ?

Ça ira, ça ira...

C'est ce qu'a fait *L'Express,* fin janvier 2005. Avec une cover intitulée : « Et si on décidait d'avoir le moral ? » Le magazine a égrené les raisons de penser que nous ne sommes pas si mal lotis : « En deux ans, nous sommes passés de la douzième à la neuvième place européenne pour le revenu par tête [1]. Nous sommes indéfectiblement le cinquième exportateur mondial et la première destination touristique mondiale. Nous collectionnons les entreprises championnes du monde : L'Oréal dans les cosmétiques, Vinci dans la construction, Michelin dans les pneumatiques, LVMH dans le luxe... Au total, nous comptons 180 leaders mondiaux. Nous avons toutes les raisons de croire en l'avenir et en nous-mêmes : une population dont le taux de fécondité est le plus élevé d'Europe ; une productivité horaire exceptionnelle ; le meilleur système de santé au monde selon l'OMS ; une recherche de pointe : une soixantaine de découvertes françaises – de la biologie à l'astronomie, en passant par les sciences humaines – ont été l'objet de publications, l'an dernier, dans les revues scientifiques les plus prestigieuses... » Après tout, c'est vrai, la France a un potentiel exceptionnel.

---

1. *L'Express* se réfère aux statistiques de 2003. En 2004, on a reperdu une place. Source : *Eurostat.*

Portés par la ferveur de la *positive attitude*, le Cercle de l'industrie et l'Institut de l'entreprise ont brandi une étude pour démontrer que l'industrie française n'était pas condamnée et tordre le coup à cette idée que bientôt la France serait un pays sans usines et donc sans emplois, victime des délocalisations. « Il ne faut pas rayer l'industrie française de la carte. Elle n'est pas aussi marginalisée qu'on le dit[1] », a expliqué au *Nouvel Observateur* Gilles Le Blanc, directeur du centre de recherche économique de l'École des mines et auteur de cette étude. Et de démontrer que si le poids de l'industrie a apparemment reculé, c'est parce que de nombreux emplois hier intégrés à la sphère industrielle (transport, logistique, gardiennage, nettoyage...) ont été externalisés et sont désormais comptabilisés dans les services et non plus dans l'industrie.

Clara Gaymard, « Mme Investissements internationaux » en France, a sonné le clairon : « L'Hexagone est la deuxième destination européenne préférée des sociétés étrangères derrière le Royaume-Uni. En 2003, elles ont annoncé 547 projets d'investissements nouveaux, lesquels devraient générer 27 300 emplois. Les investisseurs étrangers sont séduits par l'excellence de la main-d'œuvre française, qui allie mieux que d'autres théorie et pratique, créativité et implication dans l'entreprise. Notre capacité d'innovation et la qualité de nos infrastructures logistiques sont également deux atouts auxquels ils sont sensibles. » Jean-Louis Borloo a, lui aussi, poussé son cocorico : « Des villes comme Chicago viennent voir ce que nous faisons, mais en France on se complaît dans une forme de négativisme. »

---

1. *Le Nouvel Observateur*, 7 avril 2005.

Le jour de sa première conférence de presse à Bercy, le 8 février 2004, l'éphémère ministre de l'Économie Hervé Gaymard, bon petit soldat de la *positive attitude*, a annoncé sa volonté de déclarer la guerre à la sinistrose, de « sortir la France de la dépression nerveuse ». « Depuis une quinzaine d'années, on a une araignée dans la tête », s'est-il indigné. Qualifiant, au passage, les Français de « Schtroumpfs grincheux ». Mais, le moins qu'on puisse dire, c'est que cette *positive attitude* a été un fiasco. La méthode Coué a ses limites.

Les Français en ont assez de ces discours fallacieux. Ainsi, quand on se targue d'être la première destination touristique au monde, avec 75 millions de visiteurs, on oublie de dire qu'on n'arrive qu'en troisième position en termes de recettes générées, derrière les États-Unis et l'Espagne, et qu'on ne se classe que dix-huitième lorsqu'on rapporte le chiffre d'affaires au nombre de visiteurs. Pourquoi ? Parce que les touristes ne restent pas. Un jour ou deux, c'est tout. Parce que c'est cher. Parce qu'il n'y a pas de service. Parce que les Français sont de mauvaise humeur. Et que la France, c'est de moins en moins rigolo. De moins en moins à la mode. Fut une époque où on s'amusait à Paris, dans les stations balnéaires, sur les bords de la Seine, sur la Côte d'Azur... C'était gai, léger, sophistiqué et bon enfant à la fois.

Médecine à six vitesses

Se flatter d'avoir le meilleur système de santé au monde relève de la propagande. Les Français savent très bien que ce n'est plus tout à fait vrai et que, à terme, ce système est menacé. D'ailleurs, à propos du classement de l'OMS, Jean de Kervasdoué, ancien directeur des Hôpitaux, professeur d'économie de la santé, coauteur de *Notre État*[1], explique que les critères retenus par l'OMS – et surtout leur pondération – sont totalement sujets à caution. Ce système est surtout de plus en plus injuste. Ce n'est plus une médecine à deux vitesses, mais à cinq, six vitesses. Certes, Chirac peut vanter la qualité des équipes qui l'ont soigné au Val-de-Grâce, mais s'il avait été aux urgences et avait dû attendre des heures avant de voir un jeune externe... Les Britanniques, qu'on aime tant montrer du doigt, commencent à retrouver des marges de manœuvre financières. Ils sont en train de reconstruire leur système de santé, d'imaginer une organisation plus performante, où les médecins qui disposent d'une formation bac + 10 seraient les managers d'équipes composées de personnels moins qualifiés, exécutant un certain nombre de tâches qui ne nécessitent pas forcément des formations aussi longues. Avec 50 % de dépenses en moins dans le domaine de la santé, ils ont pratiquement la même espérance de vie que les Français !

Notre productivité, une des meilleures du monde, qui fait la fierté des gouvernants, n'est pas, en réalité, le signe d'une économie équilibrée. Que se passe-t-il en effet ? Compte tenu des prélèvements obligatoires qui pèsent sur ce pays, pour rester compétitives, les entreprises ont concentré la charge de travail sur une base très étroite. Elles ont éliminé les jeunes – pas encore assez productifs –, les vieux – plus assez pro-

---

1. Roger Fauroux, Bernard Spitz (sous la direction de), *Notre État*, Robert Laffont, 2001.

ductifs – et ceux qui n'ont pas de formation. Le dynamisme du pays ne repose plus dès lors que sur des hommes et des femmes dans la force de l'âge, à qui l'on demande une très grande qualification, beaucoup de motivation. Une telle répartition du travail n'est pas le signe d'une économie saine et équilibrée. Ni l'expression d'un génie particulier.

Quant à notre attractivité, il suffit de regarder les chiffres fournis par la Banque de France pour comprendre que là non plus, tout ne va pas pour le mieux dans le meilleur des mondes. En 2004, les flux d'investissements directs étrangers (IDE) n'ont été que de 19,5 milliards d'euros, contre 37,6 milliards en 2003 et autour des 50 milliards entre 1999 et 2001 ! Et ce n'est malheureusement pas près de s'arranger, puisque sur les deux premiers mois de 2005, ces flux d'IDE n'ont été que de 1,7 milliard, contre 6 milliards un an plus tôt. Les entreprises étrangères investissent de moins en moins en France. À l'inverse, les entreprises françaises continuent d'investir massivement à l'étranger : encore près de 40 milliards d'euros en 2004. La preuve d'un certain dynamisme ? Sans aucun doute. Mais ce n'est pas forcément rassurant pour les Français.

En 2004, dans son classement des 500 premières entreprises mondiales, le magazine *Fortune* soulignait que la France était le premier pays d'Europe à compter autant de leaders mondiaux (27 contre 20 pour l'Allemagne et la Grande-Bretagne). Preuve que les Français sont capables du meilleur et savent très bien s'adapter. Mais ces entreprises font plus des deux tiers de leur chiffre d'affaires à l'étranger. Elles ne se développent plus dans l'Hexagone. Et parmi ces « fleurons », aucun ne préfigure véritablement l'économie de demain, celle qui sera porteuse de valeur ajoutée et de croissance. Biotechnologies, industries de la communication. Aucune de ces multinationales n'a été créée après 1982 ! En fait, nous n'avons pas su anticiper.

Les Français le sentent : tout ne va pas si bien. Ce discours positif sonne faux. On est dans le contentement de soi. L'expression d'un narcissisme infantile. On pense à madame Butterfly dans l'opéra de Puccini qui répète : « Ça ira, ça ira », alors que son bel officier l'a abandonnée. Ou à la célèbre chanson « Tout va très bien madame la marquise », alors que le château a brûlé et que le maître de maison est mort.

Les passions tristes

Le désarroi, dénié, occulté, a éclaté au grand jour lors de la campagne sur la Constitution européenne. Le référendum était une formidable occasion de dire le mot de Cambronne à une classe politique pusillanime et sans vision d'avenir. De dire non à tout, à l'Europe, à Chirac, aux partis de gouvernement, à l'immobilisme comme au changement... Un non teinté de crainte. « Le cœur du débat apparaît littéralement submergé par une dialectique de la peur, notait l'éditorialiste Alain Duhamel, deux mois avant le vote. Nous n'assistons pas à une controverse sur le contenu réel du texte, mais à la théâtralisation et à l'instrumentalisation de toutes les angoisses françaises... On hisse les drapeaux de détresse, on animera bientôt le radeau de la Méduse, on s'étourdit de scénarios catastrophes, ce n'est plus une campagne politique, mais un film d'épouvante[1]. »

L'éditorialiste du *Guardian*, écrivait, littéralement sidéré : « De passage en France la semaine dernière, j'ai trouvé une nation paralysée par la peur. Peur de l'inconnu. Peur des étrangers. Peur du changement. Peur du désormais proverbial "plombier polonais", peur d'une Union élargie où Paris n'est plus dans le siège du conducteur, d'un monde de plus en plus dominé par le "libéralisme anglo-saxon". Mais la peur est mauvaise conseillère. Françaises ! Français ! Où est passée votre confiance en vous-mêmes ? »

Pas très étonnant, en réalité. Dire et redire que la France a beaucoup d'atouts, qu'elle ne va pas si mal, c'est comme dire à un dépressif, dont l'humeur est profondément altérée, qui a perdu goût à la vie, qui est incapable de se projeter dans l'avenir tant il est douloureusement concentré sur lui-même : « Secoue-toi, mon vieux, regarde un peu ce qui se passe autour de toi. Tu as beaucoup de chance... », au prétexte qu'il a un logement, une voiture. Cela ne le guérira pas. Au contraire. Il va se trouver conforté dans le sentiment de ne pas être compris. Le mal est plus profond. Un tel état nécessite de remonter aux origines de la pathologie.

Car la France n'est pas simplement pessimiste. Hypocondriaque. Victime de sinistrose. Une attitude négative, qui consisterait à se poser en victime, de manière assez narcissique, pour qu'on la chouchoute, qu'on la préserve, qu'on lui épargne les efforts. Même s'il y a un peu de cela. Elle ne s'adonne pas à une faiblesse volontaire. Il ne s'agit pas d'une saute d'hu-

---

1. *Libération*, 16 mars 2005.

meur passagère. D'un hédonisme outrancier. C'est plus profond. La France souffre d'une vraie déprime. Un état caractérisé par un ralentissement psychomoteur, une lassitude, une certaine tristesse vitale. À quoi bon ? Ce sentiment de lâcher pied. De ne plus avoir aucune issue. Avec des phases d'abattement, d'anxiété, de repli sur soi, accompagnées de crises d'autodépréciation.

La conscience de cet état, de cette incapacité à réagir entraîne une douleur morale. Autodépréciation, sentiment de culpabilité. En réponse à cette perte d'estime de soi, la blessure d'amour-propre dégénère en colère. C'est la phase hystérique avec des délires paranoïaques. Hostilité, agressivité. Haine de l'autre. Jalousie. Sans repère, sans projet, sans horizon, orpheline de sa gloire passée, la France se recroqueville. Elle honnit la planète entière, Bruxelles, la Turquie, les Polonais, les Américains, les Anglo-Saxons.

L'évocation de la menace du plombier polonais, lors de la campagne sur la Constitution européenne, a provoqué une crise d'hystérie qui a stupéfié l'Europe. « Menace totalement virtuelle, fantasme », s'est indigné l'ancien ministre des Affaires étrangères polonais, le très francophile eurodéputé Bronislaw Geremek. Il a fait remarquer que la plupart des 150 000 travailleurs polonais qui se sont expatriés ont été embauchés essentiellement en Irlande, en Grande-Bretagne ou en Suède. Et personne n'a évoqué, en retour, les parts de marchés conquises par la France dans le domaine des services, dans tous les pays de l'Est. Mais comme l'a constaté le directeur des études politiques à l'institut Louis Harris François Miquet-Marty, au lendemain des résultats : « La xénophobie a constitué un puissant ressort du non au référendum. » Les images combinées de l'adhésion de la Turquie et du plombier polonais ont fonctionné à plein. Le rejet de l'étranger a constitué l'humus du non à la Constitution. La France, il ne faut pas l'oublier, a accordé, il y a trois ans, 5 millions de voix à Jean-Marie Le Pen. Et 49 % des Français approuvent l'affirmation : « il y a trop d'étrangers en France ». Une attitude défensive provoquée par la peur d'être détruits, anéantis par l'étranger, alors que le pays semble incapable de protéger ses propres ressortissants.

Dans ce climat xénophobe, en 2005, Villepin a joué sur la corde sensible en déclarant une mobilisation générale contre la rumeur de rachat de Danone par Pepsi-Cola. En appelant au patriotisme économique. En promettant des lois, des mesures anti-OPA étrangères. Une posture quelque peu outrancière alors que dans le même temps, le groupe français Suez rachetait le belge Electrabel, Pernod Ricard le britannique Allied Domecq, France Télécom l'espagnol Amena, Saint-Gobain le leader britannique du plâtre BPB... Tous les pays s'efforcent, de manière plus ou moins détournée, de défendre leurs industries, mais sans que les politiques en arrivent à brandir de manière hystérique les oripeaux d'un patriotisme exacerbé. Villepin encore, qui lors de sa conférence de presse célébrant les « cent jours », début septembre 2005, a déclaré : « La France n'a pas décroché. La France a des atouts considérables. Ne vaut-il pas mieux être soigné et transporté en France, dans notre pays, que dans les pays voisins ? » On est tellement supérieurs au reste du monde !

Ce sentiment de peur, ce rejet de l'autre s'accompagnent d'une sensation d'étouffement. Il n'y a plus d'air. Tout irrite. La France, minée par des toxines mentales, se délecte dans ce que Spinoza appelait les passions tristes : jalousie, égalitarisme exacerbé, nostalgie...

Perdus, déboussolés, les Français se réfugient dans une sorte d'indifférence égoïste. Comment expliquer autrement le succès de *Bonjour paresse*[1], de Corinne Maier. Un pamphlet « spécial sinistrose », comme l'indique la quatrième de couverture, dans lequel cette employée d'EDF à temps partiel dénonce l'absence de sens de nos sociétés dites modernes, le langage abscons, les structures féodales... Et qui préconise de se désinvestir, de profiter de la situation en cultivant l'art de ne rien faire. Une sorte de révolution virtuelle, sans déranger l'ordre établi.

D'ailleurs, selon un sondage réalisé en mai 2005 par l'institut Ipsos pour l'association « Immeubles en fête », pour les trois quarts des Français, l'indifférence, le repli sur soi sont en nette progression, au détriment de la convivialité et de la générosité.

Perte de libido

Début janvier 2005, interrogé sur la situation de la France, un député UMP répondait : « Vous exagérez, vous pensez que les Français sont si pessimistes que cela ? Bien sûr, il y a de la souffrance. Mais on a du mal à croire que la France qui a tenu tête aux États-Unis lors de la crise irakienne puisse être désespérée. On est surtout entré dans une culture du non-travail.

---

1. Corinne Maier, *Bonjour paresse : de l'art et de la nécessité d'en faire le moins possible en entreprise*, Michalon, 2004.

Les Français sont bobos, hédonistes, désabusés. Ils se laissent porter. » Pas entièrement faux. Même s'il faut relativiser. Il n'y a que 300 000 emplois non pourvus et 3 millions de chômeurs officiellement répertoriés. Mais c'est vrai, quand on compare l'efficacité, la disponibilité, le punch, la volonté de s'en sortir de certains voisins européens, la France ne tient pas la comparaison.

Pour la droite, aucun doute, c'est l'effet 35 heures. Les lois Aubry, qui ont certainement été un contresens économique, seraient également responsables du développement d'une culture du non-travail. Elles ont eu un effet déclencheur. Mais en réalité, si le travail est en crise, c'est pour une raison plus profonde et plus préoccupante : il révèle notre inquiétude face au devenir de notre pays. Travailler, c'est s'investir dans une finalité collective, c'est accepter des règles du jeu, partager une ambition, un destin, c'est se projeter dans l'avenir, espérer un futur meilleur. Or là, rien ne rassemble, tout diverge. Et si la société semble si réfractaire au travail c'est parce qu'elle doute. Car on ne la guide pas. Cet avachissement, cette torpeur ne sont en réalité qu'un des symptômes de cette dépression dont souffre la France. Une perte de libido en quelque sorte.

On constate la même absence de dynamisme et de créativité dans la sphère patronale. Financiers et entrepreneurs thésaurisent au lieu d'investir. En septembre 2004, la société de bourse Cheuvreux s'en inquiétait : « La génération de cash-flow excédentaire est à des niveaux records et son utilisation par les entreprises reste frileuse, le retour aux actionnaires et surtout la réduction de la dette prenant le pas sur les investissements. » L'économiste Patrick Artus parle de capitalisme sans projet.

Ce mécanisme de défiance a d'ailleurs été théorisé. Selon le théorème dit de Ricardo-Barro, la croissance des déficits publics provoque une anticipation des hausses d'impôts futurs, ce qui accroît le niveau d'épargne. En réponse à ce comportement, pour doper la consommation le gouvernement a imaginé un système complexe de déblocage de l'intéressement et de l'épargne, de baisses d'impôts, de primes. Mais on n'a pas traité le vrai problème : l'inquiétude qui se développe devant l'accumulation des dettes et des déficits.

Comment en est-on arrivé là ? Comment durant autant d'années la France a-t-elle pu fuir la réalité, s'embourber dans le conservatisme ? La faute aux politiques ? Sans aucun doute. Ils n'ont pas été à la hauteur, ils n'ont pas su affronter les corporatismes de tous poils. C'est évident. Ils ont raté le coche, à la fin des années soixante-dix, quand il fallait réagir au premier choc pétrolier. Dans les années quatre-vingt en menant une politique qui allait à l'encontre des évolutions du monde. En 1983, en ouvrant une parenthèse libérale sans assumer la réalité de l'économie de marché, du libre-échange. En 1995, en trahissant l'espoir distillé durant la campagne présidentielle de réduire la fracture sociale et en cédant sur les réformes Juppé. En 1997, en ne profitant pas d'une période de croissance forte pour engager des réformes. En 2002, en gâchant les chances d'un ressaisissement. En 2005, en ne tirant pas les conséquences de l'émeute électorale...

Mais les Français ne sont pas plus incapables que les

autres, pourquoi se sont-ils laissé faire ? Pourquoi de tels blocages, à tous les niveaux ? Les observateurs finissent par se dire qu'au-delà des erreurs, des lâchetés, des incompétences des uns et des autres, la France a peut-être, aussi, un problème spécifique. Et que ce problème, il est dans la tête des Français. Des Français malmenés, trahis, trompés, qui se disent que le pays est dans une impasse, qui veulent faire exploser le système, mais qui en même temps ne veulent rien abandonner de leur bonne vieille République et de ses privilèges. Après avoir ausculté les dérives, les impérities de la classe politique, les défaillances de l'État, les intellectuels commencent à se pencher sur notre inconscient collectif. La mode est au « psy ». Dans une interview au *Nouvel Économiste*, Alain Minc utilise le mot de « dépression nerveuse[1] » pour qualifier l'humeur du moment. Dans *Le Monde*, Laurent Mauduit parle de « politique schizophrène ». À force de ne pas avoir réussi à résoudre nos problèmes, nous commençons à nous interroger sur nous-mêmes. Un premier pas.

Pour Thierry Wolton, auteur d'une *Brève psychanalyse de la France*, si la France est devenue un nain sur l'échiquier international, si la République est incapable de s'adapter à la mondialisation, le péché originel remonte à Vichy. La France, selon lui, vit, depuis la Libération, sur des mythes forgés par le général de Gaulle, le mythe d'une France résistante, ultrapuissante. Ont suivi soixante ans de mensonges, de postures artificielles qui ont contribué à mettre la France en porte-à-faux. Dans *La France déboussolée*[2],

1. *Le Nouvel Économiste*, 29 avril 2005.
2. Robert Rochefort, *La France déboussolée*, Odile Jacob, 2002.

Robert Rochefort, sociologue lui aussi, s'interroge sur la « schizophrénie » française. Pays généreux dans les grands principes, égoïste dès qu'on aborde la réalité. En partant du cataclysme du printemps 2002, avec le duel Chirac-Le Pen au deuxième tour de la présidentielle, il pointe du doigt les raisons du malaise : la fin de la grandeur française, le déclin, la République fatiguée, la nostalgie du passé, l'incapacité à aborder les vrais problèmes, le refus du réel.

La France de papa est morte

Le ton a changé. Le temps n'est plus aux doctes ouvrages sur la réforme de l'État. Cette préoccupation a été reléguée à sa juste place, aux questions d'intendance. L'enjeu est d'une autre nature. Il s'agit désormais de nous mettre en règle avec nous-mêmes. De trouver un compromis entre notre fameuse exception française et le monde réel, tel qu'il se présente à nous : ouvert, compétitif, libéral. De donner du sens à notre société.

À la veille du non au référendum, le philosophe Marcel Gauchet a lui aussi utilisé une métaphore psychanalytique pour expliquer la crise actuelle : « La France, explique-t-il, est malheureuse de n'avoir pas trouvé la manière de perpétuer l'acquis de son histoire, au sein du monde dans lequel nous entrons, très différent. Ce brillant passé, il faut trouver le moyen d'en donner une version actuelle, adaptée au monde d'aujourd'hui, à l'Europe, telle qu'elle est, sans se bercer d'illusions. C'est un travail que les Français n'arrivent pas à faire. Ils s'accrochent viscéralement à leur passé (même le baccalauréat devient l'équivalent du legs ancestral le plus précieux) et ils consentent en même temps des abandons énormes sans les contrôler. C'est là que naît le climat dépressif de la société française. Il y a un désespoir de la défaite dans la marche des choses, a-t-il déclaré dans une interview au *Monde*. Le drame est que nos politiques, tous autant qu'ils sont, de droite comme de gauche, ne comprennent pas ce problème et sont incapables d'y apporter des réponses, se désole-t-il. Il faut bien constater leur carence, hélas[1] ! »

L'histoire ne s'effacera pas. La France conservera une identité forte, différente de celle de ses voisins. Cela s'appelle la culture, le patrimoine, la civilisation. Mais cela n'implique pas nécessairement de conserver un modèle social qui s'enlise, un système politique quasi féodal, qui prend l'eau de toutes parts. Pour réfléchir à un avenir, il faut commencer par accepter cette réalité. La vérité, c'est que « la France de papa est morte et, si on ne le comprend pas, on mourra avec elle[2] », comme aurait dit de Gaulle. « Un aggiornamento s'impose de toute urgence. Il faut trancher le nœud gordien de ce mal-être politique français en cessant de croire que la mondialisation n'existe pas, que la concurrence est diabolique, que le marché n'a pas triomphé, que le système collectiviste n'a pas échoué, que le libéralisme est une menace, que la France peut agir seule[3] », écrivait Denis Jeambar dans

---

1. *Le Monde 2,* 23 avril 2005. Entretien réalisé par Guillaume Serina.
2. De Gaulle avait déclaré à *L'Écho d'Oran*, à propos du Plan de Constantine : « L'Algérie de papa est morte, et, si on ne le comprend pas, on mourra avec elle. »
3. *L'Express*, 30 mai 2005.

L'Express, au lendemain du 29 mai. Si la France veut défendre ses valeurs, elle doit commencer par un sérieux examen de conscience. Sortir de la morosité actuelle, c'est prendre conscience de son potentiel, se rendre compte de ses facultés d'adaptation, d'évolution. C'est avoir le sentiment de s'approprier son destin, de maîtriser ses pulsions.

Mais, loin de favoriser cette adaptation, le président de la République flatte au contraire les pulsions régressives. Célébrant le modèle français, stigmatisant le modèle anglo-saxon. Se contentant de déclarer la guerre au pessimisme. Sans autre forme de réflexion. Sans s'attaquer à la racine du mal. La tentation est grande en effet, pour les dirigeants, d'imputer les difficultés économiques au manque d'optimisme des Français plutôt que l'inverse. Il suffirait, pensent-ils, d'un simple déclic psychologique pour que la croissance reparte. La déprime, pour eux, c'est très dangereux. Cela crispe. Cela inhibe. Sans confiance en l'avenir, pas d'investissement, pas de consommation, et donc pas de « reprise ».

« Comment toucher le mental des Français », voilà la grande interrogation à laquelle les conseillers de l'Élysée devaient trouver une réponse, la veille de l'intervention traditionnelle du 14 Juillet. La belle affaire. « Il faut trouver les mots... » On est dans la « com », l'apparence. Bernard Accoyer, président du groupe UMP à l'Assemblée, affirmait quant à lui qu'il serait judicieux d'administrer un antidépresseur aux Français, en leur disant ce qui va. Alors on répète encore et encore ce qui va. Iter, Galileo... Avec aussi peu de succès que Raffarin et sa *positive attitude.*

Pourtant, cette crise de mélancolie est, dans le fond, un signe d'espoir. C'est la manifestation d'une prise de conscience salutaire, un appel au secours du peuple. La dépression n'est souvent qu'un état passager, douloureux, provoqué par un choc affectif, un traumatisme psychique. Cet « entre-deux » peut favoriser le processus de deuil et permettre, ensuite, de reconstruire.

Toutes les enquêtes d'opinion qualitatives le montrent, les Français sont prêts. Ils attendent un discours de rupture. Ce qui ne signifie pas un grand coup de barre très à gauche ou très à droite. Ils veulent un discours qui soit en phase avec la réalité. Qui rompe avec la politique virtuelle. Une des clés de la popularité de Nicolas Sarkozy, c'est cette capacité à désigner les problèmes sans faux-fuyant, de manière franche. Le danger, c'est de tomber dans la brutalité. Dans l'excès. En revanche, au lendemain des « cent jours » de Villepin, le moral des Français était à nouveau au plus bas : 73 % d'entre eux se déclaraient pessimistes, contre 64 % un an auparavant. Le lyrisme incantatoire, même talentueux, ne suffit plus à masquer la vacuité. Cette fracture entre ceux qui s'enferrent dans le déni et ceux qui veulent bâtir des solutions adaptées au réel traverse également le parti socialiste. Avec d'un côté, un Dominique Strauss-Kahn qui, au soir du 29 mai, affirmait sa volonté de combattre les extrémismes. Et de l'autre, un Fabius qui court après l'ultra-gauche.

Une grande majorité de Français a tout à fait conscience des enjeux ; ils ne croient plus aux discours lénifiants, rassurants. C'est aussi cela la coupure entre la France d'en haut et la France d'en bas. En bas, on vit au jour le jour dans un pays qui s'appauvrit, qui s'asphyxie, qui ne produit plus assez. On souffre. Les fins de mois sont de plus en plus difficiles. L'ascenseur social est plus que jamais en panne. Tout en haut, on ne sait pas ce que c'est le chômage, les fins de droits, les carnets de commandes qui restent désespérément vides, l'Urssaf à payer, les caisses vides, les agios, les appartements vendus à la découpe, les loyers qui augmentent, les enfants « orientés »... Tout en haut, on touche des stock-options, des retraites chapeau, on passe les week-ends à Saint-Tropez. On envoie ses enfants à Henri-IV puis dans des MBA aux États-Unis. En cas d'accident de parcours, on se recase toujours, dans une ambassade, à une présidence quelconque. Alors, c'est plus facile de dédramatiser. De faire comme si tout n'allait pas si mal.

Chapitre 3

L'idylle Chirac-Attac

> « Il n'y a pas de politique qui vaille en
> dehors des réalités. »
>
> CHARLES DE GAULLE, 14 juin 1960

À la veille du scrutin du 29 mai, Chirac n'espérait plus vraiment une victoire, mais il s'attendait à une défaite honorable. N'avait-il pas tout fait pour s'attirer les faveurs du peuple ? Dénonçant avec force le projet de directive Bolkestein. Prenant ses distances avec l'« ultralibéralisme ». Vantant l'exception française et les services publics. Pourtant, ce fut une bérézina : 55-45. Personne, dans les sphères gouvernementales, n'avait imaginé que la sinistrose dans laquelle était plongé le pays provoquerait un tel tsunami électoral. L'ampleur du non provoqua la stupéfaction. Et un début de débat salutaire.

Comment la France a-t-elle pu voter à une si large majorité contre cette Constitution européenne qu'elle avait initiée, inspirée, appelée de ses vœux, et qui proposait une avancée – timorée, mais réelle – vers plus de social, plus de démocratie ? Comment était-on passé d'un oui massif, évident dans les sondages au début de l'année 2005, à un refus aussi net ? Comment la coalition du oui, qui rassemblait la quasi-totalité des partis de gouvernement, l'UMP, l'UDF, le PS, les Verts, soit plus de 90 % de la représentation nationale, avait-elle pu être mise en déroute ? Comment la France en était-elle arrivée à un tel rejet ?

Au lendemain de ce non, qui fait écho au 21 avril 2002 – dans la mesure où il confirme le discrédit des partis de gouvernement et consacre la montée des extrêmes –, historiens, sociologues, analystes politiques, sondeurs, éditorialistes ont tenté de remonter le fil des événements.

Ce non fut bien sûr analysé comme un non à une Europe technocratique, jamais expliquée, tenue pour responsable de tous les maux et de toutes les décisions désagréables, qu'il s'agisse de la rigueur budgétaire, des dérégulations, de la crise de la vache folle, de la libéralisation des marchés financiers, alors que les avancées – développement économique, protection de l'environnement, lutte contre les discriminations, financement des grands équipements, subventions agricoles, démocratisation des anciennes Républiques populaires –, elles, étaient mises à l'actif des gouvernants. Un non à une Europe qui a ouvert ses frontières et ne protège pas. À une Europe qui n'est plus un rêve, qui devient un cauchemar avec l'intégration de dix nouveaux pays et les risques de dumping social.

Ce fut aussi perçu comme un cri de révolte contre Chirac dont le bilan est calamiteux. Contre un gouvernement usé, impopulaire, impuissant à résorber le chômage. L'expression d'un ras-le-bol à l'encontre du comportement des élites, après l'affaire Gaymard, ou le scandale de la retraite chapeau (on devrait dire haut-de-forme) du président de Carrefour, Daniel Bernard.

Mais un tel cataclysme a forcément des racines plus profondes. On a ressassé le passé, le caractère délétère du second septennat de Mitterrand, la corruption, l'ambiguïté du ni-ni, l'élection de Chirac en 1995 et ses fausses promesses, la présidentielle de 2002, où le débat n'a pas pu avoir lieu entre la droite et la gauche, ajoutant à la confusion idéologique de ce pays. Incontestablement, l'histoire politique des vingt dernières années, avec ses promesses non tenues et ses reniements, a détruit les repères, fragilisé la démocratie. La persistance du chômage, la stagnation du pouvoir d'achat ont créé un climat propice à la *revolt attitude*.

Éradiquer le virus libéral

Mais en réalité, le vrai sujet de ce coup de tonnerre, c'est le vide abyssal de la campagne des protagonistes du oui face au mouvement altermondialiste Attac, qui a été l'inspirateur de la campagne en faveur du non et a fait basculer le référendum. Car ce n'est ni Olivier Besancenot, avec ses éternelles incantations – « on va définir des objectifs pour changer les choses », ni Marie-George Buffet avec son « on va gagner car les ouiouistes sont arrogants », qui ont enflammé la campagne. Ni même Laurent Fabius qui n'a rien incarné du tout, tant son choix était ambigu, compte tenu de ses engagements passés. La période où il fut Premier ministre, de 1984 à 1986, n'incarne-t-elle pas le retour à un socialisme gestionnaire ? Encore moins Villiers ou Le Pen, qui se sont contentés de surfer sur la vague. Incontestablement, c'est Attac, mouvement marxiste réchauffé, avatar de la culture tiers-mondiste, qui a été le moteur de la campagne du non, imposant son tempo et ses diatribes antilibérales sans rencontrer la moindre résistance. Faisant croire, à coups de sophismes, que la hausse du chômage et de la précarité, les délocalisations, la baisse du pouvoir d'achat, les pressions sur les salaires et les retraites, la casse de la protection sociale et des services publics, les privatisations étaient le résultat de politiques menées sous la contrainte. Celle de Bruxelles, évidemment.

Les partisans du oui, eux, n'avaient rien à dire. Tout juste ont-ils été capables de faire valoir que la France, qui dispose de 9 % des voix au sein du Conseil européen avec le traité de Nice, en aurait 13 % avec la Constitution. Puissant argument ! Une élection, c'est une bataille. Et ceux qui sont incapables de défendre leurs idées sont battus. C'est aussi simple que cela. Et là, en l'occurrence, c'est Attac qui a gagné. La coalition des partis de gouvernement a perdu. Malgré l'immensité de ses moyens.

Bernard Cassen, fondateur d'Attac, est aux anges : « Nous sommes crédités d'une responsabilité importante dans le succès du non ! » Sans détour, ce fils d'un employé d'EDF, ancien membre du PC, ancien professeur, aujourd'hui figure emblématique du mensuel *Le Monde diplomatique,* expose l'ambition du mouvement : « Changer les têtes, éradiquer le virus libéral, détricoter l'hégémonie intellectuelle américaine par un travail méthodique. Il faut réapprendre à penser librement, sans s'autocensurer, sans tenir compte des contraintes extérieures, sans céder au fatalisme, aux soi-disant adaptations nécessaires. » Et cet intellectuel, longtemps titulaire – ironie de l'histoire – de la chaire

Jean-Monnet à Paris VIII, qui avait rejoint le cabinet de Chevènement en 1982, d'affirmer avec force : « Oui, on peut faire autre chose. Un autre monde est possible. » Lequel ? « Il n'y a pas de petit livre rouge donnant les solutions, répond Cassen. Mais on propose des pistes pour avancer. Des mesures qui feront bouger les choses. Comme les taxes globales en faveur de la solidarité. » C'est tout. Un rêve sans consistance.

Cette campagne sur l'Europe, Attac y a travaillé pendant près de trois ans. Le mouvement s'y est attelé dès le lendemain du traité de Nice, en 2000. Et le jour J, il était le seul à être prêt : thèmes de campagne, argumentaires précis. Dans l'art de la critique, Attac a donné toute sa mesure. Récoltant les fruits d'années de travail et de la mise en place de réseaux solides. Avec pour fer de lance une école de formation, des universités d'été où les leaders ne se contentent pas de « faire des images sympa », mais où les militants viennent plancher sur les finances publiques, les paradis fiscaux, les transferts de capitaux, les institutions européennes et le « caractère antidémocratique » du processus de décision européen, comme ils le répètent.

Qu'il s'agisse des services publics, du droit à l'avortement, ou de la laïcité, soi-disant menacés par la Constitution, des slogans antilibéraux, c'est Attac qui a imposé les thèmes. Des thèmes soigneusement choisis, très évocateurs, faisant appel à l'imaginaire populaire : services publics, retraites, assurance maladie, laïcité – nos fameuses vaches sacrées ! Affirmant que le modèle républicain était menacé. Stigmatisant les peurs que provoque, à juste titre, la mondialisation dans un pays rongé par le chômage.

C'est Attac qui a fourni le logiciel de campagne aux partisans du non, d'Henri Emmanuelli à la CGT.

Même Fabius est allé piocher ses idées dans les argumentaires du mouvement altermondialiste. Il a
demandé à la fondation Copernic, satellite d'Attac, de
lui fournir ses fiches d'analyse de la Constitution. C'est
le député européen Henri Weber, ancien de la Ligue
communiste révolutionnaire comme le président de
Copernic, qui a servi de courroie de transmission.

Les partisans du oui ne s'étaient pas préparés à
livrer bataille. Ils étaient persuadés que le oui s'impo-
serait de lui-même ! Du coup, ils se sont trouvés pris
au piège de cette problématique imposée par les altermondialistes : la Constitution est libérale. « Ils se sont
battus sur notre terrain. Ils étaient dos au mur »,
commente Cassen, ravi.

Le réveil de Dracula !

Mais le plus incroyable, c'est la façon dont le chef
de l'État lui-même a relayé les thématiques du mouvement altermondialiste. Jouant l'indignation face au
projet de directive Bolkestein, alors que la France était
demandeuse d'une telle décision, favorable à l'exportation de ses activités de services, le chef de l'État s'est
érigé en grand pourfendeur de l'« ultralibéralisme ».
Sans d'ailleurs expliquer où se situait la frontière
entre l'« ultra »-libéralisme et le « libéralisme ». Allant
même jusqu'à déclarer devant ses pairs, lors du
Conseil européen de mars 2005 : « Le libéralisme est
une idéologie aussi nocive que le communisme. Les
riches deviennent plus riches. Les pauvres plus pauvres. Elle ira dans le mur comme le communisme. »
Seul le chef du gouvernement belge, chef de file des
libéraux flamands, y a prêté attention et a déclaré :

« Le président veut sans doute parler de l'ultralibéralisme ! »

Des propos choquants ? L'Élysée répond que le pape Jean-Paul II n'a pas dit autre chose. En réalité, le pape a déclaré : « Si les systèmes socialistes se sont écroulés à l'Est, c'est parce qu'ils ne respectaient pas les droits de la personne humaine, et si le système de l'économie sociale de marché est efficace, c'est parce qu'il fait confiance à l'homme, qu'il respecte la nature de l'homme, sa liberté, sa responsabilité. » Ce qui est assez différent.

Pour Chirac, le libéralisme serait donc nocif. Alors que depuis des années certains à gauche et notamment au *Nouvel Observateur* déploient des efforts de titan pour convertir la France à l'économie de marché, pousser le parti socialiste à faire son Bad Godesberg [1], Chirac ruine systématiquement toute tentative de retour à la réalité.

Ainsi, pour remédier à l'atonie générale et aux polémiques sur la baisse du pouvoir d'achat, le gouvernement avait évoqué la mise en place d'une « politique des revenus » – un instrument appartenant à la panoplie des années soixante, du temps des économies fermées avec de forts gains de productivité, une mesure inapplicable dans le contexte actuel –, un économiste, exaspéré, s'était alors exclamé : « C'est le réveil de Dracula ! »

Mais Chirac n'est pas le seul. Fabius se situe dans le même registre quand il promet le Smic à 1 500 euros,

---

1. Le congrès de Bad Godesberg en 1959 entérina l'option réformiste du parti social-démocrate allemand. Toute référence au marxisme et à la lutte des classes était écartée. En revanche était réaffirmée la nécessité d'un contrôle public sur le marché, en particulier en matière de répartition des revenus et de cogestion des entreprises.

sans procéder à la moindre simulation ! On se croirait revenu au temps de Georges Marchais qui réclamait un Smig à 10 000 francs. Non ! la feuille de paie n'est pas l'ennemi de l'emploi. Pas forcément. Cela dépend de la compétitivité des entreprises. Une hausse des salaires à contre-temps peut entraîner des destructions d'emploi en cascade. Une hausse dans un contexte favorable va au contraire relancer la consommation. Et, quoi qu'il en soit, dans une économie moderne, ces questions salariales relèvent de la négociation collective.

L'idylle entre Attac et Chirac a débuté au printemps 2003, à la veille du G 8 (les huit pays les plus industrialisés) à Évian. En effet, lors de la préparation de ces sommets, Chirac a l'habitude de réunir les représentants des ONG. Il adore cela. Il les écoute pendant des heures. Une réminiscence de l'époque ou il avait signé l'appel de Stockholm[1] et où il distribuait *L'Humanité* ? À l'issue d'une de ces réunions, Chirac a saisi le représentant d'Attac par le bras et lui a fait part de son souhait d'engager une réflexion sur les taxations financières. Un rapport est donc confié à l'inspecteur des Finances Jean-Pierre Landau. Celui-ci ne parle pas de taxations, mais de contributions financières. Pour le reste, c'est du Attac pur jus. Le président de la République a repris à son compte l'idée d'une taxe Tobin. Une idée qui a fait flop dans les cénacles du G 8 et qu'il a peu à peu transformée en une taxe sur les billets d'avion, laquelle a connu le même sort.

Cassen, encore une fois, est ravi : « Ce rapport est

---

1. En 1950, alors étudiant à Sciences-Po, Jacques Chirac avait signé l'appel de Stockholm contre l'armement nucléaire, d'inspiration soviétique.

aux trois quarts inspirés par Attac ! Toutes nos propositions ont été retenues. Les autres membres de la commission n'avaient strictement aucune idée à proposer. » Très content de son effet, il ajoute : « Chirac a défendu nos arguments aux Nations unies, à Davos. Sur la taxation des capitaux, sur le secret bancaire. Il nous a crédibilisés. » Et d'ajouter, avec un immense sourire ironique : « Normalement, compte tenu de ses positions, il aurait dû voter non à la Constitution. » Et de confier : « Il est formidable ! Il a fait débloquer une subvention de 500 000 euros pour la tenue du Forum social européen, à Paris, en novembre 2003. On avait déjà reçu une subvention importante de la mairie de Paris, mais quand on a adressé une demande à l'Élysée, on n'y croyait pas. Or le collaborateur du président nous a immédiatement répondu en nous demandant de prendre contact avec un conseiller à Matignon qui a débloqué une aide. Quand, à l'Assemblée, un député a demandé à Raffarin les raisons de cette subvention, il était à la peine. Il a évoqué la tradition de la pluralité d'expression... »

Cassen a tout à fait conscience de l'énormité de la situation. « C'était un rassemblement antilibéral ! » s'esclaffe-t-il. Attac est une planche de salut pour Chirac. Ce mouvement lui fournit à la fois une excuse à ses échecs (c'est la faute à la mondialisation) et un prétexte à son inaction (il faut réfléchir à un autre modèle).

En plein délire

S'inspirant à la fois des vieilles méthodes révolutionnaires de quadrillage militant et des techniques

modernes de communication, à l'instar d'organisations comme Act Up ou des « faiseurs de révolution »
des pays de l'ex-bloc soviétique, les dirigeants d'Attac
ont mis en place une vraie stratégie et une organisation sans faille. Avec des jeunes hypermotivés, des brigades, des slogans simples qui frappent les esprits, des
badges, des réunions Tupperware, des sites internet.
Usant de leur savoir-faire en matière d'éducation
populaire de proximité, ils ont occupé le terrain : réunions de quartier dans les banlieues ; troupes de théâtre amateur sur les marchés ; caravanes de voitures
sillonnant les villages ; cafés citoyens ; ateliers de lecture ; jeu de cartes spécial Constitution...

Ce sont ses militants qui ont fait de l'agit-prop.
Démolissant systématiquement les meetings de Cohn-
Bendit, le traitant de « valet du capitalisme », de
« menteur ». Cohn-Bendit, l'ennemi juré des communistes, comme en 1968. Le symbole d'une autre gauche, libertaire, allergique aux méthodes staliniennes.
Eux qui ont sapé la crédibilité de François Hollande
en boycottant son meeting en Corrèze et en lui balan-
çant des boules de neige, le faisant passer pour un
social-traître. Discréditant sa ligne réformatrice. Eux
encore qui ont inondé les rédactions de mails ou d'appels téléphoniques pour dénoncer un traitement de
faveur à l'égard des partisans du oui, à une époque,
où pourtant, en temps d'antenne comme on dit, les
partisans du non avaient enregistré une légère avance.
Eux toujours qui, au lendemain de la victoire, ont
demandé la tête de certains journalistes, faisant huer
leurs noms dans des meetings. Des méthodes rappelant des heures sombres de l'histoire.

Les leaders d'Attac, eux, sont restés discrets, en coulisse, car il est important de laisser au peuple l'impres-

sion que c'est lui qui est acteur. Seul face aux élites qui se pavanent à la télé. Dans les débats, on n'a pas vu le fondateur, Bernard Cassen. Ni l'actuel président, Jacques Nikonoff, ancien membre du PC lui aussi. Un personnage atypique, qui a débuté sa carrière professionnelle comme OS à La Courneuve, où il a milité à la CGT. Après avoir réussi l'examen d'entrée à l'université réservé aux non-bacheliers, il a entamé un cursus universitaire : études de sciences de l'éducation à l'université de Paris VIII, puis au Conservatoire national des arts et métiers. Il a ensuite poursuivi ses études à l'IEP-Paris puis à l'ENA qu'il a intégrée en 1984. Sorti à la Caisse des dépôts, il y est administrateur civil et a été son représentant aux États-Unis pendant plusieurs années.

Seize ans après l'effondrement du bloc soviétique, alors que la Chine, l'Inde, la Russie, le monde entier s'est lancé à bras-le-corps dans une bataille commerciale planétaire, ces deux anciens communistes, aux thèses radicales, ont réussi leur pari : faire de la France le symbole du non au libéralisme. D'ailleurs, au lendemain du référendum, dans *Grain de sable*, le journal électronique d'Attac, cette victoire était clairement revendiquée : « Ce faisant, les citoyennes et les citoyens ont d'abord dit non au néolibéralisme, dont le texte soumis à référendum constituait une éloquente défense et illustration. » Même le directeur du journal *Libération*, Serge July, s'en est ému dans un éditorial intitulé « Référendum sur le libéralisme » : « Que des dirigeants de gauche, et à peu près toute la classe politique, aient accepté de délayer à longueur d'argumentaires les tracts d'Attac, à la manière de François Mitterrand plaidant pour la rupture avec le capitalisme dans les années soixante-dix, on est en plein délire, plus de trente ans après et après les succès que l'on sait. Cette année, on ne parlait plus de capitalisme mais d'un mot qui s'en voulait le synonyme absolu : le libéralisme. Cette fois, il fallait se prononcer pour ou contre la concurrence, pour ou contre la mondialisation[1]. »

En réalité, ce n'est pas le libéralisme qui est mauvais en soi, mais le mauvais usage que les hommes en font. Les abus, les excès. L'absence de morale.

Tendance morbide

Créée en 1998 afin de promouvoir la taxe Tobin et de défendre les pays les plus pauvres lésés par les effets de la dérégulation mondiale, l'Association pour la taxation des transactions financières pour l'aide aux citoyens a transposé sur le plan national le logiciel altermondialiste : riches contre pauvres. Tout en gardant une connotation internationaliste généreuse, en portant le fer de la bataille anti-Constitution dans les autres pays de l'Union, en faisant de la campagne référendaire française le fer de lance, symbolique, d'une expression européenne. Prônant un non par « procuration » pour les pays qui n'avaient pas été invités à ratifier la Constitution par référendum.

Dénonçant sans relâche « l'impasse de la croissance productiviste », le mouvement exige « des emplois pour tous, conformes aux désirs, aux compétences et aux aptitudes des citoyens » – pas moins ! Attac ne donne évidemment pas la recette de ce monde parfait.

---

1. *Libération*, 30 mai 2005.

Elle se contente, comme le PC autrefois, d'une fonction tribunicienne. Elle assume de n'être qu'un simple laboratoire expérimental. Une officine de déstabilisation. Ce qui l'autorise à tous les anathèmes, à toutes les manipulations, à toutes les déformations, sans jamais craindre d'avoir à justifier, argumenter.

Ainsi, a-t-on vu ce mouvement héritier de l'idéal tiers-mondiste des années soixante flirter avec la ligne jaune du national-populisme. Mêlant habilement le vrai et le faux. Comme en témoigne la tribune signée Nikonoff, publiée dans *Le Monde* du 24 mai 2005. Le président d'Attac y développe ses thèmes favoris : « Chômage bloqué à 10 % depuis vingt ans ; démantèlement systématique des services publics ; augmentation des inégalités ; montée de l'abstention et des partis populistes ou d'extrême droite. [...] La mise en œuvre de la Constitution européenne va accélérer cette tendance morbide. » Oubliant de préciser que ce sont des pays comme l'Allemagne, la France et l'Italie, qui n'ont pas réussi à se réformer, qui plombent les chiffres du chômage. Se gardant bien de préciser que les inégalités n'ont pas augmenté dans les démocraties du Nord qui ont su préserver leurs systèmes de redistribution. Que si, partout, la durée des cotisations a été augmentée, ce n'est pas la faute à la mondialisation, mais la conséquence de l'allongement de la durée de vie.

Évoquant l'Espagne, le Portugal et la Grèce, Nikonoff parle aimablement de « trois anciennes dictatures fascistes » et les accuse sans autre forme de procès d'être à la botte de la Commission européenne : « Sous perfusion permanente de fonds européens, ils acceptent toutes les directives qui passent dans la crainte de perdre leurs financements. » Quant aux exsatellites soviétiques, ils sont eux aussi accusés de mercantilisme : « Ils conçoivent l'Union européenne comme un guichet utile à leurs propres besoins de développement et non comme une communauté de destin et l'aile marchante de l'Union vers la Méditerranée. » Bref, tous ceux qui ne pensent pas comme eux sont des pourris, des valets de la Commission de Bruxelles, vendus à l'ultralibéralisme, au grand capital... Voilà pour le discours altermondialiste. Même au sein du mouvement, certains ont été révulsés à la lecture de cette tribune.

Attac a profité d'une météo très favorable. Le mouvement a fait preuve d'un savoir-faire incontestable. Et d'une détermination sans faille. Il a gagné. C'est le jeu démocratique. Il n'y a pas de complot. Mais en face ? Pourquoi les tenants du oui ont-ils été aussi inaudibles, contraints à la défensive, décortiquant, article par article, les très faibles avancées démocratiques de la Constitution ? S'enlisant dans une glose indigeste du texte proposé ? Aucune stratégie, aucune pensée, aucun logiciel. Rien à défendre. Un vide absolu. Et pour cause. À force d'esquiver le débat, de faire sans dire, de dire sans faire, de nier les problèmes, de se draper dans des postures virtuelles, les partis de gouvernement se sont trouvés fort démunis quand ils ont été attaqués de plein fouet sur le seul sujet qui vaille : la mondialisation. Pire, à force de faire un tout petit peu de réformes soi-disant libérales, mais sans refonte globale du système et donc sans résultats, ils ont discrédité l'idée même de réforme, ils ont saccagé toute notion de progrès. Et ils ne savent plus à quelle branche se raccrocher. D'un côté, un Chirac, incapable de rompre avec le modèle jacobin repeint aux couleurs d'un gaullisme pragmatique. Un *campaigner*, comme disent les Américains, uniquement préoccupé de plaire et de reconquérir le pouvoir, qui entretient la peur de l'économie de marché au lieu d'en être le pédagogue. De l'autre, une gauche qui n'en finit pas d'assumer sa mutation, pourfendant un capitalisme et un libéralisme forcément ultras et anglo-saxons. Pour ne pas alimenter les rangs des électeurs de Le Pen ou de l'extrême gauche, disent-ils, alors que c'est justement en biaisant, en n'expliquant pas, en donnant du crédit au discours d'Attac sur le caractère morbide de l'économie capitaliste qu'elle favorise les discours populistes.

Perpétuellement en quête d'une troisième voie imaginaire, qui garantirait la survie de l'exception française sans révisions douloureuses, le ventre mou radical-socialiste des partis de gouvernement n'a pas réussi à formuler une vision. Ni pour la France ni pour l'Europe. Ils ont été les otages d'Attac. Victimes du syndrome de Stockholm. Mondialisation, délocalisations, remise en cause des acquis sociaux sont des réalités. Qui exigent des explications. Mais au lieu d'engager un dialogue fertile, les gouvernants, de droite comme de gauche, ont simplement ignoré la question. Trop dérangeant. Quand en 2001, le directeur de cabinet de Lionel Jospin, Olivier Schrameck, reçut longuement les dirigeants d'Attac, ce n'était pas pour tenter de formuler des réponses aux questions qu'ils soulèvent. La seule chose qui l'intéressait, c'était de savoir comment ces gauchistes voteraient au second tour !

Un processus planétaire

La mondialisation est une réalité. Pas une option qu'on peut rayer d'un trait de plume dans un beau discours. Ou espérer abolir à coups de manifestations. C'est comme cela. Dans les années soixante-dix, de brillants chercheurs américains, sous la houlette du prix Nobel d'économie Milton Friedman, ont mis à mal le modèle keynésien. Ils ont démontré, modèles mathématiques à l'appui, qu'il existait un moyen de rendre les économies encore plus performantes, d'augmenter les revenus, en maximisant l'espérance de profit de chacun, en dérégulant pour optimiser la concurrence. Leur théorie repose sur quelques axiomes simples : diminution des dépenses de l'État-providence, déréglementation, flexibilité de l'emploi et des salaires. Reagan et Thatcher s'en sont inspirés pour entamer un redressement de leurs économies. D'une manière violente. Depuis, d'autres démocraties européennes se sont engagées dans la voie de la réforme de manière plus consensuelle, en évitant ce qu'on appelle crûment une « casse sociale ».

Internet, l'effondrement du bloc soviétique, l'ouverture de la Chine, le développement des économies asiatiques ont accéléré le mouvement de la mondialisation. Les théories libérales de l'école de Chicago ont triomphé. La mondialisation est devenue une réalité. À l'ère du marché planétaire, concurrentiel, il n'est plus possible de penser une économie à l'échelle nationale. C'est un fait. Même des économistes de gauche, comme Daniel Cohen, ne le remettent plus en cause. Lors d'un colloque organisé par *Le Nouvel Observateur*, en janvier 2005, il déclarait : « Et si on regardait la réalité en face : la mondialisation n'est plus un processus à venir qu'il conviendrait d'encourager, de freiner, ou de craindre ou d'espérer. La mondialisation est là. »

Or, non seulement elle est là, mais, globalement, elle a fait reculer la pauvreté en Chine, en Inde, en Asie, en Amérique du Sud. Même si cette mondialisation induit un certain nombre de problématiques inquiétantes : le non-décollage de certains pays en éternelle voie de développement, notamment en Afrique, une pollution croissante et non maîtrisée, la remise en cause de certains systèmes sociaux... Dans le monde entier, des économistes ont d'ailleurs analysé, critiqué les effets de cette dérégulation. L'Indien Amartya Sen, prix Nobel d'économie en 1998, professeur au Trinity College à Cambridge, en Grande-Bretagne, et à Harvard, aux États-Unis, a développé, dans les années quatre-vingt, une théorie du développement humain durable. Il a mis au point de nouvelles méthodes de calcul du niveau de vie, de manière à optimiser les aides aux pays du tiers-monde.

L'ancien conseiller de Bill Clinton, Joseph Stiglitz, prix Nobel d'économie lui aussi, a dressé, dans *La grande désillusion*[1], un réquisitoire sévère contre les mécanismes d'une mondialisation qui ne profite qu'aux pays industriellement avancés et aux grands intérêts privés, fustigeant au passage la politique du FMI vis-à-vis des pays en développement. Dans cet ouvrage de référence, argumenté, chiffré, lucide, il avance un certain nombre de propositions pour réformer, amender les règles du commerce international. Même Paul Wolfowitz, le faucon de George Bush, s'en

---

1. Fayard, 2002.

est inspiré en arrivant à la tête de la Banque mondiale début juin 2005.

Alors qu'en France on s'inquiétait d'une telle nomination, car elle augurait d'un avenir sombre pour les pays du tiers-monde, dès le week-end du 11-12 juin 2005, les ministres de l'Économie du G 8, réunis à Gleneagles en Écosse, ont annoncé qu'ils effaçaient 100 % de la dette des pays les plus pauvres. Montant de l'ardoise : 40 milliards de dollars. Un accord historique qui prend effet immédiatement et qui va permettre aux États africains tels que le Sénégal, le Burkina Faso, le Bénin, le Ghana de se dégager du fardeau qui les ligote à la Banque mondiale et au FMI. Dans un an, neuf autres nations devraient à leur tour être libérées du poids de leur dette. Les ONG n'ont pas caché leur satisfaction. Cette remise à zéro des compteurs devrait relancer des économies exsangues. En effet, jusqu'alors, chaque fois qu'il recevait deux dollars d'aide au développement, le continent africain en déboursait immédiatement un au titre du remboursement de la dette... Qui est à l'initiative de cette décision historique ? Les affreux libéraux Tony Blair et George Bush. Avec la complicité de Wolfowitz. Les applaudissements de la France ont été très discrets. Juste un petit communiqué du ministre des Finances Thierry Breton. Quant au parti socialiste, qui avait fait figurer cette revendication dans son programme de 2002, on ne l'a pas entendu.

Chapitre 4

Faire le deuil du passé

« Il n'y a aucun mal à changer d'avis,
pourvu que ce soit dans le bon sens. »

OSCAR WILDE

« Ne m'appelez plus jamais *France*
La France elle m'a laissé tomber
J'étais un bateau gigantesque... »

Chaque fois qu'il reprend cette chanson, Michel
Sardou fait un tabac. La France vit dans la nostalgie
du passé. Le paquebot transatlantique, l'ancien franc,
les phares jaunes, les plaques minéralogiques, les pen-
sionnats, la ferme, le mistral gagnant, le Montmartre
d'*Amélie Poulain*, les villages et leurs clochers qui inspi-
rèrent l'affiche de la campagne de Mitterrand en
1981. Les journées du patrimoine, les musées qui se
multiplient, célébrant des batailles, des grands hommes, des métiers d'antan, que ni les communes ni les
départements n'ont plus les moyens d'entretenir. La
France n'arrête pas de regarder dans le rétroviseur. Sa
grandeur passée, ses valeurs universelles héritées de la
Révolution, son modèle social élaboré au lendemain

73

de la guerre. Mais comment sortir de cette impasse mélancolique ? Se projeter dans l'avenir au lieu de ressasser le passé ?

Le mot nostalgie désignait, à l'origine, le sentiment de tristesse et de regret qui naît chez les sujets subissant un déracinement de leur milieu d'origine. Il a commencé à être utilisé en médecine au début du XVIIe siècle pour décrire le mal qui rongeait les jeunes soldats suisses servant à l'étranger. Saisis du mal du pays, ils étaient victimes d'un véritable abattement, souffraient d'anorexie, de troubles du sommeil. Par extension, le terme s'applique aujourd'hui à tout regret, teinté de chagrin, concernant des situations ou des événements passés. Pour guérir les soldats, il suffisait de les rapatrier. Pour guérir de la perte d'un être cher, d'une situation ou d'une abstraction – un idéal, une ambition –, le seul remède consiste à faire un travail de deuil. Et non à l'éviter.

L'acceptation pacifiante

Nous sommes en permanence confrontés à ce qu'on appelle « les petites morts » que nous impose la vie. Maladie, séparation, licenciement. Vivre c'est apprendre à mourir. Et le travail de deuil consiste à affronter cette idée que « l'objet perdu » ne se représentera plus jamais dans la réalité. Il faut couper les ponts. Encore faut-il que l'environnement permette au sujet de se détacher, qu'il lui offre des perspectives, lui ouvre de nouveaux horizons. Dans « Deuil et mélancolie », Freud explique que le travail de deuil commence lorsque « l'épreuve de réalité a montré que l'objet aimé n'existe plus et édicte l'exigence de retirer toute la libido des liens qui la retiennent à cet objet ». C'est un travail qui demande du temps et de l'énergie. C'est tout un chemin, qui se fait en plusieurs étapes. Du refus à l'acceptation paisible, en passant par la révolte et la dépression.

Dans une première phase se manifeste un déni de la réalité : « Ce n'est pas possible, ce qui arrive n'est pas vrai, je n'y crois pas... » Ce refus d'accepter la réalité constitue une sorte d'autodéfense devant l'inéluctable. Toute notre énergie vitale s'insurge devant une réalité et prétend la nier.

Durant cette phase, on « surinvestit » l'objet perdu. On veut le conserver. On est envahi par lui. Dans un premier temps, c'est une réaction normale, face à ce qui arrive, mais s'y enfermer, prolonger le phénomène d'occultation va bloquer toute évolution.

Au déni succède l'expression de la colère, de la révolte. Un sentiment d'injustice apparaît. Avec des manifestations agressives, qui sont l'expression d'une forte charge émotionnelle et qui doivent permettre au sujet de se libérer de l'objet perdu. Peu à peu l'évidence s'impose. On s'autorise, par exemple, à vivre sans l'absent. De temps à autre, l'émotion peut ressurgir mais ce n'est plus un flot qui submerge tout sur son passage. La vie a repris sa place. On peut se projeter à nouveau dans l'avenir sans avoir le sentiment de trahir le passé. Le deuil est terminé, l'événement traumatisant est enfin surmonté. Il est possible d'accueillir la nouveauté.

Loin d'accompagner ce travail, les élites interfèrent, perturbant cette lente progression vers la guérison par leurs discours rassurants et complaisants. Elles entretiennent la réalité fictive d'un État tout-puissant.

Le peuple, lui, a déjà largement entamé ce processus de deuil, il a pris conscience de la mort de l'ancien monde. Mais il est plongé dans une crise d'identité sans précédent, car la plupart de ceux qui sont censés être leur guide, les leaders politiques ou syndicaux, eux, sont dans le déni de la réalité.

Un poisson fossile

Humaniste, planétaire, compassionnel, Jacques Chirac s'est fabriqué une grandeur artificielle en planant loin, le plus loin possible des petites querelles de politique intérieure et du marigot politicien. Mais cette hauteur d'esprit n'est qu'illusion. Pas de grandeur sans audace visionnaire. Sans politique économique solide. Or, loin de susciter cette croyance en l'avenir qui sert de propulseur aux économies modernes, Chirac, comme Mitterrand, a conforté le monde ancien en le colmatant. Masquant l'affaiblissement de la France. Ces deux présidents, qui ont dirigé le pays depuis un quart de siècle, n'ont eu de cesse d'entretenir la flamme de la grandeur et des idéaux hérités des Lumières. Sans esprit de discernement. Le premier en se faisant l'ardent défenseur du tiers-monde et en promettant de lutter contre la fracture sociale. Le second en entonnant le chant des antimondialistes et en inventant le concept des droits acquis. Ni l'un ni l'autre n'ont aidé les Français à revenir à la réalité. À ouvrir les yeux.

« Cet homme de soixante-treize ans a consacré l'essentiel de sa carrière à surestimer son poids, ainsi que celui de son pays », ironisait un journaliste de *Newsweek* dans un long article consacré au président de la République à la veille du référendum. « L'obsession de Chirac pour le glorieux passé de la France le fait ressembler à un cœlacanthe, poisson marin surtout connu par des fossiles, poursuivait-il. Le problème est justement le décalage entre cette grandeur révolue et l'actuelle médiocrité de la France, dont le taux de chômage des moins de vingt-cinq ans dépasse 23 %. »

Thierry Wolton a raison : « La France vit depuis la Libération sur des mythes forgés par le général de Gaulle, le mythe d'une France résistante, ultrapuissante. Ont suivi soixante ans de mensonges, de postures artificielles qui ont contribué à mettre la France en porte à faux[1]. » Il faut se souvenir. Avant l'effondrement de 1940, la France était encore une grande nation. Une puissance militaire, une puissance diplomatique, une puissance coloniale, une puissance culturelle. Difficile de rompre avec ce passé.

Loin de reconnaître notre part de responsabilité dans le cours dramatique de l'histoire quand Clemenceau, lors de la signature du traité de Versailles en 1919, a mis l'Allemagne à genoux, lui imposant des dommages de guerre écrasants, dans des conditions humiliantes et irréalistes, au lieu de faire cet examen de conscience, nous avons occulté ce passé. Et nous nous sommes persuadés que nous appartenions au camp des vainqueurs.

De Gaulle n'a eu de cesse de raviver cette idée de grandeur. « À mon sens, la France ne peut être la France sans la grandeur[2]. » Lançant des défis, technologiques, diplomatiques, institutionnels pour perpé-

---

1. Thierry Wolton, *Brève psychanalyse de la France*, Plon, 2004.
2. *Mémoires de guerre*, Plon, 1959.

tuer le génie français. Certains dénoncent aujourd'hui cette vision hypertrophique de la nation française, mais le Général a toujours eu une politique économique à la hauteur de ses ambitions : monnaie forte, équilibre budgétaire, solde commercial positif. Entre 1958 et 1969, le pouvoir d'achat des Français a progressé de 56 %. La France faisait alors figure d'exemple. On louait le génie français aussi pour cela.

Et lorsque Valéry Giscard d'Estaing osa proférer une évidence : que nous ne pesions plus que 1 % de la population mondiale, et que nous étions devenus une puissance moyenne, ce fut un choc. Ce fut perçu comme un aveu d'impuissance. Une trahison. VGE ne se remettra pas de ce blasphème. Il n'a pas réussi à combler le vide avec son dessein européen. François Mitterrand en tirera les leçons. En 1981, parodiant le Général, il avait conclu le débat télévisé qui l'opposait à Giscard par ces mots : « La grandeur de la France, c'est l'histoire de la France, et j'en hérite. »

Mitterrand qui, au temps du gaullisme triomphant, fustigeait « la chimère d'une grandeur inspirée par les ombres d'un passé révolu et qui nous condamne à l'isolement », reprendra à son compte le discours de son illustre prédécesseur. Usant d'un vocabulaire grandiloquent : « tenir son rang », la « mission historique de la France dans le monde ». Des mots qui flattent, mais qui ne recouvrent plus aucune réalité, la France s'étant peu à peu égarée dans une politique économique qui n'a cessé de l'affaiblir. Et qui n'inspire plus aucun pays. Mais Mitterrand avait le verbe. Et l'Europe comme horizon. Il saura, pendant un temps, maintenir l'illusion d'un futur meilleur. Et conforme à nos idéaux. Car bien plus que la grandeur, ce qui provoque le plus vif ressentiment, le plus profond regret, c'est l'idée de ne plus être le phare de l'humanité. Et plus la charge narcissique est forte, plus le travail de deuil est difficile.

Du surmoi révolutionnaire à l'idéal résistant

La Révolution occupe dans notre inconscient collectif une place centrale. Certes, la Révolution n'est pas la seule matrice de notre identité. D'autres périodes de notre histoire ont contribué à façonner notre territoire, notre République et nos lois. Ainsi, l'extrême centralisation du pouvoir, le rôle prédominant de l'État, qui caractérisent le fonctionnement administratif et politique français, remontent à la Renaissance. Ce phénomène a été amorcé dès le XVe siècle par Louis XI, l'un des rois de France qui contribua le plus à l'unité nationale. Il fut le premier bâtisseur d'un État central puissant, au détriment des corps intermédiaires. C'est également lui qui créa les premières postes, la première imprimerie, les premières soieries... Colbert, Robespierre, Napoléon, de Gaulle ont été ses dignes héritiers.

La France est le fruit d'une longue évolution. Mais la Révolution est un repère, un marqueur unique. Par l'importance de l'événement. Par la force des idéaux qu'elle portait. Abolition des privilèges. Suppression d'un ordre social féodal fondé sur la naissance. Déclaration des droits de l'homme. Vote d'une Constitution. La secousse fut immense. Elle marque surtout une rupture radicale avec l'Église. Contrairement aux autres révolutions, en Angleterre ou aux États-Unis d'Amérique. Par son imaginaire, sa radicalité, sa soif d'absolu, son idéal de justice et plus encore d'égalité, la Révolution de 1789 a laissé une empreinte morale extrêmement forte. Son idéal a forgé notre conscience collective. C'est un peu notre surmoi, cette autorité qui a pour mission de filtrer ce qui est bien. « L'instance judiciaire de notre psychisme », comme disait Freud.

Durant plus de deux siècles, la France a incarné la pensée de gauche. Les idéaux humanistes. Opposition à l'Église, à la royauté. Morale altruiste. Volonté d'accéder au bonheur terrestre. Voltaire, les Encyclopédistes, Diderot, Rousseau sont les premiers représentants de cette pensée de gauche. Certes, ils ne sont pas d'accord sur tout, mais ils sont contre l'Église, contre la monarchie. Cette tradition se poursuit évidemment avec la Révolution. Puis avec Napoléon. Le bonapartisme prolonge l'idéal révolutionnaire. D'une manière dénaturée, certes, mais aux yeux des dynasties européennes, pour l'Autriche, l'Allemagne, l'Angleterre, la Russie, Napoléon est un ennemi de l'ordre conservateur. Il a repris le drapeau tricolore. Il a humilié le pape. Ensuite, il y a la Restauration, mais dans les années 1820 Paris fourmille de mouvements révolutionnaires. Et Paris est La Mecque des utopistes. Bakounine, Marx, Mazzini, Herzen, Blanqui, Leroux, Proudhon, Louis Blanc, mais aussi les opposants russes, allemands, qui y ont fait de longs séjours. Et puis 1848, le suffrage universel, la IIe République : c'est toujours la gauche. Pendant plus de deux siècles, Paris a été le centre de la pensée de gauche.

Cette époque heureuse où nous inspirions le monde s'est achevée. Nous en souffrons. Car en quoi, aujourd'hui, le fameux modèle français permet-il à la France de rayonner ? Où sont les prix Nobel ? les grands écrivains ? les peintres ? les philosophes ? En quoi l'égalité, la fraternité, la solidarité ont-elles été mieux défendues qu'ailleurs ? La France jouit-elle de plus de libertés que les pays voisins qui ont accepté un compromis avec la monarchie et l'Église ? De plus d'égalité ? Ces monarchies constitutionnelles que sont devenus la Grande-Bretagne, l'Espagne, la Suède ou le Danemark sont bien moins monarchistes que notre République jacobine. Nulle part dans la vieille Europe, les droits ne sont aussi régulièrement bafoués. Juges d'instruction qui instruisent à charge et uniquement à charge, écoutes téléphoniques, Renseignements généraux, nominations d'affidés au gré du prince, prébendes, absence de contre-pouvoirs et de contrôles.

Partout en Europe, de nouveaux droits apparaissent qui sont respectés : ceux des femmes, des homosexuels, des minorités ethniques. On discute de l'euthanasie, de la libéralisation du canabis, des OGM, du clonage, de la sexualité des détenus, sans tomber dans les excès et la diabolisation des enjeux. La France est à la traîne. Crispée. Pétrifiée. Notre incapacité à vivre en harmonie avec notre surmoi révolutionnaire, à adopter une ligne de conduite à la hauteur de notre passé, nous inhibe et nous conduit à nous figer dans une attitude d'idéalisation excessive du passé, proche du fanatisme. Renoncer à l'exception française, ce serait trahir la Révolution.

On reste bloqué sur un logiciel conçu au XVIIIe siècle. Tout le monde naît libres et égaux : ce postulat, révolutionnaire en son temps, est aujourd'hui dépassé. « L'affirmation "tous les hommes sont égaux" sert largement à détourner l'attention du fait que nous différons par l'âge, le sexe, les talents, les aptitudes physiques, mais aussi par l'origine sociale et les conditions de vie », affirme le philosophe-économiste indien Amartya Sen. Ce professeur à Cambridge et à Harvard a entamé une réflexion sur la façon de concilier les aspirations de chacun, en fonction de ses capacités, et la lutte contre les inégalités. C'est cela la vraie question, comment concilier égalité et liberté. Solidarité et responsabilité. Ce fut également l'œuvre du grand philosophe américain John Rawls, auteur de *Theory of Justice* qui lui aussi enseigna à Harvard. Il ne suffit pas de « faire payer » les riches. Ceux qui réussissent. De taxer les profits. La France en est encore à chanter la *Carmagnole* : « Tous à la même hauteur, voilà le vrai bonheur », arrimée à une représentation archaïque et simpliste du monde.

Ce sentiment d'échec ravive le choc traumatique de 1789. Cette révolution jamais achevée qui, de soubresaut en soubresaut, faute de compromis possible, n'a pas su trouver son équilibre.

Célébrations païennes

C'était en mars 2005. Le non progressait dans les sondages. Le président de la République a sorti l'arme ultime pour essayer de rassurer les Français, qualifiant la Constitution européenne de « fille de 1789 ». Quelques semaines plus tard, Danièle Mitterrand en appelait à son tour à la Révolution, mais pour défendre le non. C'était au journal de 13 heures sur France 2, le 20 mai 2005 : « Ce serait bien qu'on soit les premiers à dire non, comme à la Révolution, comme avec la Résistance... »

1789, l'objet perdu au cœur de nos névroses. Au lendemain de sa nomination, dans son discours de politique générale, le Premier ministre Dominique Galouzeau de Villepin, dont la famille s'est auto-anoblie en se rajoutant une particule, s'est cru obligé, lui aussi, d'évoquer notre passé révolutionnaire : « Notre vision héritée de 1789 a sa grandeur et sa vérité. »

Cette mythologie d'une France idéaliste et humaniste se nourrit de célébrations païennes, de rituels. Ainsi, régulièrement, le peuple, floué, abandonné, exprime sa colère : grèves, défilés, manifestations, drapeaux, chants révolutionnaires. Chaque année, la France joue le même psychodrame. À tour de rôle, cheminots, profs, lycéens, chauffeurs routiers, infirmières, postiers, ouvriers de Michelin, de Moulinex ou de Danone rejouent le drame de la lutte des classes. À chaque fois une très grande majorité de Français se range dans le camp des grévistes. Les sondeurs parlent de grèves par procuration. Mais on est bien au-delà des conservatismes sociaux, des réactions corporatistes, de la simple volonté de défendre les acquis des autres pour tenter de préserver les siens. Protester, défiler, défier répond à une nécessité compulsive. C'est une sorte de rituel censé exorciser la honte d'avoir abandonné le combat, de ne pas être à la hauteur des idéaux. Ce sont les seuls moments de solidarité. De défis collectifs. Avec la Coupe du monde de foot.

Dès qu'un problème surgit, avant même de songer aux solutions, la France est prise de tremblements « défilatoires ». Banderoles, pancartes, drapeaux, slogans. La France s'aime rebelle et idéaliste. À l'image de la Marianne peinte par Eugène Delacroix en 1830 au lendemain des Trois Glorieuses : *La Liberté guidant le peuple*. Une femme portant bonnet phrygien, foulant les cadavres, arme à la main, dans la fumée des combats, et brandissant le drapeau tricolore. Un tableau engagé qui, loin d'être maudit, a été acheté par le roi Louis-Philippe, avant de devenir la plus célèbre allégorie de la République française.

Le soir du référendum de mai 2005, un militant d'Attac savourait la victoire, place de la Bastille. Désignant la colonne de Juillet, au milieu de la place, il lançait : « C'est ici que tout a commencé. En 1789. C'est bien d'être là. » En écho, quelques « nonistes » entamaient le refrain de *L'Internationale* : « C'est la lutte finale ! » À Marseille, une sono montée sur une camionnette crachait à plein tube la chanson « ... *de tu querida presencia Comandante Che Guevara* ». Mais au lendemain du cataclysme électoral du 29 mai, il n'y a pas eu de révolution. Juste une mini-révolution de palais. Un jeu de chaises musicales entre ministres. Tout cela n'était qu'exorcisme. Compulsion. La France est un pays assez riche pour pouvoir se jouer la comédie du Grand Soir, et qui se dupe sans fin sur ce qu'il est.

Nicolas Sarkozy a affirmé : « Il faut regarder la France telle qu'elle est, non pas telle qu'on la rêve. Le statut d'un pays n'est pas seulement fonction de son histoire mais des efforts qu'il fait pour mériter ce statut[1]. » Cette réflexion s'inscrit-elle dans une vision à long terme, ou est-ce une posture électorale ? C'est un autre débat, mais le ministre de l'Intérieur a choisi le camp du réel. Comme Bernard Kouchner qui, dans un article intitulé « Cessons de nous mentir », a affirmé : « La France, qui constituait pour tant de peuples un espoir de liberté et de justice dans le désordre des nations, se retrouve isolée dans le monde, margi-

---

1. *Le Monde*, 7 septembre 2005.

nalisée en Europe, réduite à des postures d'arrogance ou de repli impuissant. Le modèle français n'est plus un modèle pour personne, au mieux c'est un vestige. Il est criminel de faire comme si la France traversait un simple trou d'air dont nous pourrions sortir par des politiques héritées des années soixante[1]. »

Mais ils sont bien seuls, au sein de la classe politique, à encourager le travail de deuil. Villepin s'est inscrit dans la filiation chiraquienne et la parole de son gouvernement est verrouillée. Quant à la gauche, entrée dans la zone dangereuse de la course à l'Élysée, elle espère retrouver la pureté et l'innocence en se radicalisant.

La résistance est toujours d'actualité

À force de rêver au passé, la France est devenue mythomane. Réinterprétant l'histoire. L'idéalisant. Ainsi en va-t-il des trente glorieuses, l'un des plus puissants mythes, car il conjugue à la fois l'idéal résistant, la volonté sociale et l'avènement d'un État ultrapuissant. Le succès de cette période bénie est largement attribué au général de Gaulle, mais aussi au Conseil national de la Résistance, créé en 1943, que dirigea un temps Jean Moulin. Dans la clandestinité, durant l'occupation allemande, le CNR a rédigé un programme de gouvernement qui a été largement appliqué à la Libération. Inspiré par la justice sociale, la méfiance à l'égard des puissances d'argent qui avaient pactisé avec l'ennemi, ce programme consacrait la prédominance de l'État : nationalisation des banques,

---

1. *Le Monde*, 21 juillet 2005.

des assurances, de grandes entreprises comme EDF et d'un certain nombre d'industries – notamment celles ayant collaboré avec l'ennemi comme Renault –, création du Plan, de la Sécurité sociale, des retraites par répartition. Voilà en résumé ce qu'est le modèle social, le pacte républicain, l'exception française défendue par nos nouveaux brahmanes.

En mars 2004, Attac et les altermondialistes célébraient d'ailleurs avec enthousiasme le soixantième anniversaire de l'application de ce plan, sur le thème : la résistance est toujours d'actualité. « Si le programme du CNR, à la pointe du progrès économique et social, a pu s'appliquer à partir de 1944 dans un pays ravagé par la guerre, on ne voit pas pourquoi, dans une France et une Europe regorgeant de richesses, des changements de même ampleur ne seraient désormais qu'une aimable utopie incompatible avec les contraintes financières », écrivait ainsi dans *Le Monde diplomatique* de mars 2004 l'altermondialiste Serge Wolokoff. Une vision qui peu à peu se diffuse dans la société française. Il suffit d'écouter les questions des auditeurs qui, régulièrement, réclament la mise en place d'une grande politique comme celle qui a été menée durant cette période.

Il faut répondre à ces fausses espérances, engager une réflexion, reprendre les faits, revisiter l'histoire. Si de Gaulle a accepté la mise en place d'une économie dirigiste, c'est par pragmatisme, parce qu'il pensait que seul un État fort pouvait reconstruire un pays dévasté par la guerre. Mais, dès 1947, de retour dans l'opposition, il se montra très critique à l'égard du rôle joué par l'État dans l'économie. S'interrogeant sur le bien-fondé d'un certain nombre de nationalisations une fois passées les exigences de la reconstruction, reprochant à la IVe de maintenir le protectionnisme et le contrôle des changes, il plaidait alors pour plus de libéralisme.

Quand il revient aux affaires en 1958, il trouve une situation alarmante, non seulement sur le plan politique, mais également sur le plan économique. Inflation, déficits budgétaires... Le programme, inspiré par le plan Rueff[1], qu'il va mettre en place a l'originalité de faire cohabiter une politique dirigiste (plan, politique énergétique, programmes de recherche) et une politique libérale (abandon du contrôle des changes, développement du libre-échange, abaissement des tarifs douaniers).

De cette période bénie, qui débute au lendemain de la guerre et s'achève avec le premier choc pétrolier de 1973, il faut rappeler que ce sont les années soixante qui ont connu la plus forte croissance, la plus forte progression du pouvoir d'achat. Une croissance soutenue par le développement des échanges, l'ouverture des frontières, la signature du traité de Rome en 1957. Jean Fourastié, l'auteur de l'expression « les trente glorieuses », considère même que cette réussite économique est avant tout le résultat d'une forte augmentation de la productivité, essentiellement liée à l'initiative privée, même s'il reconnaît certains effets positifs aux plans quinquennaux. On est loin du catéchisme d'Attac, qui fait croire qu'une telle politique est le fruit d'une intervention

---

1. En 1958, Jacques Rueff préside le comité d'experts chargé d'étudier l'assainissement des finances publiques « pour lancer la Ve République sur de bonnes bases ». Cela conduit au plan Rueff mis en œuvre par Antoine Pinay, alors ministre des Finances, de Gaulle étant président du Conseil.

massive de l'État, qui se garde bien de rappeler que le contexte est totalement différent, et qui omet, bien évidemment, de dire que le décollage de l'économie française est également le résultat de l'aide massive des Américains, avec les 560 milliards de francs du plan Marshall.

La durée du travail la plus longue

Dans l'évocation de ce rêve des trente glorieuses, on occulte tous les aspects négatifs. On oublie que dans les années cinquante, la France était un des pays les moins riches d'Europe, que la durée du travail y était une des plus élevées, que les conditions de travail dans les mines, dans les usines étaient autrement plus dures. Qu'une infime minorité de Français partaient en vacances. Que les femmes faisaient bouillir le linge dans des lessiveuses, frottaient le parquet à la paille de fer, devaient avorter chez des faiseuses d'ange, que seulement 35 % d'une classe d'âge accédaient au baccalauréat, que la majorité des logements ne disposaient pas de sanitaires, que les travailleurs immigrés vivaient dans des bidonvilles ou dans des foyers Sonacotra. Qu'à l'époque, pour voyager, il fallait disposer de devises. Les entreprises privées dépendaient très largement de l'État : en matière de prêts, comme de devises pour acheter des matières premières ou des produits à l'étranger. Bien ou mal ? Mieux ou moins bien ? Qu'importe, on est dans le domaine du mythe. Du mythe d'un pays géré par un super-État, distribuant harmonieusement les richesses. Le recours au mythe est une défense qui permet de pallier une réalité ressentie comme médiocre.

Malgré cela, malgré le discours faux des élites, la société française évolue. L'idée qu'il faille priver de ses droits un chômeur qui refuse un travail, même moins qualifié, s'est acculturée. Hier, le mot fonds de pension provoquait des réactions largement hostiles. Aujourd'hui, les Français considèrent que le développement de fonds de retraite par capitalisation est une évolution inéluctable voire souhaitable. Ils ont même compris qu'ils pouvaient servir de levier face aux tentatives de rachat d'entreprises françaises. Ils commencent à accepter de changer de région pour retrouver un travail. Près de sept Français sur dix considèrent que notre modèle social fonctionne mal[1].

Reste un tabou : les services publics. À la question : faut-il les supprimer lorsque le nombre d'habitants est très faible, 82 % des Français répondent non[2]. Un chiffre qui montre un attachement très fort, dont les politiques doivent tenir compte. C'est une spécificité française. Et pour les préserver, il est plus que jamais indispensable de leur imposer une gestion rigoureuse.

1981, 1995, 2002... À chaque fois la France a voulu croire à l'avènement d'un nouvel âge d'or. Par la simple magie du politique. À chaque fois elle s'est sentie trahie. Ces échecs à répétition ont ravivé le traumatisme enfoui d'une révolution jamais achevée. D'un espoir universel qui s'est lamentablement enlisé dans

---

1. Enquête de l'institut de sondage Ifop du 21 septembre 2005 réalisé pour *Acteurs publics*, en partenariat avec le quotidien *Metro* et La Chaîne parlementaire.
2. Sondage Sofres-TNT, *Le Figaro Magazine*, 24-25 août 2005.

l'avènement d'une république bourgeoise. La mélancolie s'est installée par crises successives. Avec des accès de colère. Et des phases d'abattement. « Un orgueil coulé par l'économie de marché », écrivait *Newsweek*.

Chapitre 5

Le déni français

> « La mouche s'assied sur l'essieu du chariot et dit : "quelle poussière je soulève !" »
>
> Francis Bacon

Le déni, prolongé, est la manifestation d'un échec. D'une incapacité à surpasser une épreuve. Au lieu d'accepter un changement, de s'adapter, on détourne le regard. On occulte toute une série de constats inacceptables. Et pour ne pas avoir à affronter ce sentiment d'échec, on réinvente le bien et le mal. D'un côté on idéalise tout ce qui symbolise notre paradis perdu, les services publics, la laïcité, l'école républicaine, les grandes écoles, sans esprit critique. On surinvestit, on fantasme, on travestit. Et de l'autre on diabolise ce qui est ressenti comme d'intolérables agressions à notre système : les États-Unis, la Grande-Bretagne, la mondialisation, l'Europe... Plutôt que prendre un risque, affronter l'épreuve, on se met aux abris. On se réfugie dans l'illusion, dans un narcissisme outrancier. En exprimant un dédain déplacé à l'égard du monde extérieur, en se complaisant dans une autosatisfaction immodérée. L'intervention du chef de l'État, le 14 juillet 2005, a été une parfaite illustration de ce comportement d'évitement et de déni. Déplaçant le débat, Chirac n'a eu de cesse de vanter le modèle français, le génie national. Sans concéder une seule fois qu'il devait être repensé, amodié, adapté aux réalités du XXIe siècle.

Camisole chimique

Ce processus de dénégation, loin de guérir ou même de rassurer, nourrit au contraire le malaise. Ce n'est pas moi qui vais mal, ce sont les autres qui me menacent. Au lieu d'affronter nos faiblesses, on développe une phobie pathologique à l'encontre des autres. De l'étranger. C'est Juppé dénonçant les gnomes de Londres, Raffarin les « chefs de bureau comptables de Bruxelles ». Chirac fustigeant le modèle britannique, n'hésitant pas à tordre les chiffres comme il le fit lors de son entretien télévisé du 14 juillet, affirmant que 17 % des enfants britanniques vivaient au-dessous du seuil de pauvreté contre 7 % seulement en France. En réalité ce taux est de 10 % outre-Manche. Pourquoi en rajouter ? Et le chef de l'État s'est bien gardé de dire que Tony Blair avait réduit ce pourcentage de moitié en cinq ans, que la Grande-Bretagne, de ce point de vue, avait progressé, quand la France, elle, s'enkyste dans ses difficultés.

C'est Jacques Généreux, un proche d'Henri Emmanuelli, affirmant lors d'un meeting en Lorraine : « Le traité européen est inspiré par des malades mentaux et des schizophrènes qui sont fous de la concurrence et sont convaincus que le bonheur de l'humanité c'est de se foutre sur la gueule. » C'est l'exception française contre le reste du monde. Rien de ce qui est proposé ne peut avoir valeur d'exemple. Vive l'ordre établi !

Le 25 janvier, *Le Monde* de l'économie titrait en une : « Emploi, le cancre français lorgne sur ses voisins ». Formidable ! Un peu d'air et donc d'espoir. Il n'y a donc pas de fatalité pour les pays développés. Un énorme tableau en couleur montrait en effet, à la une du supplément économique, qu'en 2003 le Danemark connaît un taux d'emploi[1] de 75,1 %, les Pays-Bas de 73,5, la Suède de 72,9 et la France de 63,2 % seulement. Plus de dix points d'écart.

Les auteurs de l'article expliquaient que les bonnes performances des pays nordiques et notamment du Danemark ont suscité la curiosité de nombreux dirigeants politiques français à la recherche de solutions. Ce royaume du Nord a en effet réussi à réduire son chômage de moitié en l'espace de dix ans. De quoi rêver. Ils racontent comment Jean-Louis Borloo s'en est inspiré pour son plan de cohésion sociale. À ce moment de la lecture de l'article, on commence à se dire : voilà une piste intéressante. De quoi s'agit-il ? La greffe est-elle possible ? À quel prix ? Non. Rien. Les auteurs se contentent de citer un économiste du Bureau international du travail, totalement inconnu, qui déclare : « Non seulement c'est impossible de copier les institutions, les politiques, les traditions d'un autre pays, mais ce serait même dangereux de le faire. » Fermez le ban. Issue bloquée. Cette phrase est d'ailleurs mise en exergue, en caractères gras.

---

1. Taux d'emploi : proportion d'hommes et de femmes disposant d'un emploi parmi la population en âge de travailler (quinze-soixante-quatre ans).

Pour bien enfoncer le clou, les auteurs de cet article expliquent que les modèles économiques et sociaux des pays nordiques sont loin de faire l'unanimité au sein des vingt-cinq. Qu'ils sont coûteux. (Certes, mais le modèle français l'est tout autant, sans résultat.) Que les nouveaux États membres, qui sont moins riches, ne veulent pas de ce modèle, qu'ils préfèrent l'exemple libéral anglais... Et que de toute manière, si hier on encensait le modèle allemand, japonais ou suédois, ces modèles sont aujourd'hui décriés. C'est évident, toute organisation, au bout d'un certain temps, est dépassée, il faut perpétuellement revitaliser, réinventer. C'est la vie. Il n'y a pas de modèle définitif. « L'échec fait partie intégrante du succès. » C'est une phrase de Mao. Tout a une fin et un recommencement. Mais la conclusion sous-jacente de l'article consistait à dire : surtout restons comme nous sommes. Magnifique. C'est toujours la même rengaine, face à toute remise en cause potentielle, la tentation de nier, de repousser, avec toujours les mêmes excuses : on ne compte pas de la même manière, on ne peut pas comparer. Et pour la bonne cause, on n'hésite pas à déformer, interpréter. Au lieu d'admettre la réalité. On va directement à la case jugement, sans passer par la réflexion. On condamne sans penser, étudier, réfléchir.

Il est avéré que la France est le premier consommateur au monde d'antidépresseurs, d'anxiolytiques et de somnifères. Elle arrive largement en tête de tous les pays occidentaux. La consommation y est même supérieure de 40 % à celle des États-Unis ! L'anxiété et la déprime seraient à l'origine de 50 % de la consommation des médicaments, de manière directe ou indirecte. Les Français détiennent également un autre record, celui de la consommation d'alcool, qui joue aussi un rôle d'antidépresseur. Un signe peut-être que la France va mal ? Que ce pays souffre d'un niveau d'anxiété anormal ? Non, pas du tout. C'est parce qu'en France les médicaments sont plus facilement accessibles, clament les dirigeants, rapports à l'appui. La France ne va pas mal, au contraire. Ce sont les autres pays qui n'ont pas la chance de pouvoir consommer autant de médicaments qu'ils le souhaitent. Mais comme on ne peut entièrement nier le problème étant donné les déficits du système de santé, on montre du doigt les « méchants ». On dénonce la logique marchande des industries pharmaceutiques qui font tout pour développer le marché. Ou le manque de moyens des médecins généralistes qui, étranglés par les restrictions budgétaires, ne peuvent pas consacrer suffisamment de temps à leurs patients pour les écouter, et se contentent de prescrire des pilules à tort et à travers. La solution ? Lutter contre la surconsommation de médicaments.

Tout cela n'est pas faux, mais tout de même, de qui se moque-t-on ? Il suffit d'entendre tous ces généralistes, ces psychiatres, ces psychanalystes, ces psychologues qui constatent au quotidien que la population est de plus en plus fragile, que le « mal-être » se développe, que leurs patients sont à bout, perdus, inquiets. La gravité du phénomène – comparée aux autres pays – devrait alerter, interpeller. Et si, au fond, les dirigeants se satisfaisaient de cette surconsommation d'anxiolytiques qui contribue à anesthésier le peuple ? Une camisole chimique ?

Déclinistes

Cette amputation de la réalité conduit à une création délirante. Nous vivons sur une idée fausse de nous-mêmes, idéalisée, narcissique. Notre réflexion ne s'organise pas en fonction du monde réel, de ses contraintes – ou de ses opportunités –, elle est entièrement occupée à étouffer nos contradictions internes. Dès lors, la parole sonne faux. Elle ne peut pas convaincre. On est dans le registre de la propagande, de la langue de bois. Alors que le discours des extrêmes, attisant les révoltes, lui, a des accents authentiques. La scène politique est devenue tellement artificielle que pour survivre elle exige un véritable verrouillage de la pensée. Le moindre aveu, le plus petit lapsus pourrait emporter les digues. Ainsi, Chirac, qui est constamment dans le déni, la posture, lit, relit et fait relire ses discours une bonne dizaine de fois pour être certain de ne pas avoir laissé échapper un mot qui trahirait sa pensée. Toute sincérité est éradiquée. Dans ce climat de dénégation, de compression des idées, le débat devient impossible. Il n'y a plus d'échange. La nouvelle ministre du Commerce extérieur, Christine Lagarde, en a fait l'expérience pour avoir osé dire tout haut, en juin 2005, que le code du travail lui semblait obsolète. Ce que pensent beaucoup de spécialistes du droit du travail, y compris à gauche.

Les élites françaises sont passées maîtres dans l'art de bloquer toute contestation et de stigmatiser tout discours un tant soit peu déviant. Nicolas Baverez et Michel Camdessus en ont fait l'expérience.

96

La France risque de décrocher ? C'est la thèse qu'a développée Nicolas Baverez, dans *La France qui tombe*[1], chiffres et démonstrations à l'appui. Un véritable réquisitoire contre l'action menée par le président de la République, mais aussi une radioscopie implacable des faiblesses françaises, une charge contre la culture du statu quo, une exhortation au changement, aux réformes. Une analyse partagée par nombre d'économistes. Qui vaut au moins d'être discutée. Confrontée. Même si la tonalité est très pessimiste. D'ailleurs, en coulisse, tout le monde est d'accord : la sphère publique a été mal gérée. Il y a trop de gaspillages. Pas assez d'évaluation. Pas assez de formation. Pas assez de mobilité. Le droit social date. La redistribution des richesses n'est plus équitable. Les tentatives opérées pour réguler le secteur public ont échoué. Les mesures sont trop technocratiques.

Aussitôt le livre est qualifié de « pamphlet libéral ». Puis Baverez est traité de « décliniste ». Des adjectifs qui disqualifient et exonèrent de toute contre-argumentation. Des éditorialistes de tous bords l'étrillent. Dans *L'Humanité*, Dominique Bègles lui reproche d'instruire à charge, avec une avalanche de données approximatives. Et de s'indigner : « Le venin du pessimisme est inoculé. » « La rhétorique de la décadence trouve ses racines dans les courants contre-révolutionnaires de la fin du XVIIIᵉ », s'insurge Olivier Ihl, professeur à l'IEP de Grenoble, dans le journal *La Croix*. Alain Duhamel, auteur d'un ouvrage[2] autrement plus amène à l'égard des politiques, réfute lui aussi l'idée de déclin. Il s'agit d'un simple

---

1. Plon, 2003.
2. *Le Désarroi français*, Plon, 2003.

désarroi. Un petit malaise qui va passer. Il faut au contraire, selon lui, mettre les atouts du pays en avant. Positiver, vous dis-je.

Et le monde des bien-pensants de dénoncer la « gangue idéologique », « les approximations qui sentent le ranci, le nihilisme et le négativisme ». En guise d'argumentation, on a exhibé une citation de l'auteur, il est vrai assez choquante par sa brutalité : « Autant le temps libre est appréciable pour aller dans le Luberon, autant, pour les couches les plus modestes, le temps libre, c'est l'alcoolisme, le développement de la violence, la délinquance. » On a rappelé au passage que Baverez avait cinq enfants. Messages subliminaux pour convaincre que l'auteur de *La France qui tombe* est le représentant d'une France nostalgique, passéiste, fétide. Baverez a d'ailleurs été soumis à de fortes pressions professionnelles qui l'ont incité à changer de cabinet d'avocats.

Les propos tenus par Michel Rocard, dans *Le Nouvel Observateur*, à la sortie du livre, sont révélateurs de l'ampleur du déni : « Cette obsession décliniste me paraît relever d'un complexe franco-français, dit-il, ressassant toujours les mêmes arguments. Notre balance des paiements est positive, autant sinon plus que celle des Anglais, notre inflation est comparable à la leur. Nous aussi sommes en croissance depuis trois ans. Air France et Renault se portent bien. Ariane et le TGV continuent d'être performants. C'est vrai que le chômage est plus élevé en France, en grande partie à cause de notre bonne natalité. Mais – chômeur pour chômeur – il vaut bien mieux être sans emploi en France qu'en Angleterre, où l'on assiste à un regain de la violence sociale. » Alors que la France, c'est bien connu, est un havre de paix et de tolérance. Et l'ancien Premier ministre de continuer à enfoncer le clou, toujours le même : « N'oubliez pas non plus le flou de nos instruments comptables. Nos écoles fonctionnent ? Ce n'est pas dans le PNB. Nos chemins de fer marchent et ceux des Anglais ne marchent pas ? Ce n'est pas dans le PNB. Votre service de santé est en pagaille ? Ce n'est pas dans le PNB... » On mélange tout. On brocarde l'Angleterre, quand il s'agit d'empêcher le naufrage français. L'Angleterre qui attire nos étudiants, nos jeunes diplômés, nos héritiers...

Que Martine Aubry, qui défend bec et ongles ses 35 heures, clame : « Si la France va mal, c'est la faute à l'ultralibéralisme » et pourfende le livre de Baverez, c'est assez attristant quand on pense au bilan des deux septennats de François Mitterrand en matière d'emploi, mais c'est compréhensible. C'est humain. En revanche, que la droite se soit donné autant de mal pour se démarquer de l'auteur de *La France qui tombe*, voilà qui en dit long sur le déni des élites françaises.

En riposte à cet essai qui appelle à plus d'ambition dans la conduite du pays, Jean-Pierre Raffarin, alors Premier ministre, avait répondu par une interview au *Time*. Pour faire moderne. S'élevant, indigné, contre le « catastrophisme », l'homme qui n'a cessé de rassurer les Français avec le succès qu'on connaît fait remarquer que le « déclinisme [est] une vieille rengaine [*old chesnut*] de la presse française ». Il fustige « les intellectuels français [qui] parlent soit de l'arrogance de la France, soit de son déclin ». Le chantre de la France d'en bas s'en prend à « tous les Baverez de la terre, juchés au sommet de la pyramide de laquelle ils scrutent la société française ». Et de porter l'estocade par une attaque ad hominem contre l'auteur[1], « qui fait partie de ces gens, éduqués par l'appareil d'État, mais [...] n'assumant aucune responsabilité réelle, et qui, depuis des années, écrivent des choses qui se sont révélées fausses ». Sans citer ces erreurs, évidemment.

Dominique de Villepin, alors ministre des Affaires étrangères, est lui aussi monté au créneau. Pour débattre du fond ? Pas du tout. Il s'agissait une fois encore de verrouiller le débat. Celui qui appelle au sursaut, à l'effort, à la grandeur de la France a crucifié Baverez : « Qui réforme, qui travaille, et qui dialogue ? » Et sermonné ceux qui « dénigrent » la France ! Ce serait dénigrer la France que de rappeler que le nombre de chômeurs est passé de 1 million en 1980 à 3 200 000 en 2003 (+ 2 800 000 non déclarés comme chômeurs) ? que les prélèvements obligatoires ont grimpé de 37 % en 1980 à 45 % en 2003 ? que les 4 millions de fonctionnaires de 1980 sont 5,1 millions en 2003 ? Dénigrer la France que de rappeler que le produit par habitant est inférieur de 9 % à celui de la Grande-Bretagne alors qu'il était supérieur de 25 % en 1975 ? Ou de dire que l'Éducation nationale rejette chaque année 161 000 jeunes, dénués de toute qualification ? Que la France se classe au 15e rang sur 32 dans l'OCDE pour les performances de lecture ?

---

1. Baverez est énarque et normalien. Biographe de Raymond Aron, il est aussi docteur en sciences économiques et sociales et avocat.

Le mal est à l'intérieur

Même scénario quand, en octobre 2004, l'ancien gouverneur de la Banque de France Michel Camdessus remet le rapport que lui a commandé le ministre de l'Économie de l'époque, Nicolas Sarkozy, sur l'état de l'économie française et qu'il a intitulé « Le sursaut. Vers une nouvelle croissance pour la France ». Rien de fondamentalement nouveau, puisqu'il est rappelé que « l'avenir de la France va se jouer, se joue déjà, dans un contexte mondial en mutation rapide. Pour continuer à jouer dans ce monde un rôle à la mesure de notre histoire, il nous faut – comme jamais – accélérer notre propre mutation ».

Que la France souffre de problèmes endémiques tels que le chômage, les inégalités et la pauvreté, qu'il y a un risque de décrochage de la croissance : tout cela a été dit par de nombreux économistes. Par ailleurs, dans ce rapport, Camdessus et le groupe d'experts avec lequel il a travaillé définissent les conditions propices à « un nouveau modèle de croissance ». Ils recommandent d'aller « vers une économie de la connaissance » (favoriser la formation et l'innovation), de « préférer l'emploi à l'assistance » (agir entre autres sur l'emploi des jeunes et des seniors), d'évoluer vers un « contrat de travail unique » (flexibiliser le marché du travail), et enfin d'« agiliser » l'État par la maîtrise de la dépense publique ou encore l'aménagement du système fiscal. Des pistes qui n'ont rien de révolutionnaire.

Mais il y a de la dynamite dans ce rapport car, pour la première fois, il est affirmé officiellement et explicitement par un haut fonctionnaire, de centre gauche, que le modèle français est mort : « Ces enjeux appellent de profondes remises en cause, des instruments, des habitudes ou des arrangements collectifs, plus ou moins explicites, dont nous nous sommes satisfaits jusqu'ici. [...] Continuer comme avant, adopter même une conduite plus énergique de notre modèle actuel de croissance ne pourrait suffire. Nous sommes subrepticement engagés dans un processus de décrochage qui peut nous conduire, si rien n'est fait, à une solution difficile dans une dizaine d'années. » Et de tordre le cou à la vieille rengaine : c'est la faute à Bruxelles, à l'euro, à la Banque centrale, au dollar. « Les origines de nos maux résultent de nos choix collectifs et des politiques conduites depuis des décennies beaucoup plus que d'une contrainte extérieure que nous sommes souvent tentés de retenir comme seule explication de nos maux. »

Ce rapport est une formidable occasion d'affronter le réel. Mais il est aussitôt taxé de concentré de doctrine libérale. Autant dire l'horreur absolue. On dénonce une vision catastrophiste permettant de justifier des mesures de régression sociale. Toutes ces propositions seraient donc l'expression de fantasmes réactionnaires, dont la finalité ne serait pas l'intérêt de la France et de tous les Français, mais uniquement celui de quelques patrons ? Le parti socialiste dénonce en bloc « un rapport sur commande [qui] reprend les orientations de M. Sarkozy ». Laurent Fabius parle de « panoplie libérale ». Martine Aubry, ancienne ministre des Affaires sociales, demande au gouvernement « d'arrêter de dévaloriser la France ».

Une grande partie de la presse de gauche, pourtant, prend la défense de Camdessus. Christine Mital écrit dans *Le Nouvel Observateur*, sous le titre : « Le premier qui dit la vérité, pourquoi ne pas l'écouter » : « Vérités dérangeantes. Mais où est l'erreur quand on explique que plus il y a de gens qui travaillent, plus il y a de production et donc plus il y a de croissance ? Quand on démontre chiffres à l'appui que l'État, rongé par les dettes, ne peut investir pour l'avenir ? Faut-il continuer à se féliciter de notre modèle social quand on a le taux de fiscalité de la Suède et le niveau de pauvreté de la Grande-Bretagne ? Et ce contrat unique, destiné à en finir avec la précarité qui touche massivement les jeunes, fallait-il l'assassiner ? » Même *Le Monde* salue la lucidité de Camdessus qui « a fait un très bon rapport sur la menace de "décrochage" de l'économie française dans la compétition internationale et aligne toute une série de propositions dont la France devrait débattre d'urgence ».

Hélas, rejeté par la gauche, ce rapport va être assassiné par le duo Chirac-Raffarin. Parce qu'il a été commandé par Sarkozy et que ce dernier a déclaré qu'il allait en faire son livre de chevet ? Sans aucun doute. Chirac ne fera pas un tel cadeau à ce Nicolas qui s'est mis en travers de sa route en 1995. Ce serait un adoubement. Mais il y a d'autres raisons. En creux, ce rapport est une critique virulente de l'inconsistance de la politique de la droite depuis des années. Or le chef de l'État n'est pas à l'aise sur le terrain de la performance économique. Il a été formé à la méthode Pompidou. Les grands conglomérats. Et puis surtout, le président de la République a une peur phobique de provoquer des désordres sociaux qui pourraient dégénérer. Mai 68, où il se baladait avec son pistolet, les manifs étudiantes de 1986 et la mort de Malek Oussekine, les grandes grèves de décembre 1995 et la dissolution ratée de 1997. Plus jamais cela. Chirac est devenu un grand-père pacificateur. Pratiquant une politique de l'autruche et s'évadant régulièrement. Voyages réels ou imaginaires. Sommets internationaux, combats de sumos, arts premiers. L'essentiel étant de fuir ce pays déprimant.

Raffarin a aussitôt pris ses distances avec les mesures préconisées, sur les contrats de travail notamment. Il s'est gaussé ouvertement du rapport, au prétexte qu'il préconisait la suppression des départements. On ne voit pas en quoi le fait de s'interroger sur une structure administrative inventée à l'époque de la voiture à cheval est si stupide. Et de toute façon, cette suggestion n'occupe que quelques lignes sur 140 pages. Le seul à applaudir fut Ernest-Antoine Seillière, le patron du Medef, accréditant ainsi la thèse de l'inspiration « ultralibérale » du rapport.

Outré, déçu, Camdessus, que son rapport ait été enterré ? Même pas. « C'est le sort habituel des rapports dans notre pays. L'accueil que nous avons reçu confirme la difficulté de réformer ce pays... », dit-il simplement aujourd'hui avec le recul. L'ancien patron du FMI s'étonne juste que ses propositions aient été jugées « ultralibérales » et rejetées par l'ensemble de la gauche. Lui qui fut nommé directeur du Trésor par Jacques Delors, un ami. Alors qu'il avait pris soin de s'entourer de personnalités de tous bords. Des économistes proches de la droite comme Patrick Artus, et proches de la gauche comme Olivier Blanchard, des patrons de droite (Henri de Castries, Bertrand Collomb) et des patrons de gauche (Louis Gallois, Philippe Lagayette), des personnalités de droite comme Bertrand Badré, associé gérant chez Lazard, mais aussi de gauche, comme Martin Hirsch, le président d'Emmaüs France, Jérôme Vignon, ancien collaborateur de Delors, Nicolas Théry, alors chef de cabinet de Pascal Lamy à Bruxelles, Alain Deleu, président honoraire de la CFTC, Christian Larose, cégétiste et président de la section travail au Conseil économique et social. Après de longues discussions, tous ont signé le texte final. Tous. Alors pourquoi un tel tollé ?

Pulsions suicidaires

Une tempête souffle sur l'ensemble de la planète. Celle du libre-échange, de la concurrence et de la compétitivité. On peut s'en désoler mais pas s'en abstraire. Le mieux qu'on puisse faire, avant d'avoir réussi à corriger le système, c'est de s'armer au maximum pour résister et même profiter de cette tempête, au lieu de gémir en déplorant la situation. On sait qu'il y a des creux de sept ou huit mètres, qu'il y a un vent de force dix qui souffle par rafales. Et que fait-on ? On renforce le navire France, on met tout le monde sur le pont, on s'organise pour conserver notre place en tête de la course ? Non, on s'échine à pester contre la météo ! À ergoter sur les prévisions. Les chefs se disputent les meilleures cabines. Les sans-grades défendent leurs petits privilèges. Et à chaque virement de bord on perd quelques encablures.

Dans ce contexte, de quel poids pèse un rapport ? Un rapport, cela n'a aucune légitimité. C'est aux politiques de se saisir de ce débat. Sous peine d'aggraver cette crise mélancolique dont souffre la France, de favoriser ses pulsions suicidaires. Et d'enrichir le terreau où prospèrent les extrémismes.

Souvent les hommes politiques arguent du fait que quand ils disent la vérité, quand ils mènent une politique courageuse, s'ils touchent un cheveu au système français, s'ils bousculent nos vaches sacrées, ils sont battus aux élections. En 1986, Chirac avait conduit une politique de rupture avec le socialisme, privatisant, réduisant les déficits, la dette. Il a été battu. En 1995, Alain Juppé a voulu s'attaquer à une réforme de la sécurité sociale de grande ampleur. Son plan avait été salué par une *standing ovation* à l'Assemblée nationale. Cela s'est terminé par des manifestations historiques et le fiasco de la dissolution de 1997. En 2002, Lionel Jospin a mené une politique plutôt social-libérale, ayant la sincérité d'avouer que son programme n'était pas socialiste : il a été éliminé dès le premier tour.

En revanche, en 1981, François Mitterrand a été élu sur un programme qui promettait la lune. En 1988, il a été réélu dans l'ambiguïté du ni-ni. En 1995, Chirac a été élu, en promettant de réduire la fracture sociale. Il a été réélu en 2002 en prenant des engagements qu'il n'a pu tenir : baisse des impôts, baisse du chômage. « Le premier qui dit la vérité... il doit être exécuté », comme dit la chanson de Guy Béart ?

En réalité, si Chirac a été battu en 1988, c'est parce qu'il a été moins rassurant que François Mitterrand, que son gouvernement s'est trouvé empêtré dans l'affaire d'Ouvéa. En 1995, si Juppé a été victime de manifestations historiques, c'est parce que sa réforme avait été concoctée dans le secret, sans aucun dialogue. Et il avait beaucoup chargé la barque en s'attaquant en même temps aux régimes spéciaux des cheminots. Quoi qu'il en soit, de l'aveu de nombreux conseillers du chef de l'État de l'époque, si Chirac avait résisté quelques jours de plus, s'il avait tenu un discours ferme, la réforme serait passée. Et l'histoire aurait été différente. Quant à Lionel Jospin, s'il a été battu en 2002, c'est parce qu'il n'a rien incarné du tout. Ni le socialisme ni la social-démocratie. Cela ne suffit pas de dire « l'État ne peut pas tout faire ».

Chapitre 6

Le miracle havrais

> « L'art de la politique est de faire en sorte qu'il soit de l'intérêt de chacun d'être vertueux. »
>
> HELVÉTIUS

Il faut parfois peu de chose pour inverser le cours des événements. Le Havre en est une illustration. Au début des années quatre-vingt-dix, on aurait pu dire de cette ville, à l'instar de la France d'aujourd'hui, que c'était foutu : un niveau de pauvreté record, une démographie en baisse constante, un taux de chômage de 17 %, des grèves à répétition... Surnommée « Stalingrad-sur-Mer », la capitale de la Haute-Normandie, ville portuaire et ouvrière, gouvernée durant trois décennies par une majorité communiste, s'enfonçait dans un déclin inexorable : zones industrielles et portuaires en friche, bassins à l'abandon, docks désaffectés... La ville souffrait d'une véritable anorexie économique. L'administration municipale, cogérée – ou plutôt gérée – par la CGT, était totalement sclérosée, incapable de faire aboutir les projets qui restaient dans les cartons. Le personnel avait baissé les bras.

Queue au guichet. Absentéisme. Grèves. Seule une politique d'encadrement de la jeunesse et un maillage efficace des quartiers défavorisés par les associations contenaient les risques d'explosion sociale. La ville était à bout de souffle.

Le Havre, qui fut un des plus riches ports de commerce de l'Atlantique, avec Nantes et Bordeaux, a non seulement été totalement détruit en 1944 par les bombardements alliés, mais la ville a été, de surcroît, confrontée à de graves difficultés économiques avec la disparition du transport passager transatlantique et le déclin des chantiers navals. Après une reconversion du port dans le fret des hydrocarbures et des containers, et le développement d'industries liées au pétrole – raffinage, pétrochimie, métallurgie, construction automobile –, la ville a été à nouveau frappée de plein fouet par la crise du pétrole. Pauvre, en déclin, devenue terre de mission du PC et de la CGT, elle s'étiolait, drapée dans un superbe isolement idéologique et politique. Traînant en queue de classement des villes les plus agréables à vivre. Un peu à l'image de la population française aujourd'hui, les Havrais broyaient du noir.

C'est dans ce climat de lassitude qu'en 1995, cette ville prolétaire par excellence, animée par un besoin vital de changement, se réveille, surmonte ses préjugés et confie les rênes de la mairie à Antoine Rufenacht, un grand bourgeois, appartenant à la haute société protestante, qui avait déjà tenté de conquérir la mairie à trois reprises. La solution de la dernière chance. Une situation un brin baroque. Cet homme élégant, raffiné, héritier d'une grande famille de négociants, énarque, ancien secrétaire d'État à l'Industrie de Raymond Barre, membre du RPR, totalement décalé par

110

rapport à la population locale, très ouvrière, a une arme secrète : il aime profondément cette ville hérissée de grues et de hauts-fourneaux, l'horizon traversé par d'immenses tankers, la plage de galet, l'architecture d'Auguste Perret... Et il y croit.

Il croit à une renaissance possible et se souvient volontiers du temps où, au XIXe siècle, Le Havre était une ville ouvrière certes, mais aussi une ville d'avant-garde. Avec la première équipe de foot de France, la première équipe de rugby, la première société de régates, les premiers courts de tennis, mais aussi le premier club ouvrier, le premier cercle d'hygiène, le deuxième lycée féminin et les premières HLM, inventées par Jules Siegfried, un grand bourgeois libéral qui fut maire de la ville entre 1885 et 1897. Une ville portuaire moderne, cosmopolite, ouverte sur le monde, où Monet peignit cette fameuse *Impression soleil levant* qui donna son nom au mouvement impressionniste. Une ville qui inspira Eugène Boudin, Camille Pissarro, Albert Marquet, ou encore Raoul Dufy, natif du Havre. Rufenacht a un objectif en tête : rendre leur fierté aux Havrais.

Donnant donnant

À son arrivée en 1995, le sentiment qui domine à la mairie, c'est la peur. « Le personnel était terrorisé de voir arriver ce grand bourgeois qui avait fait campagne sur des thèmes libéraux, comme la privatisation de certains services, la diminution des effectifs... Ils craignaient une remise en cause de leurs avantages acquis. Ils s'attendaient au pire », raconte un des cadres de la mairie, passé avec satisfaction de la gestion communiste à une gestion plus libérale. Les avantages ? Rien de comparable avec ceux qui ont été découverts à la mairie de Paris, sous Chirac – enveloppes de liquide, frais de bouche, emplois fictifs, appartements loués à des prix d'amis... Au Havre, les passe-droits sont à la mesure de cette ville exsangue : cantine gratuite le samedi pour les familles des employés municipaux, paiement systématique des jours de grève, primes de salissure et autres résurgences du passé, locaux mis à disposition du parti ou de la CGT, les 35 heures avant l'heure... En réalité, c'est surtout le système de cogestion qui s'est installé au fil des ans entre les élus communistes et la CGT, au détriment de la hiérarchie, qui risque de miner l'autorité du nouveau maire et d'empêcher toute reprise en main. Une CGT dure, dans ce port de commerce où les dockers ont longtemps imposé leur loi. Un directeur, qui l'était déjà du temps des communistes, raconte : « L'hyperpuissance de la CGT avait miné le management. C'est la CGT qui faisait les carrières. Imposait ses choix aux agents de maîtrise. On n'était pas dans une stratégie de développement de la ville, mais de développement de l'influence du PC. »

La première rencontre entre le maire et le personnel est glaciale. Mais loin de s'engager dans un affrontement idéologique, en revenant sur les droits acquis, en sabrant dans les effectifs, en faisant le ménage parmi les fonctionnaires de la ville, le maire et son équipe s'efforcent au contraire de calmer le jeu, d'apprivoiser le personnel municipal, tout en restaurant l'État de droit. De manière ferme. Et en parlant un langage clair.

Première surprise : le maire ne revient pas sur les 35 heures. En revanche, il impose davantage d'amplitude dans les plages horaires d'ouverture des services municipaux, et installe des « badgeuses », pour ne pas dire des pointeuses. Donnant donnant. « Nous nous sommes dit que s'ils travaillaient 35 heures, ce serait déjà pas mal, étant donné le laisser-aller et l'absentéisme », explique un des directeurs. Le laxisme était tel que, comme à l'Éducation nationale ou dans de nombreuses administrations, personne ne connaissait le nombre exact des effectifs et leur affectation. Qu'à cela ne tienne : la nouvelle équipe numérote les postes un par un, et recense ainsi les 4 600 employés.

Autre surprise, loin de se lancer dans une chasse aux sorcières, le maire reconduit dans leurs fonctions un certain nombre de cadres administratifs, à l'instar du directeur financier, réputé pour ses compétences. Les autres, les plus politisés, sont mutés dans des services moins sensibles.

En revanche, il supprime le paiement des jours de grève, la cantine gratuite pour les familles, il réorganise les locaux syndicaux, remet la CGT à sa juste place. « Cela n'a pas été facile, reconnaît le maire, mais ils ont vite compris que je ne céderais pas. » Pour faire baisser la tension, Rufenacht tient en toute occasion un discours positif sur le rôle des services publics, mais en rappelant que c'est une exigence, au service des usagers. Imparable.

À partir de là, le nouveau maire va mettre en œuvre une petite révolution culturelle. Il instaure le guichet unique, la polyvalence du personnel, un système d'évaluation et de primes au mérite, des audits par des cabinets privés... Tout cela au nom de la qualité du service public. De la proximité. De la lutte contre les dysfonctionnements.

Guinguettes et œuvres d'art

Aujourd'hui, la ville a radicalement changé. Le grand chantier de rénovation urbaine du centre ville, le centre René-Coty, qui était resté à l'état de projet et de maquette durant près deux décennies, est enfin sorti de terre. Comme celui du quartier de la gare. La municipalité a réalisé de nombreux équipements : une salle de spectacle, un hall d'exposition, une médiathèque, un centre sportif, un conservatoire de musique. Réhabilité 15 000 logements.

Un nouveau site portuaire dédié aux gigantesques porte-containers va être inauguré au printemps 2006. Des zones de protection écologique ont été aménagées sur le bord de l'estuaire, 4 000 arbres ont été plantés pour égayer les grandes artères grises et austères. La plage a été relookée, à la manière des planches de Deauville. Les guinguettes ont été remises au goût du jour, toutes de bleu et blanc avec des chaises en bois. Plastique s'abstenir. Le musée Malraux, en bordure de mer, entièrement rénové, qui possédait déjà de très belles œuvres, vient de s'enrichir d'une superbe collection privée, la donation Senn-Foulds, composée de Renoir, Corot, Matisse, Monet, Pissarro. Bientôt, Sciences-Po va ouvrir une antenne. L'ambiance a changé. Le maire a même réussi à faire inscrire au patrimoine mondial de l'Unesco l'architecture du centre ville, réalisé par Perret, un pionnier du béton armé.

Et tout cela sans la moindre augmentation de la pression fiscale. « La qualité est vertueuse, cela engendre des économies », explique, très fier, un directeur qui a servi successivement deux maires communistes

114

avant de faire partie du management mis en place par Rufenacht. D'autres projets sont à l'étude. La rénovation de quartiers entiers financée notamment grâce au plan Borloo. Et puis, surtout, un immense phare dessiné par Jean Nouvel qui pourrait accueillir un centre de recherche et un musée consacrés à la mer et au transport maritime. Une telle réalisation achèverait de refaçonner l'image de la ville, comme ce fut le cas pour Bilbao avec le musée Guggenheim.

Dans ce nouvel environnement, les investissements privés ont suivi. L'agglomération connaît un niveau record de créations d'entreprises, dans le domaine des transports, de la construction, des services. Des immeubles modernes ont poussé le long des bassins : un Novotel, à l'architecture audacieuse et élégante, le siège des Transports Delmas, une nouvelle chambre de commerce... Le taux de chômage, qui était de 17 %, est redescendu à 12 %, malgré la fermeture des chantiers navals (750 suppressions d'emploi), d'Alstom (800 emplois) et de Trouvay & Cauvin (450 emplois). Insuffisant. Mais le maire ne dispose pas non plus de moyens financiers pour favoriser le développement économique de sa ville, à l'instar des municipalités dans les démocraties du nord de l'Europe.

La mairie elle-même a connu une transformation radicale. Pas sur le plan esthétique. Le maire n'a pas entrepris de gros travaux de réfection. Encore moins de décoration. Pas même un coup de peinture. Juste des guichets plus ergonomiques pour le personnel d'accueil. Et des ordinateurs à écran plat pour tout le monde. Mais la façon de travailler a été entièrement repensée. Résultat, les queues ont disparu devant les guichets. Désormais on marie aussi le samedi après-midi. Le téléphone ne sonne plus dans le vide. Au bout de trois sonneries maximum, les opératrices décrochent, aimables, en se présentant par leur prénom. Les administrés peuvent faire des demandes directement par Internet. Le site Web de la mairie a été récompensé, deux années de suite, par la plus haute distinction, soit cinq @. Le taux de grévistes au sein du personnel municipal ne dépasse pas 12 % lors des mots d'ordre nationaux, contre 60 % du temps de la municipalité communiste (les journées chômées ne sont plus payées). Le taux d'absentéisme est de 8 % contre 16 % en moyenne dans les grandes municipalités. Et les effectifs ont diminué de 25 %. En douceur. Par des départs à la retraite, des transferts vers la communauté urbaine.

Vocation du service public

Hier considérée comme archaïque, la mairie du Havre est aujourd'hui à la pointe du progrès, et de nombreuses équipes municipales – de droite comme de gauche – viennent s'inspirer des réalisations mises en place. Comme la mutualisation du parc automobile. Un système très simple, géré par l'informatique. Au lieu d'attribuer les véhicules à des personnes ou à des services, ils sont en permanence à la disposition du personnel municipal. Cela permet de satisfaire plus de monde tout en réduisant le nombre de véhicules et évite, au passage, l'utilisation de ces voitures de service à des fins personnelles. L'État, qui peine à mettre en œuvre sa promesse de réduire son parc automobile pour faire des économies, a manifesté l'envie de s'en inspirer. Mais une telle évolution bute sur la question des chauffeurs. Trois par véhicule, cela représente un certain nombre de fonctionnaires !

Autre innovation dont la ville est très fière : son centre d'appel. Une idée fixe du directeur général de l'administration, Michel Delamaire, qui souhaitait mettre en place une sorte de guichet unique, accessible par téléphone. Alain Gericke, directeur de l'informatique chargé de ce projet, explique : « Nous nous sommes inspirés d'une constatation qui a été faite aux États-Unis : le téléphone est le lien privilégié des usagers avec leurs administrations. »

Rien de bien compliqué en apparence. Sauf que... Entre l'explosion de demandes farfelues, difficilement canalisables, les luttes de pouvoir entre les différents services, la capacité de répondre effectivement aux demandes, un centre d'appel, dans une municipalité, c'est un vrai casse-tête. Avec patience, les fonctionnaires se sont livrés à un travail de titan pour répertorier toutes les demandes possibles afin de les traduire en termes administratifs et de les acheminer, de manière rationnelle, vers les services compétents. Réclamations, demandes d'inscriptions, renseignements, le recensement de tous les motifs d'appel potentiels couvre des pages et des pages... « Le but, c'est de rendre tous les services simples et accessibles. L'usager n'a pas à connaître la complexité d'un organigramme », explique Alain Gericke. Un organigramme qui souvent recèle des pièges. Ainsi, ce n'est pas le même service qui gère les poubelles brûlées, fondues dans le macadam, et les poubelles simplement endommagées. Pas le même service qui s'occupe de couper une branche à moitié cassée ou de ramasser un caddie abandonné. Une telle organisation exige de décloisonner les services. Il faut de la « transversalité ». Or les administrations détestent qu'on vienne fourrer le nez dans leurs affaires. Chacun chez soi. Chacun ses prérogatives. Il a fallu vaincre les résistances.

Grâce à ce logiciel informatique, les agents du centre d'appel peuvent traiter des centaines de demandes différentes. Préciser aux usagers, en temps réel, dans quel délai leur demande sera traitée : une heure, deux heures, une journée... Le Havrais peut ainsi, en un seul coup de fil, signaler un feu de croisement défectueux, faire une demande de renouvellement de sa carte d'identité, inscrire son fils au club de sport. Très fier, le directeur de l'informatique raconte la visite du ministre de la Fonction publique de l'époque : « Dutreil était subjugué. »

Adossée à ce centre d'appel, pour les petites interventions urgentes, une sorte de brigade de terrain a été créée par une ancienne assistante sociale : Brigitte Kérivel. Ce service effectue 2 à 3 000 prestations par mois. Une seringue dans un bac à sable, un animal mort sur la chaussée, une plaque d'égout descellée... Et sur les 120 personnes travaillant sous ses ordres, 70 sont en réinsertion. Brigitte Kérivel jubile : « J'avais la vocation du service public. Pour moi, cela rime avec qualité. Et aujourd'hui, mon plus grand bonheur, c'est que les gens écrivent pour remercier. » Les fonctionnaires ont retrouvé une certaine fierté. Dans les bureaux, sur les murs, les récompenses et les distinctions s'accumulent...

Un simple agent auxiliaire

Et les syndicats ? dira-t-on. La CGT ? Convertie. « On règle mieux certains problèmes avec cette municipalité qu'avec la précédente », affirme Pascal Le Coz, délégué CGT entré à la mairie en 1982 comme mécanicien. Et il ajoute : « Le directeur général, ce n'est pas n'importe qui. Il connaît les dossiers. Les primes au mérite, les dossiers d'évaluation, la définition des critères, on en a discuté, on a été écouté. Les choses se sont bien passées. » De fait, Delamaire n'est pas n'importe qui. Ce n'est pas un de ces brillants énarques qui font des réformes en chambre, en se contentant d'une seule réunion avec les représentants du personnel. (Ce qui fut par exemple le cas en 2000 lors de la calamiteuse tentative de réforme de Bercy.) Le directeur général des services, le patron de l'ensemble des fonctionnaires de la ville, est un pur produit de la fonction publique territoriale. Entré comme simple agent auxiliaire à la mairie de Dol-de-Bretagne, à l'issue de son service militaire, sans aucun diplôme, il a grimpé tous les échelons, à coups de concours, de formation permanente. Il est aujourd'hui titulaire d'un troisième cycle de gestion de Dauphine, une des meilleures universités de France. Il est sorti major de sa promotion. Le directeur a un parcours qui lui permet de sentir, de comprendre les peurs, les réticences, les besoins des fonctionnaires qui sont sous ses ordres. Il inspire le respect.

Patrick Verdière, directeur de l'architecture et secrétaire général du syndicat UFICT-CGT, la branche cadres du syndicat, raconte : « Les plus anciens, les plus de cinquante ans, qui sont entrés au service de la ville à l'âge de quinze ans et qui n'avaient jamais changé d'affectation, ceux-là ont eu du mal. Les jeunes, qui sont mieux formés, eux, sont plus sensibles aux opportunités que leur offre le nouveau mode de gestion. Primes, formation, promotion interne... » Un tel assentiment étonne. On pousse les feux : mais globalement, les fonctionnaires ont tout de même perdu bon nombre d'avantages ? « Certains collègues ont perdu, interrompt Verdière. C'est le retour au droit. On a signé un protocole sur le rôle des syndicats. On a des réunions paritaires tous les mois, ce qui n'est pas le cas dans la plupart des municipalités. Beaucoup de collègues de Rennes, de Bordeaux nous envient. Le budget formation est bien supérieur à ce qui est légal. Il y a beaucoup de promotions internes. C'est réglo. »

Les clés de la réussite ? Les fonctionnaires évoquent tous, en premier lieu, la personnalité du maire. « On a tout de suite ressenti chez Rufenacht un niveau d'exigence, une recherche de l'excellence, qui tranchait avec le laxisme et la passivité de l'équipe précédente, explique un cadre dirigeant. Pour lui rien n'est impossible. Même si c'est au prix d'énormes efforts. » Un autre : « Non seulement il est d'une grande qualité intellectuelle et il a un charisme incontesté, mais il est extrêmement honnête, explique un autre. Il est là pour servir, pas pour se servir. Il fait confiance aux gens. Il n'a pas doublé ses administrations par un cabinet pléthorique. Il n'a pas appelé à ses côtés des affidés. Il n'y a pas de copinage. »

Deuxième clé de la réussite : le dialogue. Si le maire fixe des objectifs, qui ne sont pas négociables, en revanche les fonctionnaires construisent eux-mêmes les solutions. « Il faut susciter la participation des gens. C'est une règle très importante », souligne François Pierru, le directeur de la modernisation des services, citant au passage le sociologue Michel Crozier qui, il y a plus de trente ans, dénonçait déjà les innombrables facteurs de blocage dans l'administration française[1]. Et il ajoute : « Être au service des autres, c'est quelque chose de très présent dans la culture des fonctionnaires. Il suffit de solliciter cette motivation. »

À l'américaine

Tous, fonctionnaires, cadres, syndicats, en témoignent : chaque innovation, chaque réforme a été précédée de très nombreuses heures de réunions, de groupes de travail, de dialogue. « Pour mettre en place le système de prime au mérite, cela a pris du temps, explique le maire. Au début, les chefs de service avaient tendance à donner un peu à tout le monde. Aujourd'hui, les cadres acceptent de récompenser ceux qui ont été particulièrement motivés, qui ont fait des propositions. »

Des primes non négligeables, qui peuvent atteindre plusieurs centaines d'euros et qui sont distribuées de manière tout à fait officielle. Un gardien d'équipement sportif qui accepte de s'occuper d'un site plus moderne avec beaucoup de technologie ou d'aller dans un quartier difficile, et qui suit une formation ad hoc, bénéficiera de primes. Peu à peu, le système s'est acculturé. Explication d'un fonctionnaire : « Il est désormais admis qu'il y a d'un côté des fonctionnaires qui font le boulot, tout le boulot, mais rien que le boulot. Leur vie, leur épanouissement est ailleurs. Et puis il y a ceux qui s'investissent. » Le tabou de l'égalitarisme a été brisé. Et le directeur général adjoint de

---

1. *La Société bloquée*, Le Seuil, 1970.

constater : « Peu à peu, le sens de l'innovation se développe. »

« Le dialogue ne peut s'installer que dans un climat de confiance, dépourvu de toute arrière-pensée idéologique, explique Nicolas Pernot, un diplômé de l'Essec, directeur général adjoint chargé des services publics. Or le maire a fait preuve d'un très grand pragmatisme. Ainsi, on a municipalisé l'ensemble des cantines scolaires, mais on va fermer le laboratoire d'analyse de l'eau et de l'air, trop coûteux. La plupart des graffitis sont nettoyés par les services municipaux, mais dans certains cas précis, nous faisons appel à des sociétés spécialisées. Tout est dicté par un souci d'efficacité. »

Et c'est la troisième clé de la réussite : la transparence. « On fait ce qu'on dit, explique Delamaire, le patron de l'administration. Il n'y a rien de pire que les effets d'annonce. C'est catastrophique. Annoncer le transfert des personnels d'entretien (atos) de l'Éducation nationale aux régions, comme cela, avant même d'avoir expliqué ce qui allait se passer, c'est totalement anxiogène. Cela alimente tous les fantasmes. »

Faire ce qu'on dit. En mettant cartes sur table. « Toutes les politiques – sportives, culturelles, architecturales – sont régulièrement analysées par un grand cabinet d'audit. Ils font du benchmarking avec les autres villes, ce qui nous permet de disposer d'un étalonnage concurrentiel », explique le directeur de la modernisation des services. À l'américaine ! D'ailleurs, comme aux États-Unis, les cadres doivent changer de poste tous les cinq ans. « Sinon, on s'use. Et pour ne pas avoir à se remettre en cause, on s'installe dans un système de fuite devant les publics », explique un directeur. En revanche, la municipalité ne lésine pas sur les budgets de formation. Le DG donne lui-même l'exemple en ayant recours, tous les dix ans au minimum, à un « check-up en formation ». Tous les managers recrutés à l'extérieur l'ont été par le biais de chasseurs de têtes et nullement par copinage ou par affinité politique.

Le Havre est guéri. Sans avoir renoncé à son identité, à son caractère, à ses racines. Au contraire. Bien sûr, la ville n'est pas devenue du jour au lendemain un paradis sur terre. C'est encore une ville très pauvre. Entourée de hautes cheminées qui crachent leurs résidus chimiques. Avec de nombreux quartiers en difficulté. Et les Havrais s'inquiètent pour le futur, ils ne voient pas de successeur à l'horizon. Tout est si fragile.

Mais sur le fond, le changement a eu lieu. Respect, dialogue, transparence. Et un peu de courage. La ville a surmonté ses appréhensions. Cette recette magique pourrait-elle être transposée au plan national ? Bien sûr, ce n'est pas si simple. La fonction publique territoriale n'est pas minée par les corporatismes et un statut totalement paralysant. Impossible pour un fonctionnaire de passer du ministère de l'Agriculture à celui des Affaires sociales. Même s'il est volontaire. Ou c'est au prix d'un véritable parcours du combattant. Le grand avantage des collectivités territoriales, c'est la mobilité des personnels. Et si c'était la condition sine qua non pour réussir la mutation de l'administration française ?

Un brin provocateur, le directeur de la modernisation des services municipaux du Havre affirme même, alors que l'on désespère, dans ce pays, de voir enfin la fonction publique s'adapter aux besoins du public et des évolutions de la société : « En fait, dans une certaine mesure, le statut de la fonction publique peut être un élément facilitateur de la modernisation. Car il n'y a pas de risque pour le fonctionnaire. Il ne peut pas être licencié. C'est forcément moins anxiogène que dans le privé. Sa seule peur, c'est celle d'avoir à changer de métier, d'avoir à s'adapter. Bref, devoir sortir de son confort. Pour le convaincre, cela demande un minimum de constance dans l'effort. Il faut du temps, de la formation. Mais une fois le cap franchi, franchement, personne ne reviendrait en arrière. C'est un travail de fourmi. Un ajustement permanent. » Pour lui, le pire, c'est la politique de stop and go, à l'instar de ce qui se fait à l'Éducation nationale. Avec des réformes engagées, puis supprimées. « Le moindre relâchement, le moindre écart ruine tous les efforts, dit-il. Cela aboutit à donner le sentiment que les efforts ne produisent aucun effet. Cela annihile toute possibilité de nouvelle réforme. Aussitôt, les services se braquent et disent : on a déjà essayé, cela n'a pas fonctionné. »

Chapitre 7

Eux aussi, ils ont guéri

« Rien n'est plus contagieux que l'exemple. »

LA ROCHEFOUCAULD

Partout, sans cesse, en France comme dans le reste du monde, on assiste à des guérisons : des adaptations, des transformations, des reconversions. C'est la vie. Les systèmes s'usent, vieillissent, s'enkystent, il faut les redynamiser, les élaguer, les revitaliser. C'est vieux comme le monde. Les vaches sacrées doivent être bousculées ! Et lorsqu'on le fait, on s'aperçoit que ce n'était pas si terrible. Ce qui s'est passé chez Renault ou à la Banque de France montre bien que rien n'est jamais « foutu ». Mais à trois conditions : il faut un patron qui y croit, qui ne cède pas, beaucoup de dialogue et un État prêt à assumer.

Forteresse ouvrière, bastion de la CGT, organisée sur des modèles de production et de management devenus obsolètes, la Régie Renault était il y a vingt ans au bord de la faillite. Aujourd'hui, la firme au losange a retrouvé son rang, aux toutes premières places mondiales des constructeurs automobiles et ses Formules 1 raflent les Grands Prix. L'entreprise familiale, nationalisée en 1945, est devenue une multina-

125

tionale cotée en bourse, dont le siège social est aux Pays-Bas, le centre d'achat en Roumanie. Elle a changé. Elle a retrouvé sa fierté. Pourtant, Billancourt, Flins, Poissy, c'était de la dynamite. L'avant-garde des luttes sociales. Le symbole du capitalisme d'État. Des trente glorieuses. Il a fallu tourner la page.

Durant l'après-guerre, avec une croissance forte, Renault, devenue entreprise publique, avait lentement dérivé vers un système de cogestion. Les patrons, de hauts fonctionnaires nommés en Conseil des ministres, étaient chargés d'entretenir de bonnes relations avec l'appareil d'État et de faire de Renault la vitrine sociale du pays. Le pacte social reposait essentiellement sur la redistribution. Compte tenu de la croissance, c'était assez facile : l'État redistribuait, sous forme de hausses de salaires négociées ou de congés payés, et le système fonctionnait. Parfois au prix d'âpres luttes sociales. Mais lorsque a surgi la grande crise automobile du début des années quatre-vingt, crise au cours de laquelle l'industrie automobile américaine a failli sombrer corps et biens, balayée par la concurrence japonaise, le système de cogestion s'est enrayé et transformé en guerre de tranchée. Pour réagir, modifier, réorganiser, réduire les coûts, définir une stratégie, la direction de la Régie ne disposait d'aucun outil moderne de gestion, d'aucune culture managériale. Elle en était même très éloignée.

Ainsi, à l'automne 1984, au Salon de l'automobile de Paris, Bernard Hanon, président de Renault, avait annoncé que l'entreprise, alors en graves difficultés financières, en sortirait par le haut : « Il n'y a pas de sureffectifs », avait-il affirmé à la surprise générale, sur ordre du gouvernement. Cet homme, qui avait tout misé sur la super 5 – qui sera un échec – et espérait obtenir un compromis avec la CGT sur la réduction des effectifs – sans succès –, annonce en fanfare que la Régie allait, chaque année, présenter un nouveau modèle, construire une nouvelle usine dans le monde et investir dans un nouveau pays. La production, qui était alors de 1,9 million de voitures, devait passer le plus rapidement possible à 2,5 millions. Renault, premier constructeur européen, adossé à l'État, était forcément indestructible. La CGT soutenait ce plan volontariste et délirant. Mais compte tenu des pertes abyssales (12,5 milliards) et de l'endettement colossal (60 milliards de francs, soit la moitié de son chiffre d'affaires), la Régie était en quasi-faillite. Bernard Hanon est débarqué par le nouveau Premier ministre, Laurent Fabius, qui incarne le socialisme gestionnaire. Le retour à la réalité.

Phase brutale

Son successeur, Georges Besse, va amorcer le redressement. Ce polytechnicien, qui vient de restructurer Pechiney avec succès, a pris la mesure du problème, senti le vent du boulet. Il sait que Renault est en danger. Mais en même temps, il est persuadé que la faillite n'est pas inéluctable, qu'on peut faire quelque chose. Au prix de mesures impopulaires, il va imposer, à partir de 1985, une cure d'assainissement drastique. Il met fin aux diversifications dispendieuses, vend tout ce qui peut être vendu. L'immeuble des Champs-Élysées, le siège de Renault Mexico, les parts de Renault dans Volvo... Il se retire de la Formule 1. Mais la partie la plus rude pour Georges Besse sera de faire accepter son plan social par les syndicats : suppression de

21 000 emplois en deux ans avec mises en préretraite, aide au retour des travailleurs immigrés dans leur pays d'origine et licenciements.

Ces mesures provoquent des manifestations, des grèves, à l'appel de la CGT. Dix de ses représentants sont expulsés à la suite de graves incidents à Billancourt. Ils ne seront pas réintégrés, malgré les fortes pressions syndicales. Sans jamais se laisser intimider, Georges Besse tient bon. Et assoit son autorité. Mais il paiera de sa vie cette obstination. Le 17 novembre 1986, il est abattu devant son domicile par deux jeunes femmes membres du groupuscule d'extrême gauche Action directe.

Le nouveau P-DG, Raymond Lévy, polytechnicien lui aussi, va poursuivre l'œuvre de redressement. Mais la direction modifie les critères de licenciements. Les premières vagues de licenciements, faites sur le mode autoritaire, avaient été extrêmement conflictuelles. Les critères retenus pour sélectionner les personnels licenciés apparaissaient comme très subjectifs : absentéisme, qualité du travail... Les licenciements étaient vécus comme une sanction, une sélection, une exclusion. On virait les fortes têtes. Ceux qui avaient des problèmes. Tombaient souvent malades. La nouvelle direction passe de critères perçus comme subjectifs à des critères plus objectifs : suppression de postes, qualification, compétences.

Peu à peu, les salariés prennent conscience de l'évolution du système de production, de la fragilité de certains emplois. Mettent le doigt sur une réalité technologique, économique. Quoi qu'il en soit, comme l'explique un spécialiste des restructurations, au début, avant de devenir intelligente, la réforme doit souvent passer par une phase brutale. À la fois symbo-

lique et structurante. Il s'agit aussi, plus prosaïque-
ment, de commencer par éliminer les éléments les
plus perturbateurs.

En 1989, avec le feu vert du Premier ministre
d'alors, Michel Rocard, la fermeture de l'usine mythi-
que de Billancourt – 4 000 personnes concernées – se
fait dans un calme social relatif. Cette décision, courageuse, a été précédée de campagnes d'explication,
avec des kiosques vidéo, où étaient diffusés des témoi-
gnages d'ouvriers. La direction a mis en place des programmes de reconversion, de formation. Instauré un
dialogue avec les personnels, multiplié les entretiens
individuels. L'année suivante, une majorité des
ouvriers avait été reclassée dans d'autres métiers, sur
d'autres sites. La CGT qui était hostile à ces reconversions en est sortie affaiblie.

Rester leader

Deux ans plus tard, Renault s'engageait dans la voie
de la modernisation. Avec notamment une démarche
qualité. Mais l'effort de transformation se révèle
encore insuffisant. Les coûts de production demeu-
rent trop élevés. Ainsi, compte tenu du climat de
méfiance, de lutte des classes qui s'était installé dans
la firme automobile, toutes les chaînes de production
avaient été conçues de manière à ce que chacune
d'entre elles puisse continuer à produire toutes les voitures de la gamme en cas de blocage d'un des sites par
la CGT. Un dispositif évidemment lourd et coûteux.

En 1996, Renault retombe dans le rouge : 5,2 milliards de francs de pertes ! Louis Schweitzer, qui a été
propulsé à la direction de la planification et du

contrôle de gestion de l'entreprise, après un parcours très classique de haut fonctionnaire, avant d'en devenir président, a l'intelligence de recruter, via un chasseur de têtes, un manager expérimenté, le président de Michelin États-Unis : Carlos Ghosn. Ce *cost killer* va achever la mutation. Il repense tout le cycle de production, met en place des « structures de résolution des programmes » qui court-circuitent la hiérarchie, centralise les achats, ferme Vilvorde, Schweitzer ayant obtenu l'aval de Jospin. Au final, il réduit les coûts de 20 milliards de francs en trois ans. Une fois cette réorganisation achevée, Ghosn va se concentrer sur la clé de tout succès, le nerf de la guerre : l'innovation. « Elle permet de bénéficier d'une situation de monopole pendant les deux ou trois années qui suivent le lancement, explique-t-il. Lorsque les concurrents arrivent, le produit a généré assez de profits pour qu'on puisse casser les prix et rester leader. »

Schweitzer, lui, pilote la privatisation de Renault, de manière progressive, par paliers, avec une constance louable, compte tenu de la couardise des politiques. Dans la dernière ligne droite, en 1996, il convainc Juppé que c'est la condition sine qua non de tout rapprochement avec un autre constructeur. Et donc de la survie, à terme, de l'entreprise. Le rapprochement avec Volvo avait notamment échoué compte tenu du statut de Renault. Il obtient le feu vert. Et, avec beaucoup d'audace, prend le contrôle de Nissan. Un pari risqué, qui sera gagnant.

La carotte et le bâton

De son côté, Michel de Virville, secrétaire général et directeur des ressources humaines du groupe, veille à la paix sociale et à la marginalisation de la CGT en s'appuyant sur les syndicats réformistes. Si dans un site, un syndicat réformiste commence à battre de l'aile, il n'hésite pas à propulser à sa tête un délégué compétent et motivé, recruté sur un autre site, pour le redynamiser. Il privilégie le système de primes et d'intéressements – qui peuvent atteindre deux mois de salaire – au détriment des augmentations négociées avec les syndicats. En cas d'incident sur une chaîne de montage, il fait monter la pression par l'intermédiaire des délégués syndicaux. Bref, il « gère » les relations sociales.

À eux trois, Schweitzer, Ghosn et Virville sont venus à bout des tabous et des structures vétustes. En vingt ans, Renault est passé de l'ancien monde, celui de la planification, de la nomination de hauts fonctionnaires en Conseil des ministres à la tête de l'entreprise, au nouveau monde, celui d'une stratégie mondiale, avec à sa tête un manager recruté via un chasseur de têtes. Le groupe Renault-Nissan figure aujourd'hui parmi les trois premiers constructeurs mondiaux. Il a renoué avec la Formule 1. Renault, c'est 130 700 emplois, dont 85 000 en France. Sans compter toute l'activité sous-traitante que le groupe génère. On peut regretter l'ancien monde, mais si le système de cogestion, le management d'antan avaient été maintenus, Renault aurait disparu. Il n'y avait pas d'alternative. Un chiffre illustre cette mutation radicale : il y a vingt ans, la firme achetait 10 % des pièces à l'extérieur. Aujourd'hui c'est 80 % !

Pour Michel de Virville, la réussite de cette évolution radicale repose sur quatre principes fondamentaux. Un : la confiance. « Sans ce climat de confiance, le pilotage est impossible, explique-t-il. Les informations sur les difficultés ne remontent pas. On cache. Par peur des sanctions. Et inversement, dans la hiérarchie, on n'applique pas les décisions. De ce point de vue, entre ce qui se passait il y a vingt ans et aujourd'hui, le changement est massif. La CGT, c'est l'inconscient collectif. Elle dit, une autre politique est possible. Ce sont les patrons qui créent des problèmes. Mais vous savez, les plus réalistes sont les salariés sur le terrain, les plus modestes. Eux savent très bien ce qui se passe. On ne peut pas leur raconter de bobards. Et la confiance se crée par le succès. » Deux : le respect des règles du jeu. « Tous les engagements pris lors des négociations ont été tenus. Cela a créé une forte adhésion », poursuit-il. Et de citer l'exemple de Vilvorde où, comme lors de la fermeture de Billancourt, les 3 100 salariés ont été reclassés. « Les gens savent que Renault ne les laisse pas tomber. Et ils se sont habitués au changement. Un changement de plus en plus rapide. » Trois : une chaîne de management courte. « Plus on est face à des changements forts, plus il faut de la cohérence dans le pilotage de la stratégie. » Quatre : la formation. Sur les 85 000 salariés de Renault en France, 20 000 travaillent dans les bureaux d'études. La clé du succès, c'est l'innovation. Chaque année la firme au losange consacre entre 6 à 7 % de son budget à la formation. 75 % des salariés ont une formation chaque année. Résultat, les possibilités d'évolution de carrière sont incontestablement plus grandes que dans l'ancien système. Le plafond de verre a volé en éclats.

La CGT, qui régnait en maître, qui pouvait se targuer d'avoir obtenu la quatrième semaine de congés payés, une classification salariale digne des grilles indiciaires de l'administration, qui cogérait les carrières, fulmine. « Schweitzer et Virville ont transformé la vitrine sociale en laboratoire expérimental du Medef », s'insurge le délégué CGT Philippe Noël. Le mot qui fâche, c'est « individualisation des parcours ». « On a dit aux salariés : la seule alternative pour évoluer dans votre parcours tient à votre implication dans l'entreprise. À l'évaluation de votre travail par vos chefs. Tout a été fait pour vider les rapports collectifs de tout contenu, au profit des profils individuels », fulmine Philippe Noël. Désormais les patrons, ce sont Ghosn et les managers. La CGT n'a presque plus de pouvoir. Schweitzer explique, lui : « Il y a vingt ans, c'était la lutte des classes. Les dirigeants se méfiaient des syndicats. Leur donnaient de fausses informations. Lors des négociations, on s'échangeait des injures. C'était un cercle vicieux. Et puis il y a eu une prise de conscience des problèmes. Il y a un fort affect dans cette entreprise. Les salariés de Renault ne sont pas indifférents. De notre côté nous avons fait un gros travail de pédagogie. Nous avons parlé aux salariés comme à des gens intelligents. Mais cela a marché parce que l'on a eu des résultats visibles. » Et l'ancien P-DG de Renault d'ajouter, assez crûment : « Il faut une carotte et un bâton. Mais de vraies carottes, visibles, crédibles. »

Un bastion irréformable

Bloquée, irréformable la France de 2005, comme aiment à le dire bon nombre de politiques ou de hauts fonctionnaires découragés ? Pas si sûr. À condition, une fois encore, qu'un patron se saisisse du problème et mette la main à la pâte.

Longtemps la Banque de France a été montrée du doigt. Avec ses 211 succursales datant du XIXe siècle. Ses somptueux hôtels particuliers dans les préfectures et les sous-préfectures. Ses innombrables études traduites en plusieurs langues que personne ne lisait jamais. Ses cohortes d'huissiers et de salles à manger. Ses appartements de prestige donnant sur le Palais-Royal, loués à quelques privilégiés à prix d'amis. Un modèle de mauvaise gestion et de gaspillage, à une époque où l'État accumule les déficits et les dettes. Une institution figée, défendue bec et ongles par les élus locaux, et un personnel protégé, bénéficiant d'avantages substantiels. Tout le monde désespérait de voir évoluer ce bastion doré. Jusque-là, toutes les tentatives avaient échoué.

En décembre 1999, l'Institut français pour la recherche sur les administrations publiques (Ifrap), un petit cercle de réflexion créé par un polytechnicien-énarque français qui a fait fortune aux États-Unis, avait publié un dossier assez accablant sur la gestion de cette auguste institution. Il en ressortait qu'un billet imprimé en France coûtait 1 franc contre 29 centimes à la Banque d'Angleterre. Que le parc immobilier était géré dans la plus grande opacité. Que le personnel de la Banque de France était dix fois plus nombreux que celui de la Banque d'Angleterre ou que celui de la Banque du Canada ! Que les salariés bénéficiaient d'avantages considérables en termes de jours de congés (quarante-deux jours supplémentaires pour une naissance, dix pour un mariage...). Quant au comité d'entreprise, il était largement plus avantageux que celui d'EDF (23 000 francs par an par personne contre 16 000).

Le gouverneur de la Banque de France de l'époque, Jean-Claude Trichet, avait immédiatement réagi à ce rapport et l'avait qualifié de pas sérieux. Le déni, toujours ce déni teinté de mépris ! Dans son langage compassé, cet inspecteur des Finances, qui fut à la fois proche de Balladur et de Bérégovoy, avait expliqué doctement que « la Banque de France, surtout depuis son indépendance, est habituée aux critiques. Pour autant, il est absurde de la comparer à la Banque d'Angleterre, tant les missions dévolues par le législateur sont différentes ». Et de relever « la méconnaissance totale » de ce qu'est réellement la banque centrale qui, au-delà de ses responsabilités monétaires, a des responsabilités extramonétaires. « Il faut donc se garder des comparaisons hasardeuses », avait-il relevé avec un certain agacement.

En effet la Banque de France est elle aussi une petite exception française, elle est la seule au monde à gérer – enfin gérer, c'est beaucoup dire, disons plutôt comptabiliser – le surendettement. Car Trichet a fait très fort. Compte tenu des énormes gains de productivité dus à l'informatique et de la diminution de ses attributions avec la création de la Banque centrale européenne, il est apparu évident que la Banque de France disposait de moyens surdimensionnés. À défaut d'entamer des réformes, comme ses homologues européens, pour éviter d'avoir à affronter la colère des élus et des syndicats, Trichet a trouvé un stratagème afin de conserver des effectifs quasi intacts. Il leur a trouvé d'autres missions. Au premier rang desquelles, la gestion du surendettement. Une activité qui mobilise 1 200 équivalents plein-temps, qui coûte, selon un rapport du Sénat, 170 millions d'euros (130 000 euros par agent) et qui pourrait, au dire de nombreux experts, être tout aussi efficacement exercée, à moindre coût, au niveau du département, par des services déconcentrés de l'État.

Épouser son siècle

En 2002, au lendemain de la création de l'euro, étant donné la diminution des activités de change et la baisse des taux d'intérêt, la manne dont bénéficiait la Banque de France a commencé à fondre comme neige au soleil. Avec un sérieux risque de voir les comptes virer au rouge. Trichet, qui, en 1995, avait déjà fait une timide tentative pour réduire le réseau, mais avait aussitôt renoncé, compte tenu de la vive opposition des élus locaux, se voit contraint cette fois de mettre en place un plan d'économies, avec la suppression d'un certain nombre de succursales. Il annonce son plan, sans avoir procédé à aucune concertation. Ni auprès des syndicats ni auprès des élus. Aussitôt, une délégation de maires de villes moyennes conduite par Bruno Bourg-Broc, député-maire de Châlons-en-Champagne, proteste. Car évidemment c'était sur les petites villes que tombait le couperet. Et Bourg-Broc, élu RPR, président de la Fédération des maires de villes moyennes (FMVM), de souligner « la contradiction existant entre la volonté affichée du gouvernement de maintenir voire de renforcer l'action des services publics auprès du citoyen et la refonte programmée du réseau Banque de France ». Résultat : la réforme est enterrée. Illico.

Bruno Bourg-Broc est un député de base ordinaire. C'est un professionnel de la politique, avec un petit p, comme tant d'autres. Professeur de formation, il a commencé sa carrière dans les cabinets ministériels avant d'être élu, sans discontinuité, député UMP de la quatrième circonscription de la Marne depuis 1982. Cela fait des années que son parti se fait élire et réélire sur le thème de la réduction des déficits, de la réforme de l'État et de la baisse des prélèvements obligatoires. N'a-t-il pas l'impression de tirer contre son propre camp ? De desservir la cause des siens en se mobilisant pour le maintien d'administrations coûteuses et inutiles ? La France ne vit pas dans un hexagone étanche. Il faut être compétitif. « Je sais que tout n'est pas pérenne, que rien n'est figé, qu'il faut savoir épouser son siècle, comme disait de Gaulle », affirme-t-il quand on l'interroge sur ce sujet sensible, avant de confesser son impuissance : « Nous, les maires de villes moyennes, nous sommes totalement dépendants de l'État. La Datar doit réfléchir à des solutions de substitution. Par des incitations à déconcentrer. » A-t-il cherché, comme Borloo à Valenciennes, à réfléchir à des alternatives ? Tenté d'attirer des investissements, des services de l'État ? « Faire comme Borloo ? Ce n'est pas donné à tout le monde de décrocher Toyota », se défend le maire de Châlons-en-Champagne. Non Bourg-Broc n'a pas fait grand-chose. Au Parlement, il s'est investi dans un sujet qui le passionne : la francophonie. Il voyage beaucoup.

Mister Nice Guy

En mars 2003, la Banque de France est de nouveau montrée du doigt. Par le Sénat cette fois, qui publie un rapport accablant, réalisé par la Cour des comptes, intitulé « Urgence et nécessité de la réforme ». Les conclusions sont absolument confondantes. Quelques exemples. Pour trier les billets (détecter les faux, écarter ceux qui sont endommagés), la Banque utilise des trieuses automatiques, relativement onéreuses, qui ne sont rentables qu'à partir d'un certain seuil. Or, compte tenu de la décision prise par la BdF de maintenir une caisse institutionnelle dans chaque chef-lieu, un très grand nombre de sites ne sont absolument pas rentables. Ainsi Ajaccio, équipée pour gérer 37 500 paquets de mille billets par an, en gérait 13 128 : surcapacité de 186 %. À Pontoise, surcapacité de 100 %. À Poitiers de 64 %. À Saint-Lô de 79 %...

Mieux, compte tenu de son incapacité à restructurer son réseau, la Banque a renoncé à acquérir des matériels de tri de forte capacité (120 000 paquets de mille billets triés par an), beaucoup plus rentables, alors que ces machines ont été mises en œuvre dans de nombreux pays européens. Résultat, selon ce rapport, la France est un des pays d'Europe qui a la plus faible productivité : 9 000 billets à l'heure contre 108 000 en Grande-Bretagne, 55 000 en Finlande, 39 000 en Espagne.

Autre exemple : la Cour des comptes a constaté que les études réalisées par la Banque de France – et généreusement traduites en plusieurs langues – font double emploi avec celles réalisées par l'Insee. Elles n'ont donc, a priori, aucune raison d'être. Réponse de la

Banque de France : « La Cour s'appuie sur l'observation que, sur moyenne et longue période, il n'y a pas de différence significative de diagnostic entre les deux enquêtes, ni de performance meilleure en termes de prédictibilité. Cette absence de différence sur moyenne et longue période est normale et somme toute rassurante. Il reste que, sur le très court terme, l'enquête de la Banque de France est plus rapide et plus précise. » Il est exact que son enquête mensuelle est publiée le 15 du mois suivant et celle de l'Insee le 30. Mais personne ne s'est posé la question de savoir si le plus simple n'était pas de demander à l'Insee de se presser un peu plus et de publier sa note de conjoncture le 15 du mois ! D'autant que le rapport fait observer que la Banque emploie 230 équivalents temps plein quand l'Insee n'utilise que 10 personnes pour réaliser la même note.

La Cour a également dénoncé un parc immobilier surdimensionné et coûteux, des logements de fonction sans raison d'être. Des dysfonctionnements dans l'organisation hiérarchique : « Les responsables des différents niveaux n'ont pas les moyens d'exercer leur autorité. Ainsi le directeur du réseau transmet les objectifs aux directeurs des succursales sur lesquels il n'a aucune prise. Les directeurs régionaux n'ont pas d'autorité sur les directeurs de succursales de leur ressort... » Désespérant.

Et puis finalement, très discrètement, presque humblement, la réforme a commencé à se mettre en place. Fin 2003, Jean-Claude Trichet a été nommé gouverneur de la Banque centrale européenne (BCE) et c'est Christian Noyer, vice-président de la BCE, qui lui a succédé. Cet ancien directeur du Trésor, ancien directeur de cabinet du ministre de l'Économie Jean

Arthuis, s'est donc retrouvé confronté au plan de restructuration du réseau annoncé par Jean-Claude Trichet, mais jamais mis en œuvre et qui prévoyait la suppression de 2 561 postes sur plus de 14 000, et une réduction du nombre de succursales de 211 à 96.

Cet homme discret, administrateur civil au Trésor – une sous-caste aux yeux de l'establishment –, s'est attelé à ce défi. Surnommé « Mister Nice Guy » à Francfort, parce qu'il sourit toujours et susurre les mots plus qu'il ne les prononce, Noyer explique sans forfanterie que le plan se déroule comme prévu. Fermeture des comptes clientèle. Fermeture des comptes privés. La réduction du nombre de succursale est en route : réalisée pour les deux tiers, elle devrait être achevée en 2006. À cette date, il n'y aura plus qu'une succursale par département. Le personnel a été reclassé, muté, mis en préretraite ou en mi-temps de longue durée. Noyer en est à 2 200 suppressions de postes. Il réorganise le réseau, spécialise les caisses, réduit le nombre de sites affectés au triage, regroupe les activités logistiques au niveau régional, a mis en vente un certain nombre d'hôtels et d'immeubles.

Cellule psychologique

« En 2006, rien que pour la fabrication des billets, on sera passé de 2 000 à 900 personnes. » Il précise que pour continuer à gérer le surendettement dans les villes où les succursales sont supprimées, il met en place de simples bureaux affectés à cette seule activité. Sans ostentation, Noyer confie avec quelque fierté : « Nous sommes la seule entité publique dont les dépenses ont baissé en euros courants l'an dernier. De

2 %. » Rappelant au passage que l'État, lui, a promis une dépense stable mais en euros constants, ce qui équivaut à une augmentation de 2 %. Il explique que si Bercy avait supprimé autant d'emplois que la Banque de France, qui est passée de 18 000 salariés à 12 000 en quinze ans, il n'y aurait plus que 120 000 fonctionnaires au ministère des Finances contre 176 000 aujourd'hui.

Noyer a également dopé ses ressources, comme il dit, en « professionnalisant la gestion de ses actifs ». Alors qu'en 2003 la BdF enregistrait des pertes, en 2004 elle a affiché un bénéfice de 200 millions d'euros. Comment un tel miracle a-t-il pu se produire ? Le nouveau gouverneur a certes bénéficié d'un certain émoussement de la mobilisation syndicale. Le caractère inéluctable de l'adaptation a fini par s'acculturer. Avant de quitter la BdF, Trichet, tirant la leçon des échecs passés, avait envoyé des centaines de lettres aux élus locaux, reçu les associations de maires, alerté les politiques. Le rapport publié par le Sénat a contribué à sensibiliser le gouvernement. En 2003, celui-ci n'était pas encore totalement ankylosé. Noyer a bénéficié, comme on dit, d'une fenêtre de tir. Mais encore ? Comment un plan d'une telle ampleur – suppression de 2 500 postes – a-t-il pu se dérouler dans le calme ?

Le directeur général des ressources humaines, Jean-Claude Thibeault, explique qu'ils ont réussi à provoquer un très grand nombre de départs volontaires à des conditions avantageuses. À convertir les contrats de nombreux agents en mi-temps de longue durée. « Le plus délicat, explique-t-il, c'était les reclassements. On a demandé aux agents de remplir des formulaires où ils avaient sept choix. Heureusement, nous avons eu de la chance, la grande majorité a pu être affectée dans la localité qui figurait en premier choix. »

La Banque de France a fait exactement le contraire de ce qui s'était passé à Bercy du temps de Christian Sautter, le ministre des Finances de Jospin, dont la réforme avait provoqué une gigantesque grève. Les négociations ont duré un an. La direction de la Banque a été conseillée par un cabinet spécialisé. Elle a mis en place un site intranet où les agents pouvaient poser toutes les questions. Une cellule psychologique pour répondre aux inquiétudes des familles. « Ce n'est pas toujours évident de changer de ville, de logement, d'école pour les enfants. Et beaucoup se demandaient ce qui allait advenir de leur conjoint », explique avec beaucoup de tact le directeur des ressources humaines. La Banque de France a également consacré de gros moyens financiers pour réussir cette réforme en douceur. Conditions de départ à la retraite très avantageuses. Aides financières pour ceux qui devaient déménager. « Mais, explique Thibeault, tout le monde fait cela. C'est la condition de la réussite. »

La façon dont Noyer s'est impliqué dans cette réforme a également joué. Ce haut fonctionnaire, moins flamboyant que son prédécesseur, mais qui est arrivé à ce poste avec la réputation d'être un bon technicien et un très bon négociateur, explique modestement : « Il faut du dialogue, beaucoup d'explications. » En réalité, pour la première fois, un gouverneur s'est penché sur la gestion de cette auguste institution. Il s'est aussi appliqué à resserrer les boulons. À mettre fin aux détachements en tous genres, rémunérés par la Banque. Bref, à gérer de manière plus rigoureuse.

Longtemps les gouverneurs ont négligé cette tâche. Ils ne géraient pas, c'était les services qui s'en chargeaient. Ils étaient habités par un principe fondamental : ne pas faire de vague, ne pas créer de problème au ministre. Ils n'étaient pas censés s'intéresser aux différents métiers, aux évolutions technologiques, aux coûts de production, ils pensaient. « La gestion n'était pas dans leur champ de vision. Ils réfléchissaient à la monnaie. Le pape ne s'occupe pas du denier du culte », raconte sur un ton persifleur un ancien membre du conseil de la politique monétaire.

Apparemment, Noyer, lui, a pris goût à ce rôle de gestionnaire et de réformateur. « Oui, c'est intéressant », affirme-t-il, toujours avec cette retenue qui le caractérise. Et d'expliquer qu'il est en train de s'attaquer à d'autres chantiers pour réformer la Banque : les régimes spéciaux, la grille indiciaire, l'avancement au mérite. « Notre système est très démotivant, nous disposons de moyens très limités pour faire progresser les carrières et les rémunérations. Les primes sont statutaires », confie-t-il.

Il ne néglige pas pour autant ses activités de banquier. Lui aussi se fait pédagogue à ses heures. Par exemple, quand il faut expliquer aux parlementaires de la commission des Finances de l'Assemblée qu'aucune Banque centrale au monde n'est soumise au pouvoir politique. Ni aux États-Unis, ni au Brésil, ni en Corée. Sauf peut-être au Costa Rica. À quand un Noyer et un Thibeault à Bercy, à la SNCF, à l'Éducation nationale ?

Chapitre 8

Chez nos voisins

> « Le futur appartient à ceux qui voient
> les possibilités avant qu'elles ne devien-
> nent évidentes. »
>
> THÉODORE LEVITT

Les jeunes adorent Dublin. L'ambiance. Temple Bar et les cybercafés. Grafton street et ses restaurants indiens, japonais, chinois, italiens. The Kitchen, la boîte de nuit du groupe de rock U2. Le National digital park, un campus entièrement dédié au e-commerce. L'antenne du MIT[1] qui s'est installé dans l'ancienne usine Guinness. Le National College of Irland, où, grâce à un système de sponsoring original, 90 % des étudiants sont des salariés. La Banque d'Irlande, par exemple, a financé un cycle complet d'études à des enfants d'anciens dockers avant de les recruter.

Un autre monde, tourné vers l'avenir. Où les iPod et les appareils numériques sont trois fois moins chers qu'en France. Où l'on côtoie des gens venus de toute

---

1. Massachusetts Institute of Technology : l'université de référence de la côte est des États-Unis.

la planète. Où l'on peut entreprendre et se bâtir des fortunes. Où les impôts sur les revenus liés à la propriété intellectuelle – disques, livres, licences, brevets, logiciels – sont quasi inexistants. Où les jeunes discutent des derniers logiciels mais aussi des stock-options et des primes que distribuent les compagnies pour attirer – ou garder – leurs employés. Bref, un pays où l'ascenseur social fonctionne à plein régime.

Dublin, ville natale de Joyce, patrie de Yeats, Shaw et Beckett (tous trois prix Nobel de littérature), est devenue une capitale de la net économie. C'est là que les géants de l'informatique ont installé leur base européenne : Microsoft, Appel, Pentium, Google, Intel, Gateway, Dell, Oracle, Xerox, Motorola... L'Irlande est le premier exportateur mondial de logiciels. Devant les États-Unis.

Le tigre celtique

En 1973, lors de son entrée dans la CEE, c'était le pays le plus pauvre d'Europe, un pays rural, où chaque année le nombre d'émigrés était supérieur à celui des naissances. Sur les plages du Connemara, les enfants se baignaient en slips blancs, trop grands, comme sur les photos sépia des premiers congés payés en France. Dans les campagnes, les fermes n'étant pas chauffées, les habitants allaient au pub pour boire certes, mais aussi pour trouver un peu de chaleur. Comme disait Heinrich Böll à propos du Dublin des années soixante-dix : « Il pleut sur la misère. »

Aujourd'hui, avec un revenu par habitant supérieur de 30 % à la moyenne européenne, l'Irlande est en tête du classement des pays les plus riches d'Europe, juste derrière le Luxembourg, devant la Grande-Bretagne, loin devant la France[1]. L'Irlande devant la France ? Eh oui. Sur la période 1990-98, l'île verte a enregistré le taux de croissance le plus élevé de la zone OCDE (7,3 %). Un taux comparable à celui des économies asiatiques, d'où le surnom de « tigre celtique ». Le taux de chômage avoisine les 4 %.

Le secret de ce miracle économique ? Les recettes classiques. Dérégulation, ouverture sur l'économie mondiale, investissements étrangers, exportations, développement des infrastructures technologiques, investissement massif dans l'éducation et la formation professionnelle, baisse massive des impôts. Le taux d'imposition des sociétés est le plus faible de toute l'Europe. Les charges patronales s'élèvent à 12 % contre 50 % en France. Mais ce sursaut est surtout dû à une prise de conscience collective, à l'envie de s'en sortir.

Au lendemain de son indépendance, en 1932, l'Irlande, qui, durant des siècles, avait servi de grenier à blé à l'Angleterre, s'est refermée sur elle-même, avec une politique ultraprotectionniste. À la fin de la Seconde Guerre mondiale, privée des subsides du plan Marshall compte tenu de sa « neutralité » bienveillante à l'égard de Hitler, l'Irlande est restée à l'écart et s'est enfoncée dans la misère, quand le reste de l'Europe vivait la grande épopée des trente glorieuses.

Les premières tentatives de redressement remontent à 1958, quand le Premier ministre, Sean Lemass, change radicalement de cap, renonce au protection-

---

1. Le PIB par habitant de l'Irlande est 20 % supérieur à celui de la France.

147

nisme et aux barrières douanières, lance une vaste réforme du système éducatif. En 1973, l'Irlande adhère à la CEE. Mais le pays ne décolle pas. Rongé par les déficits, l'inflation, un chômage qui atteint 20 %. Handicapé par des niveaux d'imposition prohibitifs, des coûts de main-d'œuvre élevés, une réglementation excessive. En 1987, le FMI menace de lui imposer un plan d'austérité.

Par fierté, l'Irlande réagit. S'inspirant de ce qui s'était passé en Suède, partis politiques, patronat, syndicats, tout le monde s'est mis autour de la table et a signé un accord. Modération salariale. Baisses fiscales massives. Déréglementation. « Cette capacité des partenaires sociaux à s'entendre sur la stratégie économique a été l'un des facteurs essentiels de la réussite irlandaise », affirme Ray Mac Sharry, Premier ministre de l'époque et auteur d'un livre sur le tigre celtique[1].

Les investissements étrangers ont commencé à affluer. Cette manne est venue alimenter les secteurs à haute valeur ajoutée : technologies de pointe, produits pharmaceutiques, chimie fine, services, finance. L'île verte a su mettre en valeur ses atouts : la langue anglaise, la diaspora irlandaise. Et surmonter ses handicaps : éloignement géographique, absence de tissu industriel, sous-développement des infrastructures.

Face à ce succès, les économistes français ont fait preuve d'un esprit de dénigrement typiquement... français. Ils n'ont cessé de dénoncer la fragilité de cette économie, dont la réussite était due aux subsides européens, aux investissements étrangers... Tantôt on

---

1. Ray Mac Sharry et Padraig A. White, *The Making of the Celtic Tiger*, Cork, Mercier Press, 2000.

s'inquiétait d'une éventuelle surchauffe, tantôt des méfaits d'une « économie de dépendance ». Au moindre toussotement, dans la presse française on assistait à un véritable déchaînement. « Irlande : une success story menacée », « L'économie irlandaise dans l'œil du cyclone », « La face cachée du miracle irlandais », « L'Irlande victime de son succès ? ». C'était chronique d'une mort annoncée. Mais le miracle dure toujours. Certes, l'époque est révolue des 10 % de taux de croissance annuel. Après un léger trou d'air en 2003, l'économie s'est très vite remise sur pied. La production a progressé de 5 % en 2004. Plus du double de la croissance française cette année-là.

Face à la concurrence de l'Inde, de la Chine, mais aussi des nouveaux adhérents à l'Union européenne, l'Irlande a fait preuve d'une grande réactivité. L'Agence pour l'investissement et le développement a multiplié par dix les crédits de recherche sur trois ans. Face aux risques inflationnistes, le gouvernement a immédiatement initié un plan de rigueur budgétaire. Et syndicats, patronat, partis politiques ne passent pas leur temps à « jouer à la lutte des classes ». Ils savent qu'ils sont tous dans le même bateau.

Les dirigeants politiques font même preuve d'un certain courage, comme l'a prouvé l'épisode du traité de Nice. En 2001, par peur d'être phagocytés par l'Europe, les Irlandais ont dit non au référendum sur le traité de Nice. À 54 %. Les partis de gouvernement, persuadés que le oui allait naturellement l'emporter, ont laissé le champ libre à une coalition hétéroclite de pacifistes, de républicains, d'antimondialistes et d'intégristes religieux. Pat Cox, alors président du Parlement européen, reconnaît : « Le oui était acquis. L'establishment n'avait pas jugé utile de faire campagne. » Mais le Premier ministre, Bertie Ahern, n'a pas baissé les bras. En 2002, après avoir dissous l'Assemblée et gagné les élections, il a à nouveau soumis le traité de Nice à référendum. Et obtenu 62,49 % de oui.

Alors bien sûr, l'Irlande souffre encore de sous-équipement en matière de transport, de santé. Le taux de pauvreté, après transferts sociaux, est légèrement supérieur à celui enregistré en France, mais, compte tenu du fait que le revenu médian irlandais est supérieur à celui des Français, un pauvre irlandais est moins pauvre qu'un pauvre français ! Cela paraît un peu compliqué, mais c'est la réalité.

Prodige de l'économie de la connaissance

La Finlande revient de loin elle aussi. Jusqu'à la fin des années quatre-vingt, ce pays bénéficiait d'une sorte de rente assurée : grâce à un traité de troc qui lui permettait de payer le pétrole soviétique en biens industriels, la Finlande disposait de débouchés phénoménaux pour ses entreprises. Et d'une situation de quasi-plein-emploi, avec un taux de chômage de 3 à 4 %. Puis cette rente a pris fin brutalement avec l'effondrement du bloc soviétique. En quelques années, le taux de chômage a été multiplié par cinq. Au début des années quatre-vingt-dix, la Finlande s'est trouvée confrontée à une crise très grave. Récession. Chute de 10 % du PIB. Déficits. Taux de chômage le plus élevé d'Europe avec l'Espagne.

Aujourd'hui, la Finlande s'est hissée au top niveau de la compétitivité. Elle fait figure de modèle de la zone euro, d'exemple réussi de cette fameuse économie de la connaissance que l'Union européenne s'est fixée comme objectif au sommet de Lisbonne. Son taux de chômage est passé de 16,6 % en 1994 à 5 %. Ce sursaut économique est essentiellement dû à la réussite des industries de haute technologie comme Nokia. Mais cette reconversion n'est pas le fruit d'une génération spontanée. C'est le résultat d'une mutation qui a exigé beaucoup d'efforts. Et que la population a acceptée.

En 1995, une coalition « arc-en-ciel », regroupant sociaux-démocrates, conservateurs, ex-communistes, libéraux, écologistes, a adopté un vaste plan d'austérité. Gel des salaires. Réductions budgétaires drastiques. Et réforme audacieuse des retraites. Les droits de pension ne sont plus calculés sur les dix dernières années, mais sur l'ensemble de la carrière professionnelle. En outre, chaque salarié détermine lui-même l'âge de son départ à la retraite, mais il doit travailler jusqu'à soixante-huit ans pour avoir droit à un taux de remplacement de 75 %.

Cette évolution a évidemment été favorisée par le retour de la croissance et la pénurie de main-d'œuvre à laquelle le pays s'est trouvé confronté. Toutes ces réformes ont été précédées de nombreuses négociations, de campagnes d'information, de séminaires destinés aux employeurs pour les sensibiliser et leur apprendre à motiver les personnels âgés, à améliorer leurs conditions de travail. Tout cela n'a pas été l'objet de discussions fumeuses sur le libéralisme. Le redressement a été entrepris pour remettre le pays en état de marche. Point. Et personne n'a songé là-bas à trafiquer les chiffres du chômage pour masquer les problèmes.

Ensuite, la Finlande a fait le choix intelligent d'un

investissement massif dans la recherche, dès le milieu des années quatre-vingt. Les deux tiers ont été financés par le privé. L'État n'en a pas moins joué un rôle central, avec la création d'une agence, Tekes, qui est le pivot du système et pilote les partenariats noués entre le public, le privé et les universités. Mais attention, pas question de passer sa vie à des recherches archéologiques ou linguistiques. La recherche financée par le contribuable doit être utile à la société en créant des richesses et en améliorant la compétitivité industrielle du pays.

La Finlande a dans le même temps engagé une vraie politique de décentralisation. Les communes possèdent une très forte autonomie de gestion et ont toute latitude pour élaborer des stratégies. Prendre des risques.

De manière pragmatique, une fois le redressement opéré, et seulement à ce moment-là, le gouvernement a décidé de la création de nouveaux emplois dans les services publics.

Aujourd'hui, cet ex-petit satellite de l'URSS fait figure de prodige. Il arrive en tête du classement mondial en termes de compétitivité et de perspective de croissance, devant les États-Unis, la Suède, Taiwan et Singapour. La France, elle, n'est que vingt-sixième et elle a reculé de deux places l'an dernier[1]. Mais rien n'est définitivement acquis. La Finlande s'est déjà lancé de nouveaux défis : génétique et biologie moléculaire, microélectronique, industrie du software, jeux vidéo...

---

1. Source : *World Economic Forum.*

Une fonction publique flexible

Au sein de l'Europe, le Danemark exerce également une certaine fascination, car il a réussi à résorber ses déficits et à réduire le chômage[1], sans pour autant remettre en cause le fameux modèle scandinave d'État-providence. Bref, il a guéri, sans passer par la « casse sociale » des années Thatcher en Grande-Bretagne. Ainsi, la réforme de la fonction publique danoise n'a pas signifié pour autant une baisse des effectifs. Bien au contraire, ceux-ci ont augmenté. Cette révolution s'est faite par étapes. Sur la durée. Mais au prix d'une mutation en profondeur de son mode de fonctionnement. Ce n'est pas seulement un super-plan Borloo, comme on semble croire ici ou là, qui consisterait uniquement à « activer les chômeurs », c'est-à-dire à encourager les chômeurs à reprendre un travail grâce à un système d'aides.

Première étape : la décentralisation. Une vraie décentralisation. Avant de confier de nouvelles responsabilités aux collectivités locales, l'État s'est attaché à en réduire le nombre. Ainsi, les communes sont passées de 1 400 à 275 et les comtés de 25 à 14 ! En France, pas touche aux 36 000 communes, pas touche aux cantons, pas touche aux départements... Dans le même temps, les missions de l'État ont été rationalisées, de manière à dégager des marges de manœuvre pour les collectivités locales. Ainsi, cette décentralisation a été accompagnée d'un mouvement au sein de la fonction publique danoise entre les niveaux local

---

1. Le taux de chômage est passé de 12 % à 6 % en une décennie.

153

et national. En France, quand l'État décentralise – la gestion du réseau routier par exemple –, il ne réduit pas d'un iota les effectifs des directions centrales concernées.

Deuxième étape : la déconcentration. Confronté à une grave crise budgétaire, le gouvernement danois a rationalisé sa gestion, notamment en transférant un certain nombre de compétences à des agences. Plus souples et plus transparentes. Celles-ci signent des contrats avec les ministères et doivent rendre compte des résultats obtenus chaque année, en mentionnant l'affectation des crédits, les dépenses, les sources de financement, les résultats, les coûts.

Troisième étape : le développement des ressources humaines au sein de l'administration. Une politique engagée dès 1994 et qui s'intitulait : Évolution des ressources humaines dans l'administration centrale danoise. Des entretiens annuels sur les performances, des évaluations, des rapports annuels de gestion, des définitions d'objectifs, des formations au management... L'administration centrale s'est engagée à offrir à chaque employé l'opportunité d'un développement professionnel mais a demandé, en contrepartie, que chaque employé fasse preuve de flexibilité.

Dans ce mouvement de réforme, le statut de la fonction publique en lui-même n'a pas été remis en cause, mais le système de rémunération a été modifié en profondeur. Il n'est plus seulement lié au grade, à l'emploi et à l'ancienneté, mais davantage fondé sur les performances individuelles. Les négociations ne se font plus à l'échelle nationale, mais locale. Les managers eux-mêmes – nos énarques – ont été longtemps réticents à accepter ce nouveau système de rémunération. Il a fallu de longues négociations avec le syndicat représentant les cadres.

En 1993, le Danemark a également entièrement remis à plat sa fiscalité : baisse de l'impôt sur les sociétés ainsi que de l'impôt sur le revenu. Quelques années après, l'impôt sur la fortune, l'ISF, a été supprimé. Finalement, en 1998, la base imposable a été élargie et l'impôt sur les revenus les plus faibles a baissé.

Le miracle danois est le résultat d'une collaboration historique entre les salariés, les organisations patronales et l'État, tous convaincus qu'un marché du travail fluide et une économie saine sont les conditions sine qua non de toute avancée sociale. Le marché décide du social et non l'inverse ; les avancées sociales ne sont possibles que lorsque l'économie le permet. « Il faut laisser l'employeur libre d'embaucher et de licencier », ne cessait de répéter le ministre danois des Affaires sociales de la fin des années quatre-vingt-dix. Résultat : le marché du travail danois n'a rien à envier à celui des États-Unis. Lorsqu'un employeur danois souhaite licencier, il n'a aucune indemnité à verser lorsque l'employé a moins de douze ans d'ancienneté, et le préavis peut être de quelques semaines seulement. Aussi paradoxal que cela puisse paraître, cette fluidité a été négociée avec des syndicats ultrapuissants qui représentent plus de 80 % des salariés actifs. Le miracle danois, ce n'est pas simplement un plan Borloo qui distribue des subventions et des aides.

Aucune fuite fiscale

On pourrait aussi évoquer le cas de la Suède. Confronté, au début des années quatre-vingt-dix, à une baisse de 5 % de son PIB, ce pays a réussi à diminuer de 15 % sa dépense publique en dix ans. Et là encore, sans remettre en cause son « modèle social ». Mais au prix de réformes de fond. Au-delà de quelques coupes sévères dans le budget, la gestion a été profondément modifiée. Politique de décentralisation très poussée. Transfert à des agences, de l'essentiel des missions de l'État. Le nombre de ministères a été réduit à dix. Et le ministère des Finances, par exemple, ne compte plus désormais que 300 agents. Rapporté à l'échelle de la France, ce chiffre serait de 2 000, contre 180 000 fonctionnaires actuellement rattachés à Bercy ! Ces agences, qui disposent d'une réelle autonomie, sont gérées comme des entreprises privées. Avec des plafonds de dépense. Des objectifs trisannuels. Ce qui facilite le contrôle budgétaire.

L'État a externalisé tout ce qui n'avait pas vocation à être géré par l'administration. Entretien des bâtiments, personnel d'accueil, sociétés de nettoyage... Les entreprises publiques ont, elles, été soumises à la concurrence et contraintes de renouer avec la rentabilité. C'est ce qui s'est passé dans le domaine du fret ferroviaire. Et cette ouverture à la concurrence a entraîné une baisse substantielle des coûts du rail. Résultat : 21 % du transport de marchandise se fait par fret, contre 7 % en moyenne en Europe et en France. La poste a fermé l'ensemble de ses bureaux en zone rurale et transféré ses services dans des épiceries ou des stations-service. Et de plus en plus d'opérations se font par internet.

En 1999, la Suède a également totalement remis à plat son système de retraite. Elle a mis une dizaine d'années à obtenir un consensus, mais les négociations ont débouché sur un nouveau système, viable, qui n'est pas condamné à exploser à nouveau dans dix ou quinze ans. Il s'agit d'une refonte totale de l'architecture des pensions autour de deux régimes obligatoires : le premier, de répartition, est administré par le ministère de la Sécurité sociale. À la différence de la France, toutes les années – et non les vingt-cinq meilleures – sont prises en compte dans le calcul de la pension, ce qui permet de retracer en fin de carrière l'exacte contribution de chacun. Le second régime, par capitalisation, collecte des cotisations moins élevées, placées sur les marchés financiers sous le contrôle d'une agence gouvernementale. Il n'y a plus d'âge légal de la retraite, mais un âge minimal (soixante et un ans). Et ceux qui le désirent peuvent travailler jusqu'à soixante-dix ans ! Des plans de formation destinés aux actifs de quarante-cinquante ans ont été mis en place pour permettre aux travailleurs âgés de rester en poste. Et une cagnotte a été constituée pour compenser le choc au moment de la transition.

Toutes ces réformes n'ont pas mis à mal l'État-providence à la scandinave. La Suède a ainsi décroché la première place européenne en matière de lutte contre la pauvreté. Et ce pays détient le record mondial d'espérance de vie.

Le poids de la dépense publique a baissé, mais il reste tout de même beaucoup plus élevé que dans tous les autres pays de l'OCDE. C'est un choix. Les citoyens

157

ont le sentiment que le système est juste, qu'il fonctionne et personne ne constate de fuite de cerveaux, ou de délocalisation des plus fortunés pour raisons fiscales. Si la pression fiscale est forte, personne ne s'en plaint. Congés parentaux, système éducatif, système de retraite... Mais les Suédois ont parfaitement compris que leur économie se doit d'être ultracompétitive, qu'elle ne doit pas être étouffée par les charges fiscales, et ils acceptent que les entreprises soient peu taxées. Mieux, les restructurations industrielles ne provoquent pas l'ire de l'opinion publique. Ericson a licencié 15 000 personnes sans que cela provoque la moindre vague. Tout le monde, syndicats inclus, a compris que la compétitivité était la clé de la richesse du pays. On ne peut pas avoir le beurre et l'argent du beurre. Et en plus, la crémière.

Partout, les mêmes recettes : évaluation, décentralisation, déconcentration, responsabilisation, investissement massif dans la recherche et la formation, condition indispensable dans les pays riches pour conserver leur avance. Mais aussi dialogue, transparence, compétence. Là où ces réformes ont été entreprises, les pays se sont enrichis. Ces solutions sont-elles libérales, anglo-saxonnes ? Seuls les Français ont le génie de transformer toute recherche de solution et d'adaptation en débat idéologique stérile.

De la mantille au mariage gay

Quiconque se rend en Espagne est frappé par l'atmosphère, la joie de vivre de ce pays qui, il y a trente ans à peine, était totalement isolé, coupé du reste de l'Europe, étouffé par la dictature[1]. La démocratie espagnole a fait la preuve de sa vitalité, elle a résisté au coup d'État de 1981, elle a su combattre le terrorisme basque. Elle est même très en pointe : parité totale dans le gouvernement – huit hommes, huit femmes –, mariage homosexuel... Et pour succéder un jour à Zapatero au poste de Premier ministre, au PSOE on pense déjà à une femme d'une trentaine d'années : Leire Pajín, secrétaire d'État à la Coopération internationale. Dans le même temps, en France, l'éventuelle candidature de Ségolène Royal à l'investiture pour la présidentielle, elle, a été accueillie au sein du parti socialiste par des phrases d'un rare machisme : « Mais qui gardera les enfants ? », « La présidentielle, ce n'est pas un concours de beauté »...

Tournée vers l'avenir, l'Espagne a fait appel aux plus grands architectes. À Bilbao, c'est la grande star américaine Frank Gehry qui a construit le musée Guggenheim, le Britannique Norman Foster, lui, a dessiné les stations de métro. À Barcelone, la conception de la place des Arts a été confiée au lauréat du prix d'architecture Pritzker 2004, l'Anglo-Irakien Zaha Hadid. La ville de Cordoue a demandé au Néerlandais Rem Koolhaas de dessiner un plan d'urbanisme. À Madrid, c'est le Britannique Richard Rogers qui a été chargé de l'extension de l'aéroport, de la construction d'un grand centre culturel, le Salon du Prado. Et l'Espagnol Santiago Calatrava, l'architecte de la Cité des arts et des sciences de Valence, a été choisi par la ville de New York pour construire la nouvelle gare centrale du World Trade Center.

Architectes, danseuses étoiles, actrices, metteurs en

---

1. Franco est mort en 1975.

scène, champions de golf, de tennis ou de Formule 1, l'Espagne s'est hissée au top niveau. Elle a même coiffé au poteau la France pour l'organisation de la plus prestigieuse compétition de voile : l'America's Cup qui se déroulera à Valence en 2007.

Les Espagnols sont pris d'une sorte de frénésie de consommation. Automobiles, vêtements, appartements. C'est même trop. Les économistes commencent à s'inquiéter de leur taux d'endettement. D'où vient cette confiance ? De la baisse du chômage. Même s'il reste un des plus élevés d'Europe, il est passé de 24 % à 11 % en une décennie. Et la réduction des déficits publics. Le pays du Club Med et des « bonnes espagnoles », qu'on regardait avec condescendance au moment de la conclusion du pacte européen de stabilité, donne aujourd'hui des leçons de rigueur budgétaire à la France et à l'Allemagne, les deux géants fondateurs. Le déficit budgétaire, qui atteignait 6,6 % du PIB en 1995 sous le gouvernement de Felipe González, a été entièrement résorbé. Aznar a relevé le défi qu'il s'était lancé : zéro déficit.

En trente ans, le niveau de vie a progressé de 75 %. Le taux de croissance de l'Espagne est plus élevé que celui de la moyenne européenne depuis une dizaine d'années. Ce dynamisme est largement attribué à la mise en place de recettes libérales classiques : discipline budgétaire, décentralisation, réforme fiscale, privatisations, libéralisation du marché du travail. Un acquis qui n'a pas été remis en cause par le successeur d'Aznar, le socialiste Zapatero. Mais évidemment, vu de France, pour Laurent Fabius, Zapatero est un libéral !

Bien sûr, cette prospérité est fragile. L'économie espagnole est encore dans une phase de rattrapage, où le BTP occupe une place prépondérante. On construit partout, des tours, des routes, des aéroports, des centres commerciaux, des métros, des logements... L'Espagne n'est pas encore une puissance high-tech. Les investissements dans la recherche sont insuffisants. Elle est confrontée à de nouveaux défis. Hier pays d'émigration, elle doit aujourd'hui intégrer une population immigrée de plus en plus nombreuse. Il n'y a pas suffisamment de crèches, et les femmes ont du mal à concilier travail et vie familiale. Du coup, le taux de fécondité est un des plus faibles d'Europe...

Difficile de dire qu'on vit mieux au-delà des Pyrénées, le niveau de vie est encore inférieur à celui de la France, mais, de toute évidence, contrairement aux Français, les Espagnols ont le moral. L'avenir leur appartient. Ils sont fiers, gais, entreprenants.

Tout le monde autour de la table

Ce qui se passe au Danemark, en Finlande, en Suède, où les politiques de recherche, d'activation du tissu économique, ont été transférées aux collectivités territoriales est exemplaire de l'évolution des économies modernes. De plus en plus les « réglages » ne se font plus au niveau gouvernemental mais au niveau local. Au niveau des bassins d'emploi.

Dans le cadre de ses recherches sur l'économie de l'entreprise et la stratégie territoriale, Michel Rousseau, professeur à l'université Dauphine, s'est rendu dans les régions de l'OCDE qui ont réussi à lutter efficacement contre le chômage. Et notamment dans le comté de Grand Rapid, dans le Michigan. Un comté naguère prospère, de 400 000 habitants, qui, au milieu des années quatre-vingt, a vu sa situation se dégrader.

Peu à peu, l'économie locale, tirée par quelques entreprises d'ameublement de dimension internationale comme Strafor, s'est mise à piquer du nez. Le chômage a atteint 11 %. La communauté économique locale a commencé à s'inquiéter. La chambre de commerce et d'industrie, les chefs d'entreprise, les syndicats, tout le monde s'est réuni autour de la table pour élaborer un programme de relance de l'activité et de revitalisation de l'économie.

Ils ont fait appel à des cabinets de conseil et aux universités locales afin d'établir un diagnostic et de bâtir une stratégie : optimiser l'innovation, booster l'exportation, mieux former la main-d'œuvre locale. La communauté économique est allée présenter son plan aux autorités du comté et de l'État du Michigan. Celles-ci ont financé. Mais sous condition de résultats, avec des évaluations régulières. Les professeurs, les experts de l'université, mais aussi les étudiants de troisième cycle ont été mis à contribution pour auditer les entreprises. Moderniser les structures. Dynamiser le marketing. Les effets se sont fait immédiatement sentir. Quelques années plus tard, en 1996, le chômage était retombé à 3 %. Personne n'a eu l'idée de résoudre le problème en créant des emplois jeunes, des zones franches, des exonérations de charges... Est-ce libéral ? Ultralibéral ? Ou simplement de la gestion ? Une gestion intelligente ?

Chapitre 9

Sortir de la spirale de l'échec

« À traîner son mal avec soi, on finit
par ne plus savoir le guérir. »

YVES THRIAULT

La France fait penser à un malade ou à un blessé, qui aurait été mal soigné. Non seulement il n'a pas été guéri, mais tout un tas de pathologies se sont greffées sur le traumatisme initial. À force d'avoir suivi une longue série de traitements aussi nombreux qu'inefficaces, il commence à désespérer. Il est tenté de frapper à la porte de guérisseurs. Et si un médecin veut le convaincre de se faire soigner, de reprendre un vrai traitement, il devra non seulement le persuader de la pertinence du nouveau protocole de soins, mais également lui démontrer, dans le détail, pourquoi le précédent a échoué. C'est seulement à ce prix qu'il regagnera la confiance de ce patient. La France est dans cette situation. Elle a perdu confiance. Elle ne croit plus en l'honnêteté (intellectuelle) de ses dirigeants.

« Le sentiment de sculpter un bois pourri. » C'est ainsi que Matthieu Ricard, moine bouddhiste, philosophe, fils de Jean-François Revel, auteur de *Plaidoyer pour le bonheur*[1], définit la mélancolie. Et c'est exactement ce qu'éprouvent les Français. Ils ont le sentiment que toutes les politiques menées depuis une vingtaine d'années ont produit un immense gâchis, aggravé les problèmes. Ils ne savent plus en quoi ni en qui espérer. Il faut donc que les hommes politiques commencent par avoir l'humilité de reconnaître les échecs passés. Afin d'en tirer les conséquences.

Cataplasme

Depuis quinze ans, les cerveaux, ultradiplômés, partent exploiter leurs talents outre-Atlantique, et le phénomène ne cesse de s'amplifier. Que fait le gouvernement ? Par un jeu subtil d'écritures, mélangeant crédits gelés et nouveaux financements, il annonce des crédits records. Mais comment revitaliser la recherche, favoriser l'innovation sans revoir l'organisation de grandes institutions comme le CNRS, le CEA ou l'Inserm qui absorbent l'essentiel des budgets de recherche publique, sans redonner aux chercheurs le goût du risque ? Sans s'interroger sur la pertinence de certains travaux ? Sans modifier le fonctionnement et le financement des universités, qui devraient être au cœur de la recherche ? Sans relier d'une manière ou d'une autre les pôles d'excellence des grandes écoles aux universités et donc à la recherche ? Se contenter de mettre un peu plus d'argent public, c'est remettre une couche de peinture sur des volets rouillés. En réa-

1. Le Seuil, 2003.

lité, il ne s'agit pas d'une question de moyens mais de bonne gestion, d'organisation, d'efficacité.

Les jeunes s'expatrient pour gagner de l'argent et se construire un patrimoine. Les entrepreneurs s'implantent dans les pays voisins où ils vont payer un impôt sur les sociétés trois à quatre fois inférieur[1]. Les riches – et pas seulement les affreux héritiers apatrides, mais aussi nos gloires nationales, sportifs, acteurs, chanteurs ou écrivains – élisent domicile un peu partout en Europe pour échapper au poids des impôts français. Réponse du gouvernement ? Une baisse de l'impôt sur les revenus de la classe moyenne, vite suspendue, puis à nouveau annoncée, mais pour l'année suivante, et qui de toute façon est déjà largement annulée par l'augmentation des autres prélèvements : hausses de la CSG, des cotisations Uncdic, de la fiscalité sur le tabac, de la fiscalité locale... Le tout agrémenté d'une grande réforme des barèmes, avec suppression des niches fiscales. Une réforme dont, paraît-il, tout le monde sort gagnant, qui a été sortie en catastrophe du chapeau de Villepin, mais qui est prévue pour... 2007 ! Rien n'est audible. Rien n'est crédible.

Quant à l'ISF, épouvantail anti-riches, la petite goutte qui fait déborder le vase et qui ne rapporte quasiment pas d'argent dans les caisses de l'État, étant donné le coût de recouvrement extrêmement élevé et le taux très important de vérifications (l'État considère qu'il y a 40 % de fraude), il contribue essentiellement à faire écran, à masquer toutes les autres injustices. C'est l'alibi, la bonne conscience. Les conseillers de l'Élysée estiment que c'est un exploit

---

1. 37 % en France contre 12,5 % en Irlande.

d'avoir réussi à obtenir que le chef de l'État veuille bien aborder le sujet, lors de son intervention du 14 juillet (pour ne rien annoncer d'ailleurs). Comment, en effet, toucher à l'ISF sans, aussi, se pencher sur la TVA, l'impôt le plus injuste qui constitue 47 % des recettes de l'État ? À défaut de réflexion stratégique, Bercy continue donc, avec un art achevé, à inventer des exonérations, des détaxes, des tarifs dérogatoires, des allégements, des abattements en tous genres, pour le gasoil, l'électricité, les embauches, les multinationales stratégiques, les PME...

Officiellement, il n'y a « que » 350 à 500 personnes fortunées qui quittent le pays chaque année. Pas de quoi s'inquiéter selon Bercy. En réalité, c'est énorme. Surtout si l'on ajoute à ces riches tous les futurs riches. Les étudiants, les jeunes entrepreneurs, les chercheurs qui partent s'installer à l'étranger et qui ne reviennent pas. Qui créent des entreprises en Californie, dans le Massachusetts, à Dublin, Londres, Madrid. C'est une perte sèche de dizaines de milliers de projets et donc d'emplois.

Autre exemple de ces demi-remèdes qui ruinent le moral. La population française vieillit. Il fallait donc réformer les retraites. Le gouvernement a commencé à résoudre le problème, mais tout le monde le sait : on n'a fait qu'un petit bout du chemin. Il faudra le reprendre en 2007, puisque seulement un tiers des besoins est financé. Idem pour le système de protection sociale. On a soi-disant « réformé » l'assurance maladie. Mais les comptes continuent à être dans le rouge, alors que les assurés sociaux sont moins bien remboursés qu'avant. Le gouvernement colmate. Un euro la consultation, ma bonne dame, cela ne peut pas faire de mal. Mais espère-t-on venir à bout des dépenses exponentielles des médicaments sans se pencher sur la pertinence du comité économique du médicament qui est sous la tutelle de quatre ministères : l'Industrie, les Finances, la Santé et les Affaires sociales ? chacun défendant des intérêts contradictoires ? Et peut-on espérer juguler les déficits chroniques sans repenser les bases de ce système financé par l'argent public et où les médecins, libéraux, peuvent s'installer où ils veulent, sans avoir de comptes à rendre ? Ne faut-il pas réfléchir à des systèmes plus collectifs et plus efficaces, à l'image des centres de soins mis en place par la Sécurité sociale et qui fonctionnent de manière très satisfaisante pour les patients ?

En 2004, un rapport de la Banque mondiale sur l'attractivité des pays affirmait que notre Code civil constituait un frein au développement et aux investissements étrangers. Que fait Chirac ? Au lieu de réfléchir, comme les Québécois par exemple, à un enseignement mixte pour les étudiants en droit des affaires, il promet la création d'une fondation pour la promotion et l'exportation du droit français et envoie une délégation d'avocats à New York pour défendre le droit français face à la domination du droit anglo-saxon ! Depuis, compte tenu de cette susceptibilité, dans ses rapports annuels, la Banque mondiale élude cette question. Mais dans la réalité, rien n'a changé.

On fait semblant de s'activer. À force de minimiser la gravité des problèmes, on a mis des cataplasmes là où il fallait des traitements de choc. Bien évidemment toutes les décisions gouvernementales ne sont pas nocives. Certaines sont même efficaces : la lutte contre le tabagisme, contre l'insécurité routière... Mais c'est la tonalité d'ensemble qui provoque une anxiété, car toutes ces actions ne s'inscrivent pas dans un avenir durable. Et comme tout est branlant, tout le monde craint un effondrement. L'édifice complexe du financement des 35 heures ou des exonérations de charges sociales pour les bas salaires est-il pérenne ? Jusqu'à quand l'État pourra-t-il payer ? À force d'agir à la marge, de bricoler, ajouter, retrancher, on arrive à des situations absurdes. Ainsi, un jour, un ministre chargé des PME a découvert avec stupeur que même les heures supplémentaires des travailleurs à temps partiel étaient surtaxées !

La poussière sous le tapis

« Le système est tellement centralisé, tellement à bout de souffle, que les politiques en sont réduits au bidouillage », constate Noël Mamère. Et de citer l'exemple de la future Chaîne d'information internationale, voulue par Chirac. « Il est prévu qu'une grande partie du financement se fasse sur le budget du Premier ministre, et pas sur celui des Affaires étrangères, mais elle ne sera pas diffusée en France, pour ne pas déplaire à TF1 qui cofinance [1] ! »

Rapports de la Cour des comptes, commissions parlementaires, rapports des différentes inspections... Tous ces documents, publiés dans l'indifférence générale, permettent d'entrevoir l'incroyable complexité

---

1. La ligne budgétaire des services du Premier ministre, qui est plus discrète, a doublé depuis 2000. Elle représente 1,5 milliard d'euros.

de l'État : statuts en tous genres, multiplicité des corps, empilement des structures. Et le plus décourageant, c'est que personne ne semble prendre cela au sérieux. Au contraire, tout est fait pour minimiser les problèmes, les dissimuler, comme la poussière sous le tapis. Les employés de l'Assemblée nationale ont été pointés du doigt par la Cour des comptes : ils touchent tous des indemnités de travaux supplémentaires (ITS) lors des séances de nuit ou lors des sessions extraordinaires, qu'ils soient présents à leur poste ou non. Les intéressés reconnaissent volontiers ces privilèges. Et que répondent les responsables ? Tous brandissent des mots écrans, pour faire croire que tout est normal, sous contrôle : « C'est un système forfaitisé », affirme-t-on du côté de Didier Migaud, questeur socialiste. « C'est un système de péréquation », explique-t-on en écho du côté de la présidence UMP de l'Assemblée nationale.

À aucun moment, le gouvernement n'a l'audace de faire de vrais choix stratégiques. On se contente de 2 % de hausse ou de baisse des budgets des ministères, pour afficher une priorité. Sans aucun souci de performance. Exemple : la Défense nationale, qui représente 15 % des dépenses de l'État. Un rapport de la rue Cambon[1] a clairement décrit noir sur blanc ce que tout le monde sait depuis des années : l'incroyable état de vétusté des matériels. Ainsi, le taux de disponibilité – c'est-à-dire le fait d'être en état de marche – des matériels aériens est passé de 70 % en 1997 à 56 %. L'âge moyen des matériels oscille entre vingt et trente ans. Dans la marine, le taux de disponibilité des

---

1. Cour des comptes, décembre 2004 : « Le maintien en condition opérationnelle des matériels des armées ».

169

bâtiments de transport et de débarquement est passé de 85 % en 1997 à 37 % (les deux tiers sont hors d'usage !), celui des frégates antiaériennes de 79 % à 53 %. Et ce, alors que le volume de la flotte a été réduit, que les unités les plus vétustes ont été retirées.

Dans l'armée de terre, alors que les objectifs de disponibilité fixés par la loi de programmation militaire étaient de 80 %, le pourcentage de chars en état de marche est de 60 %. On attendait, au minimum, une réflexion au plus haut niveau de l'État sur l'avenir de l'armée française. Afin de faire des choix, de définir des priorités. La France, l'un des pays européens qui consacre déjà le plus d'argent à la Défense, a-t-elle encore les moyens de ses ambitions ? Non. Et personne ne se saisit du sujet. Suscitant l'admiration générale, la ministre de la Défense obtient une très légère augmentation de son budget. Ce qui ne résoudra pas les problèmes d'une armée confrontée à l'augmentation exponentielle de ses dépenses avec la suppression de la conscription. Et qui doit rattraper près de deux décennies de sous-investissement dans les matériels. Quant au chef de l'État, il a trouvé un dérivatif pour occulter la question en lançant un leurre : il faudrait que les budgets de la Défense ne soient pas pris en compte dans le calcul des déficits publics autorisés par Bruxelles ! Comme si c'était une façon de régler le problème.

Tout le monde sent bien que l'État français a un train de vie qui ne correspond pas à ses possibilités. Comme les personnages de Tex Avery, on a dépassé la falaise, mais on continue de courir au-dessus du vide.

Une parodie du pouvoir

Le secteur social – emploi, travail, cohésion sociale, solidarité, santé, famille, parité, égalité professionnelle –, une nébuleuse enchevêtrée, représente à lui seul près de 60 % de la dépense publique, 30 % du PIB. Il génère 30 % des textes normatifs et la moitié des questions d'actualité. Il est géré par 4 000 fonctionnaires, seulement 1 % de la fonction publique. Mais pour commander ces troupes, on compte 9 ministres (dans le précédent gouvernement ils étaient 11), 150 membres de cabinet, une douzaine de directions centrales... Alors on peut demander aux fonctionnaires de faire des efforts de productivité, mais ne faudrait-il pas commencer par mettre un peu d'ordre dans les structures ? Comme l'ont fait Le Havre, la Banque de France ou le Danemark ? Pour gouverner, il faut des chaînes de management courtes, comme le souligne Virville, le directeur des ressources humaines de Renault. Il faudrait commencer par là.

Et c'est vrai de toute la sphère publique. Tous les ministres se plaignent que la moindre mesure implique à chaque fois au minimum cinq ou six administrations, ce qui rend toute décision impossible, chaque administration défendant ses prérogatives. Un univers quasi kafkaïen. Les fonctionnaires ne rêvent que d'une chose, c'est avoir un patron, avec des objectifs, des moyens, des outils de contrôle. Le pays a l'impression que plus personne n'a prise sur rien, que les initiatives les mieux intentionnées s'effritent. Les lois, trop nombreuses et mal faites, ne sont pas appliquées. Le rocher est pourri. L'exercice du pouvoir n'est plus qu'une parodie. Un exercice de style. Un jeu virtuel.

171

Quelle feuille de route ?

Il faudrait tout remettre à plat. Faire un vrai check-up, avant même de définir des orientations. C'est d'ailleurs ce à quoi s'était engagé Chirac lors de sa campagne de 1995, en proposant une sorte d'audit géant de l'État. Mais cette promesse, comme tant d'autres, a été abandonnée. Au prétexte que les balladuriens y voyaient un moyen détourné de les rendre responsables de l'augmentation des déficits de l'État. En 2002, Antoine Rufenacht, qui délaissa momentanément la mairie du Havre pour diriger la campagne de Jacques Chirac, avait également suggéré au chef de l'État une sorte de plan Rueff. Il n'a pas été écouté. Loin d'engager le pays dans la voie de la clarification, les dirigeants se contentent de mesures prises dans la précipitation, s'inspirant peu ou prou de ce qui a été fait ailleurs en Europe, mais sans y mettre de cohérence.

Faute de moyens, la prime pour l'emploi, inspirée de l'impôt négatif mis en place avec un certain succès aux États-Unis et en Grande-Bretagne, destinée à encourager le retour à l'emploi de ceux qui vivent aussi bien avec des allocations qu'avec un bas salaire, est sans effet réel, car trop faible. Les mécanismes prévus par la loi et les barèmes sont non seulement extrêmement compliqués, mais les montants maximums sont très modestes. De l'ordre de 5 % du revenu déclaré, contre 40 % pour l'*Earned Income Tax Credit* aux États-Unis, ou 160 % pour le *Working Families Tax Credit* en Grande-Bretagne[1]. En septembre 2005,

---

1. Voir Pierre Cahuc et André Zylberberg, *Le Chômage : fatalité ou nécessité ?*, Flammarion, 2004, p. 96.

Dominique de Villepin a annoncé son doublement, mais pour 2006 seulement, et cela ne concerne que les détenteurs d'un Smic à temps partiel.

Les multiples lois votées, destinées à faire croire qu'on s'occupe des problèmes, sont souvent inutiles ou insuffisantes. La loi sur l'égalité des salaires entre hommes et femmes, voulue par Chirac, n'apporte rien de nouveau. Sur le plan purement légal, les femmes ont déjà les mêmes droits que les hommes. La loi Fillon sur l'école, destinée à lutter contre l'échec scolaire, n'est pas à la hauteur des enjeux.

En 2002, le ministère de l'Éducation nationale évaluait à 56 000 le nombre de jeunes qui arrivent sur le marché du travail sans qualification ni diplôme. Soit plus de 7 % des 750 000 élèves quittant chaque année l'école. D'autres évaluations font état de 100 000 voire 150 000 jeunes. Alors que leur nombre baissait régulièrement depuis des décennies, la machine s'est grippée à partir de 1994. Pour faire face à ce défi, la commission Thélot a travaillé durant treize mois et remis au ministre François Fillon un document censé préparer une grande loi d'orientation. Une réflexion profonde et cohérente afin de remettre l'Éducation nationale sur des bases saines. Avec de vrais objectifs : abolir la dictature des maths ou faire travailler les professeurs autrement et plus longtemps.

Ce travail avait été précédé d'états généraux dans toute la France qui avaient eu un grand succès. Au final, le gouvernement a accouché d'un texte a minima, flou, confus, en partie censuré par le Conseil constitutionnel. Programmes personnels de « réussite scolaire », dispositifs relais pour les enfants en difficulté, développement des langues vivantes. Des sparadraps pour corriger les échecs, pas des réformes de fond. Pour financer ces nouveaux dispositifs, le ministre a dû trouver des marges de manœuvre. D'où la réforme du bac et la suppression des travaux personnels encadrés (TPE), uniquement dictée par un souci d'économie. « Derrière ces réformes, il y a un compte d'exploitation », explique un haut fonctionnaire. Mais cela n'a pas été dit. Du coup, comment convaincre les jeunes que les TPE, qui offraient une petite ouverture sur le monde extérieur, grande innovation de la précédente réforme, sont devenus du jour au lendemain inutiles ?

Or cela a été chiffré au ministère : cela veut dire 1 000 enseignants en moins. Et si le bac coûte effectivement cher – 56,5 euros pour un candidat au bac général, 61,19 euros pour un bac professionnel et 72,39 euros pour le bac technologique – et que c'est l'une des raisons pour lesquelles le gouvernement souhaite instiller une dose de contrôle continu, pourquoi ne pas l'expliquer franchement ? En discuter ouvertement ? Et si cette mesure était nécessaire, pourquoi avoir cédé devant les manifestations ? Quant à la décision de demander aux professeurs de remplacer leurs collègues absents, elle est certes louable, mais la véritable mesure efficace consisterait à donner enfin aux chefs d'établissement autorité sur les enseignants. Mais on se contente de mesures ponctuelles. D'aménagements à la marge. On fait comme si l'on s'occupait des problèmes, mais sans toucher aux structures, aux modes de fonctionnement. Vous avez une double fracture du tibia ? On va vous mettre une attelle, ne vous inquiétez pas, cela va se remettre en place. De qui se moque-t-on ?

On fait bouger la surface

Ces atermoiements, ces demi-mesures, ces mascarades, sans compter les changements de cap incessants – le choix du lundi de Pentecôte comme journée de solidarité l'a montré de manière pathétique –, entretiennent le sentiment d'échec. Ils confortent les citoyens dans leur conviction que les gouvernants n'ont aucune vision, qu'ils ne savent pas diriger le pays et qu'ils se contentent d'agir à la surface des choses. Raffarin n'a-t-il pas été surnommé Jean-Pierre Fera Rien, dès le lendemain de sa nomination ?

C'était en 1994, à la veille de la présidentielle, Dominique de Villepin, directeur de cabinet d'Alain Juppé aux Affaires étrangères, cheville ouvrière de la résistance au balladurisme triomphant, fustigeait alors, en privé, l'immobilisme du Premier ministre : « Cette équipe est excellente dans l'optimisation de l'existant, mais ils sont dans l'incapacité absolue de produire quelque chose de nouveau. Ils ont une formidable capacité technocratique à améliorer à la marge. Mais c'est du bricolage, s'indignait-il. Ils sont dans la fuite en avant. Ils ont le génie de donner une image de renouvellement, mais on est dans l'immobilisme. On fait bouger la surface. » Et lui, qu'a-t-il changé fondamentalement ?

Fin 2004, Thomas Legrain, un jeune Essec de trente-trois ans, fondateur de Coach Invest, une société de conseil et d'aide à la création de PME, est invité par le ministre des PME à plancher sur l'aide à la création de petites entreprises, puisque c'est a priori là que se trouve, en partie, la solution au problème du chômage. Depuis des années Chirac affirme que si chacune des 700 000 PME embauchait un salarié... En 1995, il ne parlait pas de contrat de nouvelle embauche mais de contrat initiative emploi. À sa grande surprise, Legrain se retrouve, avec une dizaine d'autres personnalités, face à un ministre qui ne cesse de répéter : « Il faut que vous me trouviez dix mesures », et ce, sans même définir une stratégie. Une ligne directrice. En fonction des ambitions, des moyens, des dispositifs déjà existants. Sans même avoir entamé une réflexion. Sans avoir décidé s'il fallait avant tout amorcer les financements, ou au contraire pérenniser les jeunes entreprises récemment créées en les aidant à se développer. Ce qui importait, c'étaient les dix mesures que le ministre allait pouvoir annoncer.

Thomas Legrain est également effaré par le nouveau concept qui fait florès : « favoriser la création d'entreprises innovantes ». Un slogan séduisant, mais une absurdité, selon lui : « Créer une entreprise et innover sont deux démarches totalement différentes, explique-t-il. Toutes deux risquées. Faire les deux de front, c'est multiplier les risques d'échec. Il faut les dissocier. Les entreprises innovantes relèvent du capital-risque. C'est une démarche particulière, essentiellement financée par des fonds extrêmement costauds. Dans le domaine de la biotechnologie, il faut des moyens colossaux. Il ne suffit pas de fixer un objectif ambitieux de création d'entreprises innovantes, il faut aussi veiller à leur viabilité, créer des systèmes de prévention, d'accompagnement en réseau, avec les universités, les chambres de commerce, les municipalités, les grandes entreprises. Avec un discours volontariste de ce type, on risque d'envoyer beaucoup de monde au tapis. Et si l'on veut encourager les banques à finan-

176

cer les PME, il faut justement être très sélectif, éviter qu'il y ait trop de déchets. Il n'y a aucune vision stratégique, conclut-il. On crée des usines à gaz. Alors qu'il faudrait d'un côté s'orienter vers la mise en place d'une administration qui s'inspirerait de la Small Business Administration américaine, pour en permanence être à l'écoute des petites entreprises. Et de l'autre réfléchir au moyen d'éviter que les entreprises innovantes ne soient rachetées par des fonds américains, en développant des fonds capables de les concurrencer. »

Voilà pourquoi cela ne marche pas. La France n'est pas du tout condamnée à la stagnation économique, au recul des droits des salariés, au toujours moins, mais il serait temps de lui administrer les bons remèdes.

Éclosion des talents

La flexibilité, revendication emblématique du patronat, n'est pas non plus un remède miracle. C'est tout un ensemble de dispositions, un état d'esprit qui ont permis à des pays comme la Grande-Bretagne de se redresser. « En Grande-Bretagne, les administrations sont des partenaires et le premier soutien aux entreprises. En France, elles manient l'autorité hiérarchique », expliquent une quinzaine de patrons et de cadres dirigeants français installés outre-Manche dans un rapport intitulé « Le sous-emploi français et le plein-emploi britannique », publié en février 2005. Ils font remarquer que les aides françaises à la création sont cinq fois supérieures en France, sans résultats probants. Et les CDD sont deux fois plus nombreux en France qu'en Grande-Bretagne. Ce n'est pas la flexibilité qui engendre la précarité, mais le nombre de chômeurs, le manque de croissance, la situation économique. Outre-Manche, en situation de plein-emploi, les entreprises cherchent au contraire à fidéliser leur main-d'œuvre, à la retenir par des augmentations de salaire.

Tous ceux qui touchent au monde de l'entreprise sont accablés par l'archaïsme du mode de pensée des politiques et de la haute administration. Une élite formée à l'ancien monde qui se gargarise de prévisions de croissance « volontaristes ». Qui continue à croire que c'est à l'État de prendre les initiatives, d'impulser. Que c'est une donnée immuable de l'esprit français. Au lieu de se contenter de créer le climat favorable à l'éclosion des talents.

Et dans la plus pure tradition gaullo-colbertiste, l'État s'obstine à créer des usines à gaz : Banque de développement des PME (BDPME), Oséo, Agence nationale pour la valorisation de la recherche (Anvar), Agence pour l'innovation industrielle ou encore les pôles de compétitivité dont la mise en œuvre est confiée à un groupe de travail interministériel (GTI) réunissant les ministères chargés de l'Aménagement du territoire, de l'Industrie, de la Recherche, de l'Agriculture, de la Défense, de l'Emploi, des Finances, plus Oséo, l'Anvar, la Caisse des dépôts et consignations et la Datar.

À l'heure où partout dans le monde, on déconcentre, on responsabilise, on fait simple, en France, on continue de concocter des remèdes inspirés d'un temps révolu. Le colbertisme, cela ne fonctionne plus. Des milliards engloutis dans le plan Calcul. Dans le Crédit lyonnais. Des milliards de défiscalisation accordés à Vivendi en pure perte. Et Chirac qui voudrait faire un « plan Google » !

Michel Rousseau, professeur à Dauphine, président de la fondation Concorde, d'inspiration libérale, lève les bras au ciel : « Croissance, nous allons retrouver la croissance. Les hommes politiques n'ont que ce mot à la bouche. Tous les pays modernes parlent de développement économique. La croissance est un résultat. Ceux qui gouvernent ont été formés à l'ancien monde, ils croient être utiles avec leur politique volontariste. En réalité ils contribuent à endetter le pays. Et Villepin continue. Ils ne réfléchissent pas à la manière de rendre l'économie vigoureuse. Ils font du copié collé. Avec des mesures technocratiques. On soulage un peu les entreprises, on fait sauter quelques verrous ici ou là, on apporte un peu de financement. Mais sans cohérence. Prenons l'exemple des contrats de nouvelle embauche, cela ne va pas résoudre le problème de l'efficacité du marché du travail. En plus, c'est anxiogène. Tout cela me fait penser à la société inca. Une société qui était gouvernée par des hauts fonctionnaires à qui on avait appris à gérer un système. Face aux envahisseurs espagnols, ils n'ont pas su s'adapter, réagir. Tout le système s'est effondré. »

Un débat idéologique

Dans *Le Chômage, fatalité ou nécessité ?*, Pierre Cahuc, professeur d'économie à Paris-I, et André Zylberberg, chercheur au CNRS, expliquent que la méconnaissance profonde du marché du travail dont font preuve nos dirigeants est en partie responsable du chômage endémique dont souffre la France. « Pour lutter contre ce fléau, chaque gouvernement met en place une série de remèdes. Puis un autre arrive, qui empile d'autres mesures, en gardant une bonne partie des anciens dispositifs, écrivent-ils. Hausse puis baisse de la dépense publique. Réduction de la durée du travail, utilisation massive de la préretraite, augmentation du nombre de diplômés du baccalauréat, développement des travaux d'utilité générale, promotion des emplois jeunes, diminution des charges sociales, aides à la création d'entreprise. Et rien n'est jamais réellement évalué. On assiste depuis trente ans à un va-et-vient de mesures sans aucune accumulation de connaissances quant à leurs effets. À l'heure actuelle, l'évaluation des politiques de lutte contre le chômage relève, pour l'essentiel, du domaine de la communication gouvernementale. » Une fois encore, on est dans l'approximatif, l'effet d'affichage, la précipitation. On fait semblant de s'attaquer aux problèmes, mais sans avoir au préalable posé un diagnostic précis.

Faute de véritable expertise indépendante et d'évaluation sérieuse, le débat sur le chômage s'est progressivement polarisé entre d'un côté les partisans de la « flexibilité », hostiles à toute intervention des pouvoirs publics, et de l'autre les partisans de l'interventionnisme à tous crins, prônant le relèvement des minimas sociaux, l'interdiction de licencier, la défense de l'emploi public, la défense des multinationales françaises face à des OPA étrangères, et même, à l'instar d'Arnaud Montebourg, la renationalisation des banques. Cette opposition entre les libéraux qui se prétendent efficaces et les sociaux qui prétendent défendre l'égalité est purement idéologique. Elle fait fi des connaissances accumulées dans le monde entier au cours des vingt dernières années. Et qui ont fonctionné en Irlande, en Espagne, au Danemark, dans le Michigan... En France, en matière de politique économique, on est dans le registre du religieux voire du sacré.

Munificence du verbe et insignifiance de l'action

L'écart entre le discours, ambitieux, et les résultats concrets, insignifiants, aggrave le sentiment d'angoisse général. Pas seulement dans le domaine de l'emploi. Ou de l'économie. Toute promesse non tenue, tout engagement perverti engendre cette mélancolie, ce sentiment de « sculpter du bois pourri ». Et en ce domaine, le président de la République porte une grave responsabilité. Ainsi, conscient de l'appétit du peuple français pour les grands idéaux, soucieux d'entretenir sa popularité, impuissant à redresser la situation économique intérieure, Chirac s'est investi dans un certain nombre de grandes causes. Nobles. Universelles. Toutes prioritaires. Les accidents de la route, le cancer.

Dans ce panthéon des priorités, la défense de l'environnement figure en bonne place. En septembre 2002, à Johannesburg, lors du sommet de la Terre, le chef de l'État a prononcé cette phrase qui a marqué les esprits : « La maison brûle et nous regardons ailleurs... Prenons garde que le XXIe siècle ne devienne pas, pour les générations futures, celui d'un crime de l'humanité contre la vie. » La formule est juste, pleine de promesses. Le 24 janvier 2005 à l'Unesco, inaugurant devant un parterre de chefs d'entreprise et de scientifiques la conférence internationale sur la biodi-

181

versité, créée à l'initiative de la France, le président
de la République a proposé de constituer un groupe
mondial d'experts sur la biodiversité, une sorte de
« police de la nature », pour reprendre ses propres
mots. Et s'est posé en défenseur d'une écologie humaniste.

Mais entre la munificence du verbe et l'insigni-
fiance de l'action concrète en faveur de l'environnement, il y a un gouffre. Chirac, qui donne des leçons
au monde entier, qui a fait voter une charte de
l'environnement, ne s'est pas montré exemplaire
dans son propre pays. C'est le moins qu'on puisse
dire. L'Union européenne ne cesse de rappeler la
France à l'ordre. Notre pays a été condamné trois
fois pour non-respect de Natura 2000[1]. On compte
plus de 10 000 décharges à ciel ouvert. Même indifférence à l'égard de l'environnement : dans le parc
naturel du Verdon défiguré par des lignes à haute
tension ; dans le parc naturel de la montagne de
Reims, traversé lui aussi par des lignes à haute tension qui alimentent le TGV. Rien n'a été fait pour
lutter efficacement contre les pollutions agricoles,
alors que nous détenons le record en matière d'utilisation de pesticides. On ne protège pas la forêt
amazonienne en Guyane. Alors, Chirac peut bien
créer un groupe d'études sur la biodiversité, à
l'échelle mondiale, ou s'émouvoir de la mort de
l'ours des Pyrénées abattu par des chasseurs. Mais si
la France commençait par donner l'exemple ?

---

1. Une directive européenne visant à la protection des oiseaux
sauvages et des habitats naturels, qui a été prise au lendemain
du sommet de la Terre à Rio, adoptée par l'Union européenne
et ratifiée par la France.

La politique française en matière de transport routier, source évidente de pollution (27 % des émanations de CO_2), est de ce point de vue édifiante. Depuis 1974, malgré les grands discours en faveur du ferroutage, la part de marché du rail est passée de 46 % à 7 % du trafic marchandise. En 2004, il y a eu 200 000 camions de plus sur les routes françaises et 4 % de marchandises en moins pour la SNCF. Les raisons de ce désastre ? La très faible productivité de l'entreprise nationale, dont l'essentiel des efforts s'est porté sur le TGV. Des locomotives de trente-sept ans d'âge en moyenne, souvent en panne, qui sont utilisées en moyenne quatre heures et demie par jour, compte tenu des conditions de travail accordées aux cheminots. La vitesse moyenne d'un convoi de marchandise est de 17 kilomètres/heure ! Non seulement le rail est trop cher, mais en plus il n'est pas fiable. Sur 1 000 trains qui circulent, seulement 230 arrivent à l'heure. La désorganisation est telle que le ministre communiste des Transports dans le gouvernement Jospin, Jean-Claude Gayssot, avait eu l'idée judicieuse de doter les trains de marchandise de GPS ! À l'heure du juste-à-temps, où les matières premières et les pièces détachées sont censées alimenter en continu des chaînes de production, une telle approximation est évidemment totalement dissuasive. Pour les entreprises qui travaillent à flux tendu, quelques heures de retard peuvent stopper la production.

L'ancien numéro 2 de Christian Blanc à Air France, Marc Véron, directeur général délégué de la SNCF, chargé du fret, tente depuis 2003 de stopper l'hémorragie et de rééquilibrer les comptes. Il supprime peu à peu les vieilles gares, rationalise le triage, commande de nouvelles locomotives, supprime les trafics les moins rentables. Les syndicats cheminots ruent dans les brancards. C'est pourtant la tentative de la dernière chance. Sinon, encore une fois, le seul salut viendra de l'Europe et de la concurrence privée. Et on accusera Bruxelles d'avoir tué le service public ! Pour la première fois, en juin 2005, un train de marchandise privé, appartenant à la Connex, une filiale de Véolia, a roulé sur les rails français, dans la Meuse. À un tarif compétitif.

Une aberration écologique et économique

Au lendemain de la catastrophe du tunnel du Mont-Blanc qui fit trente-neuf morts en 1999, Chirac avait annoncé la construction d'une nouvelle liaison ferroviaire entre Lyon et Turin, qui serait consacrée au ferroutage, pour décongestionner le trafic des poids lourds dans les Alpes. Cinq ans plus tard, de l'aveu de tous ceux qui connaissent le dossier, c'est un leurre, il ne se fera jamais. Trop cher. Et personne n'a sérieusement étudié les solutions alternatives. Le tunnel du Mont-Blanc a été remis en service sans étude d'impact, en violation des lois françaises et européennes. Qu'importe si l'espace Mont-Blanc, le site naturel le plus visité au monde, est traversé chaque jour par une cohorte de poids lourds, alors que la pollution d'un camion est trois fois plus importante en montagne qu'en plaine. Sur la rampe d'accès au tunnel, où la pente est très raide, la pollution est même cinq fois supérieure. Sur les glaciers du toit de l'Europe, au pied de l'Aiguille du Midi, les alpinistes ne peuvent plus faire fondre la neige pour la boire, tant elle est polluée. Tout un symbole. Imagine-t-on le Fuji Yama ou le Grand Canyon traversés par des convois de semi-remorques ?

L'accident du tunnel du Mont-Blanc, puis celui du Fréjus ont montré à quel point le réseau routier alpin était déjà saturé. Or, les prévisions tablent, d'ici à l'an 2020, sur un doublement du trafic transalpin. Et aucun projet sérieux et crédible n'émane des autorités françaises. Cette absence de politique ambitieuse en faveur du ferroutage est non seulement une aberration environnementale, mais également une erreur sur le plan économique. La France a la chance d'être un carrefour au cœur de l'Europe occidentale. Mais devant l'inertie française, la Suisse, l'Autriche, l'Italie sont en train de structurer de véritables corridors ferroviaires qui vont contribuer à déplacer le centre de gravité des échanges vers l'Est, au détriment de la région Rhône-Alpes. Et la hausse du prix du pétrole favorisera chaque jour davantage les territoires qui auront su anticiper.

Non seulement la France, si volontiers donneuse de leçons, ne respecte pas les législations, mais pour ne pas être montrée du doigt, elle n'hésite pas s'il le faut à casser le thermomètre, au motif qu'il est aux mains de dangereux écolos. Ainsi l'Institut français de l'environnement (Ifen), qui était chargé de rendre publiques un certain nombre de statistiques environnementales sur la qualité de l'eau, les pesticides, l'utilisation des sols, la protection des espèces, et qui était le correspondant de l'Agence européenne de l'environnement, a été supprimé. Ou, plus subtil, cet établissement public créé par Michel Rocard, qui bénéficiait d'une certaine autonomie, a été transformé en simple service de l'administration centrale. Il perd non seulement son

185

indépendance, mais également bon nombre de prérogatives en matière d'observation. L'ancienne ministre de l'Environnement, présidente de CAP 21, Corinne Lepage, raconte qu'aujourd'hui, sur certaines cartes, l'Agence européenne de l'environnement laisse délibérément la France en blanc, à défaut de statistiques à jour et crédibles !

Dans la plus grande discrétion, le président a fait capoter le projet de directive européenne Registration Evaluation and Authorization of Chemicals (Reach). Un projet assez ambitieux, initié par la précédente Commission européenne, destiné à contrôler les risques liés aux substances chimiques dangereuses pour la santé et pour l'environnement. En effet, près de 100 000 substances chimiques vendues en Europe n'ont jamais fait l'objet d'une évaluation des risques pour l'environnement ou la santé, et chaque année 500 à 1 000 nouveaux composés sont mis sur le marché sans étude précise de la toxicité chez l'homme, alors que nombre de ces produits sont présents dans des biens de consommation quotidiens. Ce projet, défendu par toutes les organisations environnementales, aurait dû retenir toute l'attention du président de la République. Nenni. Alors qu'il n'a rien trouvé à redire sur le projet de directive Bolkestein avant qu'elle ne soit dénoncée publiquement, il est intervenu à l'automne 2003 auprès de la Commission pour dénoncer cet avant-projet. Et, avec l'appui de Blair et de Schröder, il a obtenu que la Commission assouplisse la réglementation, sous la pression du lobby chimique.

Les industriels concernés ont affirmé que les coûts de cette nouvelle réglementation seraient trop élevés.

Ils ont menacé de délocaliser. Pourtant, selon le WWF, ce surcoût était bien inférieur à celui d'une délocalisation. Coût au demeurant relativement modique. D'après l'analyse réalisée par l'Union européenne, la réforme aurait coûté à l'industrie chimique européenne 2,3 milliards d'euros, soit 0,1 % de son chiffre d'affaires annuel, sur une période de onze ans. Sur trente ans, cela aurait permis d'épargner 4 500 vies par an. Et de diminuer le coût élevé des soins de santé liés aux contacts avec les substances chimiques au travail (dont les cancers professionnels).

On est loin de l'esprit et de la lettre de l'article 2 de la charte de l'environnement qu'a fait voter le président de la République : « Chacun a le devoir, tant individuellement qu'en association, de protéger et d'améliorer l'environnement. » Corinne Lepage ne décolère pas : « Avant, il y a une dizaine d'années, on se foutait de l'écologie. Le ministre en charge de l'Environnement faisait semblant de faire son travail. Ce n'était pas une priorité. Ni une ambition. Ce qui est devenu insupportable, c'est que désormais on prétend avoir une vocation écologiste. Dans la réalité, en matière environnementale, on régresse. On cède devant tous les lobbies. »

On est dans l'affichage, la communication. Une photo du chef de l'État décorant Nicolas Hulot, un petit discours devant un parterre de chefs d'État et le tour est joué ! Personne n'est dupe. Mais ces attitudes d'évitement, qui ne peuvent évidemment pas être suivies d'effets, entretiennent l'idée malsaine qu'on ne peut rien. Que tout a été essayé, que rien n'a marché. Non, en réalité on n'a pas vraiment essayé. C'étaient des placebos. Le chômage de masse n'est pas inéluctable. Même avec la mondialisation. Et Ségolène Royal a fait preuve de courage et de réalisme quand elle a dit, au lendemain du 29 mai, sur Europe 1, qu'il fallait cesser de qualifier les nouveaux emplois en Grande-Bretagne de « petits boulots ». C'est la réalité : ce sont des emplois. C'est elle qui redonne un peu d'espoir. Pas ceux qui se voilent la face.

Chapitre 10

Une France qu'il faut réveiller

> « La liberté consiste à choisir entre deux esclavages : l'égoïsme et la conscience. Celui qui choisit la conscience est l'homme libre. »
>
> VICTOR HUGO

« Je veux susciter un esprit de rassemblement et de conquête. » Dans sa première grande interview économique[1], le Premier ministre Dominique de Villepin a répété les mots intérêt général, ambition, intéressement. Et tout le monde a vu en lui un gaulliste de cœur et de conviction. Un homme qui allait redonner du souffle et du tonus à ce pays. Sauf que... de Gaulle a été un homme de rupture. En 1940, en 1958. Nouvelles institutions, nouveau franc, plan Rueff... À force de se démarquer de Nicolas Sarkozy, à force de prôner la modération, l'équilibre, à force de vanter le modèle français, le chef du gouvernement risque d'être assimilé au ventre mou de tous ceux qui ont gouverné depuis trente ans. Et à leurs échecs.

Villepin est fort intelligent. Il a parfaitement compris

---

1. *Les Échos*, 23-24 septembre 2005.

que c'était idiot de répéter que, compte tenu du nombre de départs à la retraite, le gouvernement ne remplacerait qu'un fonctionnaire sur deux. Cela ne marche pas. Il faut une stratégie en amont. Du dialogue. Il a donc raison de dire : « Je n'ai pas vocation à gérer les effectifs à l'aveugle avec un rabot. Si vous vous précipitez, vous risquez de tout enflammer[1]. » Mais sans aller jusqu'au « du sang et des larmes » de Winston Churchill, la situation exige néanmoins un peu plus d'audace.

C'est toute la difficulté. Face au climat dépressif, au sentiment d'impuissance qui s'est installé en France, il faut éviter deux écueils. Trop de dureté, une attitude qui consisterait à minimiser les souffrances, à haranguer les gens pour qu'ils acceptent les efforts. Sans faire de pédagogie, sans engager le dialogue (Juppé). Cela risque de générer une réaction de fuite, de refus. L'autre écueil est inverse : une écoute trop bienveillante, qui va entretenir les craintes, les peurs, la mythomanie et va conduire la société à se réfugier dans cette complicité familière (Chirac). Les deux attitudes sont nocives.

Dans l'histoire de Renault, du Havre, mais aussi du Danemark ou de l'Irlande, on le voit, au début le décideur est seul face à son risque. Mais à un moment l'opinion bascule, les inhibitions tombent parce qu'il y a des résultats. Des résultats concrets. Compte tenu des défis auxquels la France est confrontée, si le gouvernement affiche des ambitions trop modestes, refuse le mot de rupture, se contente de rafistoler, il n'y aura

---

1. C'est exactement ce qu'il avait fait au Quai d'Orsay, quand il était ministre des Affaires étrangères, provoquant une grève historique, suivie à 80 %.

pas de résultats visibles. Cela confortera les Français dans l'idée que tout est fichu. Ce qui s'est passé avec les stratégies ministérielles de réformes (SMR), initiées par Raffarin mais abandonnées depuis octobre 2005, en est une illustration.

74 % des Français considèrent que l'État gaspille l'argent public, et aucun ne pense que l'État est très bien géré. Aucun[1] ! 14 % d'entre eux seulement pensent qu'il ne dépense pas assez. Le président et le gouvernement, friands de sondages, sont donc conscients de l'absolue nécessité de réduire la dépense publique, non seulement pour des raisons purement économiques, mais également pour des raisons électorales. Parce que les Français désapprouvent. Parce que ces déficits persistants les angoissent. On en revient au théorème de Ricardo-Barro : seule une politique budgétaire restrictive s'accompagnant d'une diminution des dépenses publiques perçues comme improductives est de nature à mettre les citoyens et les entrepreneurs en confiance, et donc susceptible d'avoir un impact favorable sur la croissance.

L'enjeu est d'importance. En 2004, donc, le gouvernement Raffarin se lance dans une chasse au gaspi, à travers des cellules ad hoc, les SMR. Une formule qui consiste à demander aux principaux ministères de débusquer les dépenses inutiles, les mauvaises pratiques, puis de réaliser un certain nombre de mesures d'économie. Une telle méthode, valable en régime de croisière quand il s'agit juste d'obtenir de meilleures performances, est incapable de faire fondre les déficits

---

1. Étude Sofres TNT, réalisée les 26-27 janvier 2005 pour l'association Lire la politique.

abyssaux qui s'accumulent chaque année. Depuis 1974, pas un seul budget n'a été en équilibre. En dix ans, l'État a perdu toute marge de manœuvre. Les coûts fixes (salaires, charges), en augmentation constante, ont peu à peu rogné toutes les dépenses d'investissement. Il faut donc reformater l'État, redimensionner ses moyens et ne pas se contenter d'économiser à la marge. Sans cette remise à plat, l'exercice était difficile. Très difficile. Dont acte. Mais il a tourné au vaudeville.

Les 7 et 8 mars 2005, les représentants des ministères concernés par ces « réformes » avaient été invités à présenter leurs conclusions au comité d'évaluation présidé par Francis Mer. Chacun disposait d'un quart d'heure pour défendre son dossier devant un aréopage de hauts fonctionnaires et quelques anciens patrons : Claude Bébéar ; Daniel Bernard ; Roger Fauroux ; le chef de l'inspection des Finances de l'époque, Thierry Bert ; Anne-Gabrielle Heilbronner-Lahoud, inspecteur des Finances, alors directeur de cabinet du secrétaire d'État à la réforme de l'État Éric Woerth ; Vincent Mahé, conseiller d'État, conseiller à l'Élysée ; Hélène Gisserot, procureur général près la Cour des comptes ; Yves Cannac, ancien secrétaire général adjoint de l'Élysée. À la lecture du compte rendu des auditions – évidemment confidentiel –, on mesure le degré de confusion et de gravité de la situation.

Gommes et rames de papier

Lors de cette présentation, dire que les fonctionnaires désignés étaient à la peine est un *understatement*. Ne sachant pas par où commencer, ne disposant pas toujours de la latitude nécessaire, hésitant sur les chiffres, dubitatifs quant aux objectifs, ils ont transformé l'exercice en une avalanche de doléances, alors qu'il s'agissait de dégager des perspectives. Ainsi, le représentant des Affaires étrangères a expliqué que dès que le Quai parlait de fermer une ambassade, l'Élysée émettait un veto. La France compte en effet le deuxième réseau au monde en termes d'implantations diplomatiques, après celui des États-Unis. Est-ce à la mesure de nos moyens ? Mais en même temps, avant de fermer des ambassades, peut-être faudrait-il réfléchir à réduire l'administration centrale qui souvent double le travail réalisé sur le terrain. Ou simplement supprimer les consulats au sein de l'Union européenne, en Allemagne, en Italie, en Espagne, qui ne se justifient plus.

L'émissaire du ministère de la Justice s'est plaint, lui, que le garde des Sceaux se montre hostile à toute redéfinition de la carte judiciaire qui date pourtant de l'Ancien Régime. Trop délicat.

À l'issue de l'exposé du haut fonctionnaire représentant le ministère de la Défense, Francis Mer a demandé, interloqué : « Faut-il avoir 360 000 militaires pour n'en compter que 20 000 opérationnels sur une durée de quatre mois ? » Réponse de l'intéressé : « Il est vrai que le rapport peut surprendre. Ces militaires sont tous ceux qui forment le soutien, de l'homme, des matériels, les états-majors, le commandement, etc.

Le ministère de la Défense a-t-il un projet politique de nature à se poser la question de savoir si tout ce périmètre de soutien n'est pas à revoir ? » Une présentation alambiquée qui révèle un malaise évident. Le pinaillage au niveau des détails entretient la confusion, exprime la peur d'affronter la dure réalité, celle de s'adapter aux temps qui changent.

Mais le haut fonctionnaire finit par avouer : « Par rapport aux autres armées, nous sommes un petit peu plus lourds que les autres. Je pense que, par rapport notamment aux Anglais, nous avons une structure dans la hiérarchie militaire avec beaucoup plus de colonels ou de généraux chez nous qu'en Grande-Bretagne. La professionnalisation a été très bien réussie au niveau bas, mais toute la superstructure est restée identique, conçue et adaptée à une armée de conscription. » Une piste de réflexion intéressante qui n'a débouché sur aucune étude chiffrée. Ou, si elle existe, elle n'a pas été communiquée au jury. Au moment où a été abordée la question des retraites des militaires, la représentante du ministère a avoué : « Ma secrétaire, un ancien sous-officier, a sa retraite de sous-officier et son salaire de secrétaire administrative, parce qu'elle est rentrée comme civile. C'est très coûteux. » Dans les rangs de la commission, tout le monde a baissé les bras devant le problème des régimes spéciaux. Même Mer. « Ne rêvons pas, il y a des révolutions qui ne se feront pas. »

À force d'éviter les sujets qui fâchent, lors de ce comité d'évaluation des SMR, les fonctionnaires ont beaucoup parlé du tarif des rames de papier (qui varie de 30 % d'un ministère à l'autre), de la réduction des abonnements aux périodiques, du prix de l'impression du papier à en-tête, du coût de la cantine. Certains audacieux ont évoqué l'éventualité du déménagement de certains services au-delà du périphérique. Mais sans fixer de calendrier. Sans fournir de chiffres. Beaucoup ont déploré le nombre extrêmement élevé de corps différents au sein d'un même ministère, ce qui annihile tout effort sérieux de gestion. (Il n'y en a pas moins de 70 au ministère de l'Équipement et 40 à la Défense...) Ainsi, une direction qui a eu le courage de remodeler un service, ne fera pas forcément d'économies. Pas tout de suite. Car les fonctionnaires en surnombre ne peuvent pas être affectés dans d'autres services où ils ne bénéficieraient pas des mêmes avantages. Que fait-on ? On attend leur départ à la retraite.

Certains ministères ont réussi à mettre en place quelques mesures, saluées comme des exploits. Bercy a externalisé le contrôle des véhicules et le poinçonnage des métaux précieux... Le ministère de la Culture a fait appel à des sociétés de taxis au lieu d'affecter à ses agents des véhicules officiels qui nécessitent, chacun, trois chauffeurs à temps plein. La rue de Valois a confié la gestion de son courrier à une filiale de La Poste.

À *l'aveugle*

L'exercice a donc tourné au fiasco. Les SMR n'ont pas permis d'aller au-delà de quelques économies marginales. Et la plupart des fonctionnaires des ministères se sont présentés devant la commission sans aucun objectif chiffré comme l'a constaté le secrétaire d'État à la Réforme, Éric Woerth : « Je n'ai pas le sentiment, dans le suivi des SMR 2004, qu'il y ait beaucoup de quantitatif, j'ai même le sentiment inverse. Les colonnes quantitatives sont quasiment vides dans les dossiers qui nous ont été donnés. Mon sentiment est que nous ne pourrons pas continuer de la sorte. »

Mais pour gérer autrement, pour être plus performant, il faut des instruments. Non seulement des instruments d'évaluation, mais aussi des moyens en termes de gestion humaine. Comment obtenir d'un cadre qu'il durcisse les conditions de travail, négocie à meilleur prix, réorganise les services alors qu'il n'y a pas de stratégie au niveau politique, pas de sanction, pas de gratification ? « Si, d'un côté, les agents ne peuvent pas être récompensés et que de l'autre des gains de productivité sont faits, les gens se sentent cocus. Le ministère de l'Intérieur est protégé par la loi d'orientation, le ministère de l'Éducation nationale ne peut rien faire parce que les agents risquent de se mettre en grève, le ministère de la Défense est protégé par une loi générale de programmation pluriannuelle... Cela ne peut pas marcher ! » a lancé exaspéré, en plein débat, avec un certain bon sens, le chef de l'inspection des Finances, Thierry Bert.

Le summum de l'absurdité a été atteint lors de l'analyse de la stratégie de réforme des ministères du Travail et des Affaires sociales, deux ministères flanqués de nombreux secrétariats d'État et qui comptent un certain nombre de services communs. À mots à peine couverts, le haut fonctionnaire désigné a exprimé toute sa désillusion : « Nous nous sommes investis dans les SMR. Mais nous avons clairement le sentiment d'évoluer dans un contexte où le message n'est pas clair. Comment évaluons-nous la performance d'une administration de pilotage ? Comment quantifions-nous la production ? Comment nous donnons-nous les bons objectifs pour améliorer la performance de ce type de structure ? Nous pouvons faire des calculs dont il faut bien dire qu'ils sont profondément idiots. Si nous rapportons les dépenses de l'administration aux dépenses pilotées, nous obtenons un taux de maîtrise d'ouvrage de 0,2 % à 0,3 %. C'est idiot. » Et de poursuivre, avec circonspection : « Nous souffrons beaucoup du fait que le Parlement, dont c'est évidemment le rôle, et le gouvernement définissent des objectifs, des politiques, des missions, et que la définition des moyens pour les mettre en œuvre soit complètement déconnectée. Nous en sommes au point que certains directeurs confirment au ministre que la loi ne sera pas appliquée, ce qui, par ailleurs, crée des risques pénaux. »

Le député UMP Gilles Carrez, rapporteur de la commission des Finances à l'Assemblée nationale, membre du jury d'évaluation, a alors bondi : « Je partage tout à fait cette analyse. Nous sommes frappés, nous parlementaires, par le mouvement perpétuel. Voilà un domaine dans lequel il nous est infligé des productions de textes en permanence. Il ne faut pas croire que cette demande soit relayée par l'Assemblée nationale. Nous souhaitons une pause. Nous demandons sans cesse aux ministres d'arrêter. Quand nous voyons cette agitation perpétuelle, ces cabinets pléthoriques, alors que nous savons ce qui se passe en exécution, nous demandons la stabilité. [...] Je prends le domaine des contrats. Voilà vingt ans que nous avons inventé un système de contrats aidés dans le secteur public. Au début, nous appelions cela TUC[1]. Tous les

---

1. Ancêtres des emplois jeunes, les travaux d'utilité collective avaient été créés en 1984 par le gouvernement dirigé par Laurent Fabius.

ans, nous avons de nouveaux types de contrats. Nous sommes incapables de maîtriser ou de gérer cette variation. Nous n'arrêtons pas de supplier les ministres d'arrêter de produire et cela reste un dialogue de sourds. » Commentaire effaré de Claude Bébéar à destination du haut fonctionnaire : « Je ne vois pas où vous voulez aller. Je ne vois pas où vous en êtes. L'objectif de 2 % a été défini. Rien ne permet de dire à l'issue de l'entretien de ce matin où vous allez trouver ces 2 %, comment vous allez faire et quel est votre plan d'action. J'ai l'impression que nous avançons à l'aveugle, sans plan réellement défini. »

Processus incontrôlé

Alors que dans la presse Éric Woerth se félicitait de l'exercice qui permettrait de redéployer 10 000 emplois[1], lors du débriefing final, tous les membres du comité d'évaluation ont reconnu que les SMR étaient très loin d'atteindre l'objectif fixé. « Je n'ai pas vu de vraie réflexion sur le périmètre de la direction des administrations. La définition des missions de l'État aurait dû être faite au début, car toutes les autres actions en découlent », a déploré l'un. « Lorsque je vois les deux poids lourds, Bercy et la Défense, je sens que 2005 est en roue libre. Il s'agit de réformettes. Ils ne semblent pas sortis du gué », s'est inquiété un autre. « Nous travaillons à la marge, a renchéri un troisième. Prenons l'exemple de l'armée, se poser la question du ministère des Anciens Combattants me paraît plus important que d'externaliser les véhicules civils.

---

1. *Le Figaro*, 10 septembre 2004.

Cela n'a pas le même impact. Poser le problème des régimes spéciaux reste important. Ce régime a été mis en place à une époque où les militaires se devaient d'être forts, musclés, costauds. La retraite à trente-cinq ans pouvait alors se concevoir. Aujourd'hui, cet âge n'a aucun sens. » « Ils ne connaissent pas leurs coûts. Ils n'ont pas de comptabilité analytique, s'est offusqué un quatrième membre de la commission. Il faut perfectionner la méthode en amont. »

Unanimes, ils ont déploré l'absence de réflexion stratégique. Pourquoi ce manque de clarté ? Est-il involontaire, et c'est de la bêtise. Est-il volontaire, et c'est du mensonge, de la perversité. « On a entendu des personnes à qui on aurait dit : vous ne changez rien, mais vous essayez de gérer mieux et de faire des économies ! Le périmètre n'est pas remis en cause, ni les indicateurs, ni aucun élément. On parle des gommes, des véhicules... C'est idiot. On traite de problèmes périphériques. On n'a pas d'indicateurs de qualité, de performance, pas d'études de coûts, pas de benchmarking... », s'est lamenté l'un des participants. En réalité, il aurait fallu un patron qui impulse, dirige, oriente, fasse des choix. En l'absence de tout management, confrontés à des problématiques extrêmement complexes, les fonctionnaires ont traîné des quatre fers et de fait privilégié le statu quo.

Comment ne pas désespérer ? Lors de la création de ces SMR, le Premier ministre de l'époque, Jean-Pierre Raffarin, avait pour ambition d'améliorer la productivité de l'État de 2 % et de faire 2 milliards d'euros d'économies par an. Ce qui est très modeste comparé aux 50 milliards d'euros de déficits annuels. Même cet objectif n'a pu être atteint. En 2004, les 225 mesures proposées par les ministères n'aboutissaient qu'à 1,5 milliard d'économies sur trois ans. Soit 500 millions par an, sur un budget de 170 milliards d'euros. Une peccadille. Qui donne en plus le sentiment aux fonctionnaires d'un processus sans fin. D'un tonneau des Danaïdes qui continue à engraisser nos vaches sacrées, décidément intouchables ! Or l'une des caractéristiques de l'état mélancolique, c'est la difficulté de se projeter dans l'avenir. Le moins qu'on puisse dire, c'est que cet exercice n'a pas permis de dégager les perspectives nécessaires à la guérison.

La France fait penser à un alpiniste en situation difficile. Il est dans un passage délicat. Il faut atteindre un petit piton pour sortir de la voie. Mais il ne veut pas lâcher la prise à laquelle il s'est accroché tant qu'il ne sait pas où il doit aller. Il veut qu'on le rassure, qu'on le guide, qu'on lui montre tranquillement comment déplacer légèrement ses pieds vers la droite, puis glisser doucement sa main droite vers un petit rognon : il sera alors en mesure de mettre son pied gauche sur la fissure et ensuite d'atteindre la crête. Si on l'engueule, en lui donnant sans cesse des ordres et des contrordres, il va se crisper, ses muscles vont se tétaniser.

C'est exactement ce que font les dirigeants qui ne cessent d'hésiter sur l'itinéraire, avancent, hésitent, renoncent. En réalité ils font semblant. Plus rien n'a d'importance. Les hommes politiques semblent uniquement préoccupés par la gestion de leurs carrières. On est passé de la puissance à la maintenance, puis de la maintenance à l'apparence. Et Chirac est devenu maître dans le registre de la mystification. L'essentiel pour lui est de paraître encore dans la force de l'âge. Un guerrier invincible. Il se teint. Il fait des UV. On cache sa surdité. À sa sortie d'hôpital, au lendemain de son « petit accident vasculaire », le chef de l'État a pris soin de donner l'image d'un homme toujours aussi combatif, souriant, serrant des mains. Il joue au supporter de foot. Mais on lit sur ses lèvres qu'il est incapable de scander le nom des joueurs qu'il ne connaît pas. Il surfe sur les modes.

Dans son système, l'essentiel est de renouveler sans cesse son petit théâtre. Les technos n'ont plus la cote ? Il s'entiche de Nicolas Hulot, de Jean-Louis Borloo, de Thierry Breton ou de Patrick de Carolis. Sans pour autant rien changer dans la gouvernance du pays. On est arrivé au summum de la société spectacle. Or le propre du discours spectaculaire, c'est de taire tout ce qui ne lui convient pas. Les Français assistent, impuissants, à cette désinformation. Et l'on s'étonne qu'ils votent non, qu'ils approuvent massivement les mouvements de protestations ?

Des ersatz de MBA

La vérité est toute simple : jamais l'État français n'a coûté aussi cher et jamais il n'a été aussi inefficace. Non seulement il a concédé une ouverture des frontières à une époque où il ne jouissait pas d'une avance technologique, mais il laisse la situation s'aggraver. Il laisse partir ses chercheurs, ses ingénieurs, dont la formation a été prise en charge par la communauté. Et, loin de s'en inquiéter, une fois encore Chirac s'efforce de rassurer, en vantant l'esprit d'entreprise, la curiosité d'esprit de cette jeunesse qui s'aventure dans le monde. Tout est une question d'équilibre. Combien de jeunes chercheurs étrangers très qualifiés choisissent la France pour mener leurs travaux ?

Tous les observateurs en conviennent, notre système universitaire est défaillant. Avec des établissements dispersés. Des moyens très insuffisants. Une absence d'autonomie. Un manque de souplesse. Une recherche très insuffisante, les crédits publics étant largement phagocytés par des organismes d'État comme le CNRS, le CEA, l'Inserm. Un système affaibli par la concurrence des grandes écoles qui attirent les meilleurs éléments, alors que l'université, elle, est censée ne pas faire de sélection. Résultat : dans le classement réalisé par l'université Jiao Tong de Shanghai[1], la France obtient des résultats plus que modestes : seulement quatre universités sont classées dans les cent premières mondiales. Paris-VI se classe quarante-sixième, Paris-XI soixante et unième, Strasbourg-I quatre-vingt-douzième et l'École normale supérieure de Paris quatre-vingt-treizième. Nos grandes écoles, dont Polytechnique, sont reléguées au-delà de la centième place. Les États-Unis et la Grande-Bretagne raflent toutes les premières places.

Ce classement est censé refléter, en premier lieu, les performances dans le domaine de la recherche, garantie d'un enseignement performant, dans un monde où l'innovation et la compétitivité sont les clés du succès. Plusieurs indicateurs ont été utilisés : nombre d'anciens élèves ou d'enseignants ayant obtenu un prix Nobel ou des médailles Fields. Nombre d'enseignants figurant parmi les auteurs les plus cités dans les revues *Nature* ou *Science,* nombre de citations dans les index scientifiques. Ce palmarès, fondé essentielle-

---

1. *Le Monde*, 23 août 2005.

ment sur des critères quantitatifs, dans des revues exclusivement anglo-saxonnes, et l'absence d'évaluation de l'enseignement en sciences humaines, est bien évidemment sujet à la critique. Mais comme le dit Yannick Valée, vice-président de la conférence des présidents d'université, « on peut insister sur les limites méthodologiques de ce classement, mais, qu'on le veuille ou non, il a un impact. Notamment pour les étudiants étrangers qui choisissent une université en fonction de son prestige ». Cette perte d'influence a également été soulignée par le rapport annuel de l'OCDE sur l'éducation, qui situe la France au dix-neuvième rang, sur vingt-six en matière d'enseignement supérieur.

Attirer les bons étudiants, internationaliser les cursus, créer des réseaux planétaires, défendre la notoriété des diplômes est devenue une condition indispensable de réussite et même de survie. La concurrence ne sévit pas seulement dans le secteur automobile ou le textile. Il faut agir en amont.

Dans une tribune libre publiée par *Le Nouvel Observateur*, Yves Lichtenberger, président de l'université de Marne-la-Vallée, expliquait la nécessité absolue de faire évoluer le système de l'enseignement supérieur : « Il faut réévaluer la place des universités à l'aune de ce qui se passe dans le monde, en finir avec des écoles coupées de la recherche, comme avec une recherche coupée du souci de transmettre les connaissances et de former les futurs chercheurs, sauf à préférer garder nos cloisons et nos élites triées au même tamis. »

Dans le même registre, Alain Minc a lui aussi tiré la sonnette d'alarme : « Je pense que le vrai déclin français n'est pas économique, mais culturel, intellectuel et universitaire. Le système français a longtemps vécu sur une grande hypocrisie, qui faisait cohabiter les universités médiocres et des usines pour fabriquer des chefs, en l'occurrence les grandes écoles. Or, désormais, il y a de bien meilleures usines à faire des chefs. L'X pouvait penser être, il y a trente ans, l'une des meilleures institutions du monde. Aujourd'hui, à l'aune des deuxième et troisième cycles des universités américaines, cela n'est plus le cas[1]. » Venant d'un major de l'ENA, inspecteur des Finances, diplômé de l'École des mines de Paris, pur produit de ce qu'on appelle la méritocratie française, un tel aveu n'est pas suspect d'être motivé par une quelconque jalousie.

En effet, non seulement notre système universitaire est déficient, mais celui des grandes écoles, qui a longtemps fait la fierté des Français, commence à battre de l'aile et à souffrir des mêmes maux. Éparpillement, recherche insuffisante, manque de moyens. Difficile pour elles d'attirer des professeurs étrangers, de créer de nouvelles disciplines. Elles aussi se « provincialisent ». Lors d'un débat organisé au Conseil économique et social, le 11 mars 2005, Pierre Delaporte, président d'honneur d'EDF, affirmait : « Nos écoles d'ingénieurs sont incroyablement petites. Nous sommes des nains dont la lisibilité au niveau mondial est des plus faibles. » Pierre Bourrier, président d'Arcelor et président des anciens de l'École des ponts et chaussées renchérissait : « Notre système de grandes écoles ne semble pas évoluer, ce qui explique sa perte d'attractivité. » Et la kyrielle de patrons présents ont fait le même constat : le modèle napoléonien qui a conçu ces fabriques à élites est devenu obsolète. La France

---

1. *Le Nouvel Économiste*, 29 avril 2005.

ne recueille que les étudiants qui ont été éconduits des universités américaines, anglaises, canadiennes.

Tous aux abris

Thomas Legrain, vice-président de l'Association des diplômés de l'Essec, l'une des plus prestigieuses écoles de commerce, décide de mettre les pieds dans le plat dans une interview au *Figaro*. Il explique que les grandes écoles de commerce françaises et principalement les « trois parisiennes », les plus cotées, HEC, l'Essec et l'ESCP, n'ont pas les moyens de faire concurrence aux grandes universités anglo-saxonnes, alors qu'elles pourraient très bien se positionner parmi les meilleures, à condition d'avoir atteint la taille critique qui leur donnerait la lisibilité et les moyens nécessaires.

Dans *Tu seras patron mon fils*[1], trois diplômés de ces trois grandes écoles faisaient le même diagnostic : ces établissements se prétendent des leaders internationaux, avec des ersatz de MBA, alors qu'ils sont structurellement incapables d'affronter la concurrence du modèle anglo-saxon. « On crée des partenariats avec Harvard. Très bien. On envoie trois étudiants d'HEC à Harvard, mais pas un étudiant d'Harvard ne vient à HEC », s'offusque Thomas Legrain, qui propose donc une fusion. Et suggère – audace suprême – de rassembler ces écoles de commerce sur un même campus. Mieux encore, en les mélangeant à des écoles d'ingénieurs comme Polytechnique. Bref, d'en faire un pôle universitaire d'excellence. Une demi-solution qui ne

---

1. Olivier Basso, Philippe-Pierre Dornier et Jean-Paul Mounier, *Tu seras patron mon fils*, Village Mondial, 2004.

résout pas le problème de la recherche ni celui, général, de l'enseignement supérieur, mais c'est déjà un premier pas.

Legrain espérait ouvrir un débat. Une réflexion stratégique. Il s'agit d'écoles privées, qui ont toute latitude d'évoluer. Faux espoir. Le verrouillage s'est aussitôt mis en place. La journaliste du *Figaro* qui a publié l'interview s'est fait tancer par le directeur de l'Essec. Legrain a dû démissionner de son poste de vice-président de l'Association des diplômés de l'Essec. Il a été convoqué par le président des chambres de commerce qui ont la tutelle de ces écoles, et s'est entendu dire : « Sur le fond, j'adhère à votre raisonnement. Mais de vous à moi, je n'ai aucun intérêt à bouger. Quel intérêt aurais-je à aller taper dans la fourmilière ? » Et Legrain de conclure : « Personne n'a intérêt à bouger. Pire, celui qui bouge seul risque gros. Alors on nie. En face à face, on se dit les choses, et dès que cela devient public : on devient muet. On ment, on entretient des polémiques, pour détourner l'attention. On communique sur l'ouverture des prépas aux jeunes des banlieues. On se partage le gâteau et basta.» Tout de monde est responsable, mais personne n'est coupable. Sans stratégie insufflée du sommet, tout le monde se met aux abris.

Un inspecteur général de l'administration m'a raconté la même chose concernant la gestion publique : « Personne n'a intérêt à bouger. » Et d'expliquer : «Je ne connais pas un fonctionnaire, un directeur d'administration centrale, un président d'établissement public qui ait été récompensé pour avoir réalisé de vrais changements, généré de vraies économies. » Et de prendre l'exemple de l'îlotage, rebaptisé police de proximité. « Cela fait des années qu'on parle de l'îlotage pour lutter contre la délinquance. Mais cela ne marche pas et cela ne marchera jamais tant qu'on ne fera pas évoluer le management, les ressources humaines. Oui, on crée des brigades, en piquant des effectifs ici ou là, on leur met des badges, et on fait venir les caméras de télévision, mais allez voir un peu partout sur le terrain, l'îlotage, cela n'existe pas. En revanche, les polices privées connaissent un développement exponentiel. Pourquoi cela ne marche pas ? Imaginez un commissaire dans une zone à risques. Il va demander à ses hommes de patrouiller. Pas en voiture. Mais à pied, dans le froid, sous la pluie. Et les policiers vont lui répondre : "OK. Mais il nous faut un équipement ad hoc, des gilets pare-balles, etc." Et puis, ils vont exiger des temps de récupération, des pauses. Les syndicats vont s'en mêler. Au bout d'un moment la hiérarchie va demander au commissaire de mettre la pédale douce. Pourquoi voulez-vous qu'un policier de quarante ans, syndiqué, aille se faire chier ? Pas de sanction. Pas de récompense. » Et ce haut fonctionnaire d'expliquer que l'extrême centralisation de la fonction publique a totalement écrasé les hiérarchies intermédiaires. Et conduit à la cogestion. « Il n'y a pas de chefs, explique-t-il. Il y a des titres, mais pas de chefs. De toute façon, dans le système de notation, tout le monde obtient 19,90 sur 20. Et la plupart du temps, les chefs ne convoquent pas leurs subordonnés avant de les noter. Ils n'ont aucune envie de se coltiner des face-à-face, avec des explications, des engueulades, des problèmes à résoudre. Et gare à celui qui trouble le système. Qui délivre un avertissement à un agent. Il va avoir les syndicats à dos. Crozier l'avait déjà

dit : dans l'administration française, il y a des directeurs, mais pas de patrons. »

Certes, Villepin a raison : c'est une évidence, on ne
réformera pas l'administration française contre les
fonctionnaires. Il faut redéfinir les missions de l'État,
mener des travaux d'évaluation, instaurer un système
d'intéressement. Il faut du dialogue. De l'enthousiasme. Et la France ne doit pas se contenter de copier
les « modèles » anglo-saxons. Mais pour redonner
confiance aux Français, leur redonner l'envie de se
battre, de prendre des risques, il est urgent de définir
un cap. Concrètement. Ne pas en rester à des générali-
tés rassurantes, sous prétexte de ne pas tomber dans
le piège des débats idéologiques. Or, on en est loin.
D'un côté on privatise, on baisse les impôts, on flexibi-
lise l'emploi, et en même temps on stigmatise Bruxelles, le libéralisme, le modèle anglo-saxon. On crée des
MBA, au nom de l'harmonisation européenne, de la
compétition internationale, mais on refuse son corol-
laire, indispensable, l'autonomie des universités, leur
financement par le privé, au nom du modèle français.
Par peur de déranger. D'allumer la mèche du mécontentement. Jospin avait promis de défendre les services publics, et une fois au gouvernement, il a donné
son feu vert à l'ouverture du capital d'EDF. Chirac
défend lui aussi les services publics, mais il privatise
Gaz de France, EDF, les autoroutes. Où est la cohérence ? Pour réveiller les Français, leur redonner le goût
de l'effort, il faut un peu de clarté.

Chapitre 11

L'hypocrisie républicaine

> « L'exception française, c'est que les Français se trouvent exceptionnels. »
>
> ALFRED GROSSER

Pour préserver son anonymat, on l'appellera Pierre B. S'il parlait ouvertement, « il pourrait avoir des ennuis ». Pierre B. était professeur de mathématiques. Après quinze années d'enseignement, il a décidé de passer le concours de proviseur. « J'avais envie d'évoluer. Et puis je pensais que c'était bien de montrer que nous aussi on peut réussir à des postes de responsabilité. » Pierre B., natif de Pointe-à-Pitre, est noir. Pour lui, cette démarche a valeur d'engagement. Il s'agit de ne pas se laisser enfermer dans un discours de victimisation, et de prendre ses responsabilités.

Le concours réussi, il postule à un poste qui se libère dans un lycée d'une banlieue de l'Ouest parisien. L'inspecteur d'académie demande à le voir. De manière très paternaliste, il lui explique : « Ne demandez pas ce poste. Je vais être clair avec vous. La population locale n'est pas prête à avoir quelqu'un comme vous. C'est pour vous que je dis cela. Pour que vous ne soyez pas en difficulté. » Et de l'orienter vers d'autres banlieues : Drancy, Bobigny, Le Blanc-Mesnil, La Courneuve. Ou la Guadeloupe ! « Là, précise-t-il, vous pourrez servir d'interface. » De grand frère en somme ! Alors qu'il est proviseur. Censé être le représentant de l'autorité.

Une discrimination destinée à le protéger ? Cela fait sourire Pierre B. car c'est souvent dans ces banlieues déshéritées que le racisme ordinaire est le plus cru. Là que des parents osent lui jeter à la figure, s'il a le malheur de punir un de leurs enfants, blanc : « On est en France ici. On est chez nous. C'est une école française. »

Des colloques sur la discrimination, des commissions, des hautes autorités, des rapports, cela la République sait faire, mais une prise en compte, concrète, des difficultés auxquelles sont confrontées les minorités, c'est quasiment impensable dans une administration cloisonnée à l'extrême, avec des castes et des sous-castes. Vacataires, contractuels, titulaires, professeurs certifiés, maîtres auxiliaires, professeurs des collèges, professeurs agrégés... Des cases bien étanches. Chaque échelon est trop occupé à défendre son pré carré, son avancement, ses horaires, ses affectations, ses classes. « Non, pas le mercredi, j'ai mes enfants », « Pas le samedi, je pars en week-end », « Pas les secondes, je suis agrégé »... Une somme gigantesque de petits égoïsmes. Petits-bourgeois.

Les stéréotypes perdurent

« La République fabrique des ghettos, constate, amer, Pierre B. De temps en temps, pour séduire les électeurs, les hommes politiques réservent une ou deux places aux minorités sur les listes électorales. Mais ils ne leur confient jamais le pouvoir. Il y a une ligne jaune qu'on ne peut pas dépasser. On joue le jeu, on passe les concours, on a les compétences, mais au-delà d'un certain niveau, on nous fait comprendre qu'on n'est pas à notre place. Regardez dans les lycées, les profs sont blancs et le personnel d'entretien est noir. Dans les réunions au rectorat, je suis parfois le seul Noir. Un jour, j'avais rendez-vous à la mairie pour une réunion. Le portier m'a éconduit. Il a fallu que je téléphone à l'adjoint au maire pour qu'il vienne me chercher. Le portier ne pouvait pas croire une seconde que j'étais le proviseur adjoint. Il y a un problème de représentation. Les gens ont du mal à nous percevoir comme une autorité hiérarchique. On en est resté aux stéréotypes du XIXe. Les Noirs sont bons pour la musique et le sport. Cela n'a pas évolué. Regardez, il y a de grands écrivains noirs : Léopold Senghor, Aimé Césaire, Patrick Chamoiseau, prix Goncourt, Raphaël Confiant, Maryse Condé, professeur de littérature à l'université de Columbia aux États-Unis... Leurs textes ne sont pas enseignés dans l'école de la République. »

Il n'a pas tort. Les stéréotypes perdurent. À l'Assemblée nationale, en 2000, lors de la discussion en commission d'un projet de loi sur la discrimination, un député UDF du Bas-Rhin, Germain Gengenwin, a osé déclarer : « La meilleure intégration est celle que peuvent provoquer certains événements, comme la médaille d'or gagnée par Brahim Asloum en boxe à Sydney. » Quant aux auteurs de couleur, ils sont invités dans les lycées français à l'étranger, ils servent de

caution, pour prouver que la France est multiculturelle. Mais pas dans l'Hexagone.

L'intégration républicaine à la française, Pierre B.
n'y croit plus. « Regardez, aux États-Unis, on s'en fiche
de la couleur. Colin Powell, Condoleezza Rice. Ce
n'est plus un problème. Et s'il faut en passer par les
quotas, la discrimination positive, allons-y. Où est le
problème ? Aux États-Unis, ce n'est pas facile mais on
peut s'en sortir. On peut évoluer. En France, l'ascenseur social ne marche plus. Les grands principes,
l'égalité ? Une belle hypocrisie. Jamais on ne me dit
que je suis moins égal qu'un autre parce que je suis
noir, mais moi, je le sais. C'est déjà difficile de réussir
pour un Blanc qui vient de banlieue, alors pour un
Noir ! »

Pas de problème pour devenir lingère

La ségrégation, ce n'est pas seulement celle du
samedi soir dans les boîtes de nuit, celle qui est dénoncée par SOS Racisme. Ou dans les sociétés d'intérim.
Chez des patrons peu scrupuleux. Chez des responsables d'HLM qui élaborent des quotas à l'envers. C'est
encore plus profond que cela. Elle existe aussi au cœur
même de la République. Bernard Stasi le souligne
précisément dans son rapport sur les discriminations.
C'est dans l'administration, à l'Éducation nationale,
dans la police, qu'il est le plus difficile de lutter contre
les actes de discrimination. La plupart des réclamations sont classées sans suite quand elles n'aboutissent
pas à des enquêtes internes qui se retournent contre
les plaignants.

La discrimination commence à l'école. Il suffit de

regarder les listes d'élèves. Seconde générale : Sophie, Corinne, Patrick... Seconde professionnelle : Mohammed, Tariq, Zhora... Une répartition implacable. Les lycéens de l'enseignement professionnel d'origine maghrébine n'arrivent pas à décrocher des stages ? Les professeurs valident des diplômes sans le stage obligatoire. Que faire d'autre ? À diplôme égal, les minorités issues de l'immigration ou originaires des Dom-Tom sont quatre fois plus touchées par le chômage. Et cette proportion augmente avec le niveau d'étude. C'est à partir du niveau bac + 2 que la discrimination est la plus importante. Pas de problème pour obtenir des postes de lingère au Quai d'Orsay, mais devenir diplomate, c'est une autre histoire. Dans les années cinquante, dans les grandes écoles, on comptait 21 % d'élèves d'origine populaire. Seulement 7 % aujourd'hui. Et on imagine que parmi ces 7 %, le nombre de jeunes Noirs ou beurs est infime. Et comme 95 % des personnes qui figurent dans le *Who's who* sont issues de grandes écoles, on comprend toute la signification de l'expression « l'ascenseur social est en panne ».

Mais le pire, c'est qu'on ne dispose pas de statistiques précises. On ne peut recenser les populations en fonction de leur origine ethnique, c'est contraire aux principes de la Constitution. Le ministre délégué à la Promotion de l'égalité des chances, Azouz Begag, a affirmé qu'il souhaitait faire évoluer la législation afin de permettre aux entreprises de rendre compte de cette diversité, en les autorisant à effectuer un comptage ethnique et culturel de leurs salariés. Mais à Matignon comme à l'Élysée, l'idée de mesurer la diversité ethnique reste, pour l'heure, encore taboue.

Drapée dans ses grands principes, la République refuse de faire la différence. En France un Noir, cela n'existe pas. Un Arabe non plus. En principe. On fait comme si tout le monde était vraiment égal. Comme si tout le monde avait les mêmes chances. On nie la problématique, on la réduit à des questions d'ordre socio-économique ou d'ordre public. Contrôle des flux migratoires, chômage, banlieues. Ce sont les pauvres qui ont des difficultés. Pas les minorités qui sont discriminées. Pire, certains n'hésitent pas à dire qu'ils sont moins performants que les Français de souche. Mais les premiers acteurs noirs dans les feuilletons américains étaient exécrables. Aujourd'hui, ils ont atteint le même niveau de professionnalisme que les acteurs blancs. Il faut du temps, faire confiance, donner sa chance.

La barrière de l'indifférence

S'il est un domaine où le pays des Lumières, la République, devrait être exemplaire, irréprochable, c'est bien celui de l'intégration. De la non-discrimination des minorités. Or il suffit de regarder. Combien de députés de couleur ? Combien de recteurs, de préfets, de capitaines de gendarmerie « issus de l'immigration » ? Combien de cadres noirs ou arabes dans les entreprises ? Combien sont-ils dans les instances dirigeantes des partis ? Dans les conseils d'administration ? Sur les bancs des bonnes facs ? Combien de médecins ? Et combien de techniciens de surface ? Alors que ces « minorités visibles » représentent aujourd'hui 9 millions de Français, 15 % de la population[1]. Un Français sur trois ayant entre dix et vingt-cinq ans est d'origine étrangère. La France est multiethnique.

L'histoire de l'intégration et la façon dont les politiques abordent la question sont édifiantes. Elle est une illustration parfaite de l'hypocrisie française. Des contradictions entre les grands principes et la réalité. Elle illustre aussi la difficulté de faire évoluer le modèle républicain et la parano des dirigeants français à l'égard de tout ce qui est anglo-saxon.

Pendant des décennies, par égoïsme, par intérêt économique, les politiques ont ignoré la question. Et, en 1983, quand les beurs ont organisé une grande marche – à la manière de celle des Noirs américains en 1964 – pour réagir à des violences raciales mais aussi à leur ghettoïsation, personne n'a eu de réponse à la hauteur des problèmes. La gauche, au pouvoir, a répondu de manière cosmétique, en créant SOS Racisme avec son badge « Touche pas à mon pote ». En faisant de l'antiracisme. Le gouvernement n'a pas jugé nécessaire de mettre en place un dispositif spécifique. La politique de la ville, les emplois jeunes, les Zep devaient régler le problème des banlieues. Et donc intégrer. Et tout le débat sur la discrimination a été phagocyté par la question de l'immigration, des sans-papiers, du contrôle des frontières, des centres de transit, du vote des immigrés, du port du voile... Avec le Front national aux trousses.

Il a fallu attendre 2000 pour que, pour la première fois, un gouvernement, celui de Jospin, se saisisse du

---

1. Ce sont des estimations puisqu'il n'existe pas de vraies statistiques.

sujet. Sous la pression de Bruxelles. Chargée de préparer un texte de loi, la commission des Affaires culturelles et sociales de l'Assemblée nationale a reconnu, bien timidement : « Force est de constater que la lutte contre les discriminations est un combat quotidien. L'actualité apporte régulièrement un lot de faits divers, d'épisodes parfois étonnants, souvent anodins, toujours oubliés quelques jours plus tard, excepté par ceux qui en sont les victimes. Les discriminations constituent une réalité. Nul ne saurait le nier. » Les statistiques n'existent pas, mais la « chose » existe donc bel et bien. La commission avoue ainsi qu'il est parfois difficile, pour le salarié qui porte l'affaire devant les tribunaux, de fournir les preuves tangibles de la discrimination. Elle propose donc d'assouplir la règle, et la charge de la preuve, inflexion qui découle, explique la commission, de la jurisprudence communautaire. Elle propose également d'élargir les compétences des inspecteurs du travail et prévoit, au passage, l'interdiction des discriminations dans l'accès aux stages. Mais aucun moyen n'est mis en œuvre pour faire appliquer la loi. La plupart des plaintes continueront à être classées sans suite.

Multiplicateur d'hystérésis

La France a voté une kyrielle de lois pour durcir les peines contre les infractions racistes, antisémites ou xénophobes. Créé une myriade d'organismes, en mélangeant souvent la question de l'intégration et celle de l'immigration. L'Office des migrations internationales (OMI), le Fonds d'action et de soutien pour l'intégration et la lutte contre les discriminations

(Fasild), les Services sociaux d'aide aux émigrants (SSAE), le Groupe d'étude et de lutte contre les discriminations (Geld), la Direction des populations et des migrations (DPM), l'Agence pour le développement des relations interculturelles (Adri), les Commissions départementales d'accès à la citoyenneté (Codac), le Haut Conseil à l'intégration (HCI)... Résultat ? Un fiasco absolu. « Les politiques publiques sont incohérentes, mal définies dans leurs principes, inefficaces... » Dans un rapport rendu public en novembre 2004, la Cour des comptes a épinglé trente ans de politiques d'immigration et d'intégration.. « Intégration : échec du modèle français », titrait *Profession politique*, un journal pas vraiment conservateur.

Mais des rapports, il y en a eu des dizaines. Mal à l'aise avec cette question d'intégration, car il ne faut pas nommer de manière spécifique les populations noires ou arabes, les auteurs emploient des circonvolutions pour désigner le problème. Ainsi en janvier 2004, le Conseil d'analyse économique remet au Premier ministre un rapport de 327 pages pour décortiquer un phénomène connu de tous sous le nom de discrimination et rebaptisé du nom savant de « processus de divergence urbaine ». « La stratification de l'espace reproduit la stratification sociale, mais elle se transforme en ségrégation urbaine sous l'effet du chômage de masse persistant et agit comme un multiplicateur d'hystérésis, expliquent les auteurs. L'existence de comportements discriminatoires à l'encontre des populations immigrées ou supposées telles, surreprésentées dans les quartiers défavorisés, aggrave par ailleurs les obstacles à leur intégration sociale. » Le rapport conclut à la nécessité de relancer la mobilité

sociale et de mettre en œuvre une égalité plus exi-
geante que l'égalité formelle. Quelle lucidité !

En décembre 2004, Dominique Versini remet à son
tour un rapport, à destination du ministre de la Fonction publique, sur la diversité dans la fonction publique. Premier constat : « L'ascenseur social, tel qu'il
existait, est en panne (les recrutements se heurtent à
des discriminations du fait du sexe, du handicap, de
l'âge mais aussi des origines ethniques). » Afin de
s'adapter à la France des années 2000 – « multiethnique,
multiculturelle, multiconfessionnelle » –, les auteurs pro-
posent la création d'une charte de la diversité, la formation et la sensibilisation de tous les cadres de la fonction
publique à la lutte contre les discriminations ou encore
la création d'un Observatoire sociétal de la diversité.
Mais on n'a jamais dépassé ce stade du constat et de la
préconisation. Et régulièrement, confrontés aux « violences urbaines » comme on dit publiquement, les gouvernements font de nouvelles promesses dont tout le
monde sait qu'elles ne seront jamais tenues.

Et cela dure depuis des années. Avant, il y avait eu
le rapport Belorgey, le rapport du Gled, un rapport
du Haut Conseil à l'intégration, un rapport du Conseil
d'État... On ne s'est tout simplement pas occupé de
la question. En février 2004, Bernard Stasi, chargé de
préparer la mise en place de la Haute Autorité de lutte
contre les discriminations et pour l'égalité, la Halde,
a été obligé de constater que rien n'a marché. « La
plupart des organismes chargés de faire respecter
l'égalité ont été inopérants », écrit-il dans son rapport.
Inopérants. Le mot est fort.

Le plus souvent, les plaintes ont abouti à des clas-
sements sans suite, les victimes peinant à fournir des
preuves. C'est a priori une des fonctions dévolues à

la Halde, cette nouvelle autorité créée en janvier 2005 sur injonction d'une directive européenne[1], dotée d'une administration de 80 personnes et dont la présidence a été confiée à l'ancien président de Renault, Louis Schweitzer. Elle devra aider les plaignants.

En Grande-Bretagne, une telle instance, la Commission for Racial Equality, date de 1975. Elle s'occupe exclusivement de la lutte contre le racisme, à la différence de la Halde, qui s'occupe de toutes les discriminations, à l'encontre des femmes, des homosexuels, des minorités ethniques. Outre un rôle d'observation, elle apporte soutien et informations aux plaignants, mène des enquêtes dans les administrations, la police, les prisons, les entreprises, etc. En Belgique un organisme de même nature a été mis en place en 1995. En Irlande en 1999. Aux Pays-Bas en 1994. En Suède en 1986...

La Halde est donc une avancée incontestable. Elle va permettre de réprimer les abus, les violations du droit. Les chiraquiens en sont d'ailleurs très fiers. Mais elle n'est pas une réponse suffisante à la détresse d'une population immigrée confrontée, plus que les autres, à la précarité sociale, professionnelle et civique, qui a accumulé les handicaps et vit une ségrégation sociale évidente. « Ghettos, abandon des vieux travailleurs immigrés, montée des replis intégristes », voilà d'ailleurs le tableau, qualifié de « morbide », fait par le Haut Conseil à l'intégration. Le

---

1. Les directives européennes du 29 juin 2000 et du 23 septembre 2002 font en effet obligation à chaque État membre de se doter d'une telle instance. Et la France était, comme bien souvent, en retard.

vrai sujet, c'est celui de la discrimination positive.
Un sujet tabou.

La guerre des mots

Nicolas Sarkozy est le premier responsable politique
à avoir utilisé publiquement le terme même de discrimination positive, en novembre 2003. Avec des
arrière-pensées électoralistes, sans aucun doute. Mais
tous les autres dirigeants ne font-ils pas du clien-
télisme eux aussi, en direction des enseignants, des
agriculteurs, des restaurateurs ? « Oui, il y a des injustices », a-t-il reconnu, en affirmant qu'il fallait faire
« plus de choses pour ceux qui sont victimes de discrimination en fonction de la couleur de leur peau ou
de leur prénom ». Ajoutant : « Si l'on veut que nos
compatriotes issus de l'immigration veuillent s'intégrer, il faut qu'ils aient des exemples de réussite qui
ne soient pas simplement tirés du football. » Mais il
commet une bévue en annonçant la nomination d'un
préfet musulman. Pourquoi avoir utilisé ce terme faisant référence au religieux, plutôt que celui de « issu
de l'immigration », ou de « minorité visible » ? Et
pourquoi un tel battage médiatique ?
    La riposte est d'autant plus virulente. « Ce n'est pas
convenable », a aussitôt rétorqué le chef de l'État.
Alain Juppé, alors président de l'UMP, a invoqué « le
principe d'égalité devant la loi ». François Hollande
s'est glissé dans la brèche ouverte par Sarkozy et a
dénoncé « une conception anglo-saxonne très libérale
qui recherche une représentation à travers le fait religieux. C'est l'idée d'égalité qu'il faut défendre ».
Quant à Dominique de Villepin, ministre de l'Inté-

rieur à cette date, il s'est fait un plaisir de dresser un réquisitoire contre l'*affirmative action* : « Il n'y a pas d'exemple réussi de discrimination dans le monde. Nous n'avons pas vocation à devenir un pays anglo-saxon. Ce n'est pas du tout l'idée qu'on se fait de la République. Nous avons un modèle républicain sans équivalent dans le monde. C'est ça la chance française, nous n'avons pas vocation à copier d'autres modèles, même s'il y a parfois, ici ou là, quelques bonnes idées à prendre[1]. » Et de proposer la création de Comités pour l'égalité des chances (Copec). Organismes d'observation, sans aucun pouvoir, dont Bernard Stasi a souligné l'inefficacité dans son rapport sur les discriminations. Toujours cette même rengaine : ce n'est pas nous qui sommes dans l'échec, ce sont les autres qui sont mauvais. Toujours ce même mécanisme de désaveu qui consiste à désigner un bouc émissaire – le libéralisme et le modèle anglo-saxon – plutôt que de discuter de la réalité.

La *Revue républicaine,* le journal des gaullistes sociaux et des républicains souverainistes, a accusé Sarkozy de vouloir instaurer des « quotas raciaux ». Certains militants de gauche ont même vu dans ce combat « un faux débat qui occulte la lutte des classes ». Pourquoi en effet essayer de trouver des solutions aux problèmes quand il suffit d'attendre le Grand Soir où tout le monde sera véritablement égal ? Et tout cela au nom d'une compassion touchante : « Un beur qui aura été embauché dans une entreprise uniquement en raison de sa couleur de peau ne se sentira pas à sa place » !

---

1. Émission *100 minutes pour convaincre,* France 2, 27 janvier 2005.

Et dans la classe politique ? Le débat n'a pas eu lieu. On en est resté aux invectives. Après que Chirac eut donné le *la*, tout le monde a plié bagages. Et on a assisté à de véritables contorsions lexicales pour éviter l'expression, perçue comme un blasphème, un outrage à la République. Jean-Pierre Raffarin a parlé de « mobilisation positive ». Blandine Kriegel, présidente du Haut Conseil à l'intégration, de « politique positive ». Des personnalités de gauche comme Lucile Schmid ou Adda Bekkouche de « mesures correctives ». Favorable dans le fond à une politique volontariste de discrimination positive, Dominique Stauss-Kahn s'est avancé masqué en prônant « la liberté ordonnée, l'égalité réelle, la fraternité laïque », ou « le socialisme d'émancipation ». Sarkozy a lui aussi révisé son langage et utilisé une autre expression : « le volontarisme républicain ». On a préféré la guerre des mots, à la lutte contre les maux.

Sous-statuts d'indigènes

Pas convenable, la discrimination positive ? Mais pourtant la France la pratique depuis longtemps, à sa manière, sans l'avouer. Elle accorde une aide spécifique à des personnes en difficulté, repérées sur des critères sociaux ou géographiques. Zep, zones franches, soutien scolaire... Elle a instauré des quotas pour les handicapés. Pour les femmes dans la représentation politique. Elle fait de la discrimination positive en faveur des familles monoparentales, des pupilles de la nation, des mères de familles nombreuses. Oui, mais pas en fonction de la race. Belle hypocrisie de principe, car dans le même temps on laisse se perpétuer une discrimination négative. En fonction de la race. On fait semblant d'avoir oublié que l'État a recalculé les pensions des anciens combattants en fonction du niveau de vie de leur pays d'origine. Là, il n'y a plus d'égalité entre le fantassin gabonais et le fantassin breton. Et s'il s'agit de respecter les principes, faut-il rappeler que même le général de Gaulle a eu recours aux quotas ? En 1958 et 1959, il avait édicté des ordonnances afin que 10 % des emplois de cadres de la fonction publique soient réservés aux « Français musulmans ». Les enfants d'immigrés, français, nés en France, voient dans ce refus d'affronter le réel une résurgence de l'époque coloniale où juridiquement ils avaient le statut, ou plutôt le sous-statut d'indigènes.

Le chef de l'État lui-même, si hostile à la discrimination positive, ne se prive pas d'en faire, sans le dire, quand il harcèle au téléphone élus, ministres, hauts fonctionnaires, et leur donne consigne de promouvoir des personnes issues de l'immigration. Idem pour Dominique de Villepin quand il lance un programme intitulé, « les cadets de la République », visant à faire entrer une centaine de « jeunes des quartiers » dans l'administration, hors concours. Et le plan Borloo prévoit l'ouverture de postes de catégorie C de la fonction publique aux « jeunes issus des quartiers sensibles », par l'apprentissage, en les dispensant de concours. Mais l'honneur est sauf, ces jeunes ne sont pas forcément arabes, noirs, antillais... On fait cela au compte-gouttes. Et que dire de l'initiative de Dominique de Villepin qui a décidé de recevoir à Matignon les lycéens blacks ou beurs qui ont obtenu la mention très bien et de faire recevoir par les préfets, ceux qui ont eu une mention bien ? Une discrimination positive, mais en trompe l'œil, car il n'y a pas d'enjeu économique.

Un préfet musulman, quelques élèves issus des Zep à Sciences-Po, une Légion d'honneur ou une médaille du travail, quelques centaines de postes dans les administrations, au bas de l'échelle... On est bien loin des ambitions de l'*affirmative action* mise en place aux États-Unis dans les années soixante.

35 % du MIT

Avant même le vote de la loi américaine *Civil Rights Act* supprimant la ségrégation raciale, en 1964, les meilleures universités de la côte Est, Harvard, Yale, Princeton, avaient commencé à donner un coup de pouce aux minorités les plus discriminées. Même si, par un processus de reproduction sociale assez courant, les enfants des anciens diplômés sont surreprésentés dans ces universités, celles-ci ont toujours veillé à ce que leurs campus reflètent la diversité de la population américaine, estimant que la confrontation de situations sociales variées contribue à l'émulation, à l'équilibre des sensibilités. Et dans le processus d'admission, les notes ne sont pas le seul critère de sélection. Les universités américaines tiennent également compte de la personnalité : capacité de leadership, créativité, parcours original, aspirations professionnelles... L'appartenance ethnique est venue compléter ces critères. Ces universités – élitistes mais progressistes – se sont donc mises, dès le milieu des années soixante, à démarcher de jeunes élèves de couleur en les incitant à déposer des dossiers d'admission et en leur offrant des bourses. C'est ce qu'a commencé à faire Sciences-Po.

Aux États-Unis, le processus a pris une tout autre ampleur à la fin des années soixante, au lendemain des grandes émeutes raciales qui ont éclaté en 1965 dans les grandes villes américaines. Face à cette crise majeure et en réponse à la marche des Noirs sur Washington où Martin Luther King avait prononcé la célèbre phrase « *I have a dream...* », Kennedy a initié le *Civil Rights Act* qui abolit la ségrégation raciale. Le gouvernement a également engagé un plan social de grande ampleur. Mais face au danger de « sclérose ethnique », le gouvernement, sur la foi du célèbre rapport Kenner publié en 1968, a décidé d'aller plus loin pour intégrer les minorités. En mettant en place un dispositif permettant aux « minorités visibles » de sortir des ghettos, d'accéder à l'université, aux emplois publics, de manière que, peu à peu, leur présence à tous les étages de la société devienne quelque chose de naturel.

Les entreprises qui veulent bénéficier de contrats avec l'État fédéral doivent faire la preuve de leurs « efforts sincères » en faveur de l'égalité des chances. La proportion des minorités au sein de l'entreprise doit refléter le poids des minorités dans le bassin d'emploi. Pour évaluer et veiller à la bonne application de ces dispositions, le gouvernement américain s'est doté d'instruments statistiques et d'outils ad hoc. L'Equal Employment Opportunity Commission (EEOC) a pour mission de détecter les infractions et d'engager des poursuites judiciaires, l'Office of Federal Contract Compliance (OFCC) atteste que les entreprises bénéficiaires d'un contrat avec l'État fédéral mettent en œuvre des mesures effectives pour lutter contre les discriminations.

Résultat ? Colin Powell. Condoleezza Rice. Des centaines de chefs d'entreprise noirs, hispaniques. Des élus. Des avocats. Des professeurs. Des membres de conseils d'administration. Aujourd'hui, quarante ans après l'abolition de la ségrégation raciale, 50 % de la population noire américaine appartient à la *middle class*. Dans la prestigieuse université du Massachusetts, le MIT, uniformément blanc il y a quarante ans, on compte aujourd'hui environ 35 % d'étudiants issus des minorités. Ce qui reflète le poids des populations immigrées dans le pays. Cela ne règle pas tous les problèmes. Haines raciales héritées du temps de l'esclavage, différences de niveau de vie, ghettos, pauvreté. Mais pour ces minorités, cette *middle class* hispanique et afro-américaine est un exemple, une perspective, un espoir. Tous ceux qui, lors de leurs déplacements professionnels outre-Atlantique, ont traversé les couloirs des étages réservés aux cadres dirigeants des grandes entreprises vous le diront, c'est comme dans les pubs Benetton. Il y a des gens de toutes les couleurs. Et cette politique oblige au respect mutuel. En France ? Allez donc faire un tour dans les QG des grands groupes ou tout simplement dans les ministères, dans les palais de justice, dans les facs...

Le fait qu'un président des États-Unis, sudiste, conservateur, embrasse devant le monde entier une femme à la peau noire, une femme qui, enfant, devait prendre garde à ne pas monter dans un bus scolaire réservé aux Blancs, qu'il ait fait de Condoleezza Rice la porte-parole de l'Amérique, est une révolution dont la France n'a absolument pas conscience. Sans l'*affir-*

mative action, la secrétaire d'État[1] du plus puissant pays de la planète n'aurait pas fait ses études dans les meilleures universités américaines, elle n'aurait pas été nommée recteur de l'université de Stanford... On n'aurait jamais entendu parler d'elle. Quels que soient ses mérites, son intelligence, sa force de travail. Et Colin Powell, fils d'immigrés jamaïcains, ne serait jamais devenu général, puis chef d'état-major des armées et enfin secrétaire d'État, avant Condoleezza Rice.

Imagine-t-on ici, en France, une femme d'origine maghrébine à Matignon ? Un militaire noir ministre aux Affaires étrangères ? Des généraux d'origine antillaise ? Mais les États-Unis ne sont pas le seul pays au monde à avoir eu recours à de telles politiques volontaristes. Le Canada, le Danemark, la Grande-Bretagne, l'Afrique du Sud, l'Indonésie, de nombreux pays ont mis en place des traitements différenciés pour les minorités. Cela ne règle pas tout, mais cela ouvre des perspectives.

La France ne peut plus se contenter de périphrases. De formules hypocrites. Expliquer qu'elle a une tout autre ambition : intégrer. Il faut tenir compte de cette évidence : à la différence des Italiens, des Polonais, des Espagnols, les Français issus des dernières vagues d'immigration, les Noirs, les Maghrébins, n'ont pas été intégrés. Pas seulement parce qu'ils sont de culture musulmane. Les Antillais, nés sur le sol français, catholiques, baptisés, souffrent eux aussi d'une ségrégation évidente. Ils sont physiquement différents

---

1. L'équivalent du ministre des Affaires étrangères qui, aux États-Unis, est le personnage le plus important après le président.

et repérables. La promotion, par le fait du prince, de quelques brillants éléments issus des minorités délaissées ne réglera pas le problème.

Bodin et les Six Livres de la République

Mais pourquoi ce blocage, cette opposition viscérale à la discrimination positive ? Pourquoi les dirigeants politiques restent-ils aussi réticents ? Pour tenter de comprendre : direction l'Élysée, afin de rencontrer celle qui conseille le président sur ces sujets, Blandine Kriegel, qui est aussi à la tête du Haut Conseil à l'intégration. C'est elle qui a réagi le plus vivement à l'évocation du mot discrimination positive. Fille d'un ancien député communiste grand résistant, nièce d'Annie Kriegel, une philosophe qui rompit avec le PC afin de dénoncer les atrocités du communisme, professeur de philosophie morale et politique, de sensibilité de gauche, Blandine Kriegel a rallié Chirac en 1995, l'homme le mieux à même, selon elle, de réduire « la fracture républicaine », « un mal pire que la fracture sociale ».

Pour répondre à cette question essentielle car très symbolique de l'exception française, la philosophe s'abrite immédiatement derrière l'histoire, pour justifier le présent. Comme si rien ne pouvait changer. Ne devait changer. « L'idée républicaine est bien antérieure à la Révolution, dit-elle. Elle est née au XVIᵉ siècle, à la Renaissance, C'est à ce moment que s'est forgée la doctrine de la souveraineté. Avec Jean Bodin et les *Six Livres de la République*. C'est lui qui a théorisé l'idée d'une puissance souveraine, la notion d'État. Cette idée républicaine a traversé les siècles. Dans

notre pays, la loi n'est pas le résultat d'évolutions juris-
prudentielles, ou de confrontations d'intérêts particuliers, elle est l'émanation de l'intérêt général. » Et de
donner comme exemple les guerres de Religion. « En
Allemagne, explique-t-elle, cela a débouché sur la pro-
clamation des droits des minorités. La France a choisi
une autre voie. Celle de la neutralité de l'État, de
la tolérance, de la laïcité. En Grande-Bretagne, les
catholiques n'avaient pas accès aux grandes charges
de l'État. En France, Sully, Necker, Turenne étaient
protestants. Cela ne les a pas empêchés d'accéder aux
plus hautes fonctions. » Certes. Mais aujourd'hui, le
problème est très différent : ce modèle ne fonctionne
plus ! Et la philosophe d'avouer : « C'est vrai, la
société a compris très tard que nous avions affaire à
une immigration de peuplement. Au début, on s'est
occupé d'encadrer l'immigration, mais cela n'a pas
suffi et cela a provoqué un rejet de la République. »
On remarque la prudence : c'est la société qui a tardé
à comprendre. Pas Mitterrand, Chirac ou Jospin.

La présidente du Haut Conseil à l'intégration a
donc inventé un nouvel outil, dont elle a précisé qu'il
avait un « socle idéologique républicain » : le Contrat
d'accueil et d'intégration (CAI) destiné aux « primo-
arrivants ». Un contrat ouvrant droit à une série de
prestations : formation linguistique, formation civique, formation professionnelle, accès aux services
publics de l'emploi. Il vise surtout à faire prendre
conscience aux immigrants qu'ils doivent reconnaître
la loi française. Il s'agit, selon le HCI, de permettre
aux immigrés et à leurs enfants de « passer de la multi-
tude indifférenciée, particularisée, à l'unité d'un peuple, dans une collectivité rassemblée ». De leur faire
comprendre que « s'intégrer, c'est s'identifier à un

groupe qui n'est pas nécessairement une communauté originaire ». Excellents principes. Mais on nage
dans l'abstraction. On n'est pas dans une logique d'efficacité, de résultat.

Et pour les « Français issus de l'immigration »,
vivant en France, possédant un passeport français, parlant français, munis de diplômes français, et dont on
voit bien qu'ils n'arrivent pas à trouver du travail et
encore moins à franchir le plafond de verre du pouvoir ? La présidente du HCI en revient aux bonnes
intentions : « Promouvoir les réussites de la classe
moyenne issue de l'immigration. » Comment ? Les
propositions sont floues. Il s'agit de créer des classes
préparatoires aux grandes écoles dans les Zep, d'organiser un forum de la réussite, de sensibiliser le Conseil
supérieur de l'audiovisuel (CSA) à veiller à une bonne
représentation des minorités à la télévision... De la discrimination positive à dose homéopathique.

Pour sauver ce « modèle républicain » brinqueba-
lant, on met des béquilles, on bricole des solutions.
Ainsi Claude Bébéar, président d'honneur d'Axa, a
inventé la « solution » du CV anonyme, avec la béné-
diction de l'Élysée, pour éliminer dans les candidatu-
res les préjugés en fonction du nom ou du quartier
d'origine. Une procédure trop facilement contour-
née. « Un gadget par rapport à l'ampleur du problème. Cela relève plus du truc que de la vraie
politique de lutte contre les discriminations, a d'ailleurs commenté le sociologue Philippe Bataille. Il y a
tout de même un paradoxe à dire aux jeunes issus de
l'immigration, qui ont rattrapé le handicap culturel
de leurs parents, qui ont réussi à l'école : Vous devez
masquer vos CV pour espérer être embauchés ! » Et si,

au lieu de proclamer l'égalité, on s'attelait à réduire les inégalités ?

Mauvaise foi

« La politique des quotas ignore la compétence particulière, au profit des groupes », a affirmé le HCI. « La discrimination positive induit l'idée de communauté et de quota, qui ne correspondent pas à notre tradition. Nous refusons de tenir compte de la religion des citoyens », a déclaré Jean-Pierre Raffarin, en mélangeant tout. En réalité, l'*affirmative action*, telle qu'elle a été conçue aux États-Unis dans les années soixante par des philosophes comme John Rawls et d'autres intellectuels radicaux, ne fait aucunement référence au fait religieux. Cela ne consiste pas non plus à appliquer des quotas de manière aveugle et imbécile. Un Noir ne peut intégrer une université au seul prétexte qu'il est noir. C'est un des éléments pris en compte. L'appartenance ethnique n'est pas non plus inscrite sur le passeport, comme le laissent entendre certains dirigeants français, avec une parfaite mauvaise foi. En revanche, lors des recensements, de manière volontaire et anonyme, les Noirs, les Hispanos, les Chinois mentionnent leurs origines. Cela permet une connaissance réelle de la population, d'établir des corrélations avec d'autres éléments statistiques : échecs scolaires, taux de mortalité, niveaux de salaire, réussite professionnelle, épidémiologie...

Pour mieux discréditer l'*affirmative action*, Blandine Kriegel affirme également, comme Villepin, que partout dans le monde elle est en « coma dépassé ». On noircit une situation pour stigmatiser un adversaire. En réalité, aux États-Unis, cette politique a certes été remise en cause, mais uniquement par un courant minoritaire au sein du parti républicain qui milite pour son abolition. Cinq États sur cinquante l'ont supprimé sous la pression de ce lobby conservateur, provoquant d'ailleurs une hémorragie des étudiants noirs et hispaniques.

Par ailleurs, quelques actions ont été portées devant les tribunaux par des étudiants blancs qui s'estimaient lésés par cette discrimination positive. Dès 1978, la Cour suprême des États-Unis a donc déclaré inconstitutionnels les quotas préétablis ou l'attribution de points supplémentaires d'office, mais elle a reconnu que la race pouvait être prise en compte comme facteur déterminant dans l'admission d'un candidat. Le 23 juin 2003, la Cour suprême des États-Unis a été à nouveau saisie par trois étudiants blancs qui estimaient avoir injustement essuyé un refus d'admission à l'université du Michigan. La Cour a réaffirmé la nécessité et la légalité d'un mécanisme favorisant l'accès des minorités à l'éducation et a autorisé les universités à user des méthodes de sélection visant à assurer la diversité des étudiants. « La participation effective de membres de tous les groupes raciaux ou ethniques à la vie civique de notre nation est essentielle pour réaliser le rêve d'une nation indivisible », ont statué les juges. Dans cette affaire, George Bush avait pris le parti des trois plaignants blancs. Et le lobby des grandes entreprises, en revanche, a soutenu la politique de discrimination positive, conscient malgré tout de ses avantages.

En France, la direction du groupe PSA a récemment évolué. En accord avec les partenaires sociaux, elle vient de signer un accord prévoyant l'embauche de cent ingénieurs et cadres d'origine non française afin de « faciliter l'intégration de personnes diplômées des zones urbaines sensibles ». Louis Schweitzer, président de la Halde, est bien conscient de l'enjeu. Il espère que par un investissement massif en faveur de la formation dans les milieux défavorisés, et en s'efforçant de promouvoir des Noirs ou des beurs à des postes de responsabilité, on arrivera à l'avènement d'une classe moyenne noire et d'origine maghrébine, ce qui est loin d'être le cas. « En ouvrant largement les filets en faveur des populations les plus pauvres, explique-t-il, on aidera forcément beaucoup de jeunes issus de ces minorités ethniques. » Pour réussir, il est déterminé à actionner tous les leviers possibles. Y compris le *Name & Shame*, qui consiste à tester anonymement les entreprises et les administrations pour dénoncer publiquement – et éventuellement poursuivre pénalement – les pratiques discriminantes. Lui aussi se montre hostile à la discrimination positive : « Je me vois mal faisant des catégories en fonction de la couleur de peau. » Il en convient tout de même, si dans quatre ou cinq ans, il n'y a pas de progrès visibles, il faudra passer à la « chirurgie », c'est-à-dire à des méthodes plus radicales.

Une télé monocolore

Ce qui se passe à la télévision, le miroir de notre société, est à bien des égards très éloquent. En septembre 1998, l'Institut européen de la communication, un organisme dépendant de la Commission de Bruxelles, a publié un rapport sur la représentation multiethnique dans les médias dans tous les pays d'Europe. Ce rapport, très critique à l'égard de la France, indiquait notamment que les télévisions françaises refusaient de fournir des chiffres sur l'emploi et l'accès des minorités ethniques au secteur audiovisuel, à l'instar des autres pays européens. Il notait cependant que l'absence de présentateurs vedettes d'origine étrangère, aux heures de grande écoute, était patente. La directrice de l'information de France 2 de l'époque, Michèle Cotta, avait répondu que « sa chaîne était très peu concernée », qu'il s'agissait d'un mauvais procès, soulignant la présence à l'antenne de Rachid Arhab au journal télévisé de 13 heures, comme celle d'artistes de couleur dans les variétés et les séries, « dès lors qu'ils sont bons [1] ». Hervé Bourges, président du CSA, avait rétorqué : « En instaurant des quotas, par ailleurs contraires à notre Constitution, on ne fait pas place aux talents. »

Désormais, dans les rapports réalisés par cet organisme, la France échappe à toute évaluation. Il est simplement mentionné que la France refuse de répondre aux questions au motif que la prise en compte de l'origine ethnique est contraire à sa Constitution. Commentaire de l'Institut européen de la communication : « Aussi noble soit la démarche, au départ, la philosophie française semble déconnectée de la réalité. Partir du principe que tout le monde est égal et mettre le problème de côté, c'est ne pas tenir compte du fait que les minorités d'origine maghrébine ou africaine se heurtent à des difficultés, particulièrement dans l'industrie de médias. Parce qu'elles appartiennent à des couches socioculturelles défavorisées. Et

---

1. *Le Monde*, 17 octobre 1999.

parce que l'industrie des médias est par nature particulièrement fermée aux minorités. C'est une industrie
élitiste, qui cherche à fédérer les plus larges publics.
D'où la nécessité d'accompagner et de contrôler cet
égal accès des minorités aux postes de responsabilité. »

La plupart des grands pays européens se sont dotés
d'outils spécifiques pour garantir la représentation
des minorités ethniques à la télévision, dans tous les
secteurs, à tous les niveaux de responsabilité. En
Grande-Bretagne, l'Independent Television Commission (ITC), l'autorité britannique de régulation audio-
visuelle, veille de manière très stricte à la représentation
des minorités ethniques. Chaque année, près de 10 %
des effectifs recrutés par la BBC sont issus des minorités ethniques. Et les résultats sont significatifs. Présentateurs du vingt heures d'origine indienne, africaine,
rédacteurs en chef d'origine pakistanaise... Une juste
représentation des minorités dans les médias est évidemment primordiale. Parce qu'elle est immédiatement visible. De nombreuses études américaines l'ont
montré : le fait que les présentateurs des journaux
télévisés soient des Noirs avait considérablement
réduit les tensions raciales, notamment dans les États
du Sud. Cela a contribué à dissiper le sentiment de
mise à l'écart des minorités ethniques.

Situation moyenâgeuse

En 1999, échaudé par les conclusions de l'étude
européenne, et à la demande du collectif Égalité créé
par la romancière Calixthe Beyala, le CSA a réalisé la
première étude quantitative portant sur la représenta-

tion des non-Européens physiquement « typés » sur cinq chaînes hertziennes : TF1, France 2, France 3, Canal+ et M6 (2). Conclusion : seulement 6 % des professionnels, 11 % des invités et participants et 6 % du public sont issus des « minorités visibles ». Et si l'on étudie en détail les résultats de l'enquête, on découvre que ce sont les Maghrébins et les Asiatiques qui subissent le plus la xénophobie télévisuelle. Les Noirs, eux, sont mieux représentés car le petit écran est inondé de productions américaines dans lesquelles ils sont très présents. Or 74 % des fictions diffusées en France sont d'origine étrangère, essentiellement américaine. Les « Maghrébins/Arabes » ne forment, quant à eux, que 7 % des comédiens dans les fictions françaises et étrangères. Abonnés aux mauvais rôles, ils incarnent le plus souvent des personnages de dealers, de terroristes ou de nababs misogynes. Chercheur à l'Institut national de l'audiovisuel (INA) et auteur d'une étude sur la place des étrangers à la télévision, Jérôme Bourdon voit dans l'« universalisme républicain aveugle » la principale cause de décoloration des programmes : « La fiction française reste singulièrement dominée par la classe moyenne blanche... L'idéologie de l'intégration interdit de trop insister sur la spécificité des cultures étrangères. »

En juin 2000, quelques mois après la publication de son étude, le CSA admettait que « les Maghrébins sont pratiquement absents des fictions françaises, alors qu'ils sont présents dans le vécu et le quotidien du public. Il apparaît donc qu'un effort est nécessaire dans ce domaine pour que la présence d'un Français d'origine africaine, arabe ou asiatique soit aussi naturelle dans une fiction française ».

Cinq ans plus tard, en avril 2005, nouveau colloque à l'initiative du Haut Conseil à l'intégration et du Conseil supérieur de l'audiovisuel. À l'Institut du monde arabe. On n'est pas avare de symbole ! Même constat. Très peu d'animateurs blacks ou beurs. Encore moins de journalistes colorés dans les journaux télévisés. Zaïr Kédaouche, membre du HCI, s'en est indigné : « Nos écrans pâles donnent une fausse image de la réalité de la société française. » La productrice Yasmina Benguigui a parlé d'« apartheid visible ». Même le ministre de la Culture Renaud Donnedieu de Vabres s'en est ému, qualifiant la situation de « moyenâgeuse ».

Les avancées sont encore timides. Mais la pression exercée par les organes de contrôle a eu des effets visibles : sur France 3, Audrey Pulvar, originaire de Fort-de-France, qui est passée de Soir 3 au 19-20, la tranche de plus forte écoute ; sur LCI, la Guadeloupéenne Christine Kelly – qui a d'ailleurs été décorée d'un prix spécial par la European Federation of Black Women Business Owners ; sur France 2, un lieutenant noir dans la série *PJ* ; sur France 3 encore, le comédien Louis-Karim Nebati dans le rôle de Fabien Cosma. Quoi d'autre ? C'est tout. Le président de France Télévision de l'époque, Marc Tessier, s'est engagé à former une trentaine de techniciens et de journalistes issus des médias communautaires. Un premier pas, si cet engagement est tenu. En revanche, le président de M6, Nicolas de Tavernost, a osé insister sur le formidable moteur d'intégration que constituent selon lui les émissions de télé-réalité !

Quant au vice président de TF1, Étienne Mougeotte, il a déclaré avec une parfaite hypocrisie que si son antenne donnait peu ou prou une vision biaisée de la société, une partie de son public finirait par cesser de regarder. Pas biaisée son antenne ? Tous les présentateurs de journaux sont blancs : Patrick Poivre d'Arvor, Claire Chazal, Laurence Ferrari, Thomas Hugues, Jean-Pierre Pernaut, Charles Villeneuve, Jean-Marc Sylvestre, Jean-Claude Narcy... Idem pour les présentateurs d'émissions aux heures de grande écoute : Nicolas Hulot, Cauet, Julien Courbet, Laurence Boccolini, Christophe Dechavanne, Flavie Flamant, Bataille et Fontaine, Laurent Cabrol, Carole Rousseau, Isabelle Brès... Un seul visage coloré : le Réunionnais Sébastien Folin à la météo. Il ne faut pas contrarier le conservatisme – supposé – de la légendaire « ménagère de moins de cinquante ans ». Et les 18 % du Front national, a même avoué un directeur des programmes.

Conclusion du colloque : il est impossible de s'engager dans une politique de quotas à l'américaine. Cela supposerait d'introduire un fichier racial de sinistre mémoire. Toujours cette exagération. Mieux, il a aussi été dit que nul ne peut oublier que la télévision américaine, à force de promouvoir l'image des minorités, cherche peut-être aussi à se dédouaner d'une réalité imaginaire qui malheureusement n'est pas la télé-réalité. On nage en pleine mystification.

Le bon Noir de la ferme

Découragée, Calixthe Beyala, écrivain d'origine camerounaise, Grand Prix littéraire de l'Afrique noire pour son roman *Maman a un amant*, Grand Prix du roman de l'Académie française pour *Les*

Honneurs perdus, Grand Prix de l'Unicef pour *La Petite Fille du réverbère*, a mis en sommeil le collectif Égalité qu'elle avait fondé en 1998. « Il y a eu une prise de conscience, reconnaît-elle, mais il n'y a pas eu de réalisations concrètes. On en reste aux mêmes stéréotypes. Le bon Noir de la ferme. Ce n'est pas structurant. Du coup, les minorités ne regardent plus la télévision française. On n'entend pas, on devient hermétique à l'information diffusée par les médias blancs. On regarde les chaînes étrangères, câblées. C'est un des ferments du communautarisme », explique Calixthe Beyala.

Un jour, Jamel Debbouze, qui avait été interviewé par Claire Chazal pour « Pink TV », a déclaré qu'il adorait Claire Chazal, mais que TF1 était une chaîne qu'il détestait, car elle traitait très mal les minorités d'origine maghrébine. Quels que soient les efforts déployés par TF1 pour éviter de stigmatiser, ou même pour inclure des minorités ethniques dans le casting des émissions, cette chaîne est perçue par les minorités comme l'expression des Français de souche, comme on dit. Elle est suspectée de rendre compte du seul point de vue des Blancs. Une évidence s'impose : les chaînes communautaires rencontrent un véritable succès populaire. Que faire ?

Calixthe Beyala, écœurée, a jeté l'éponge : « Les Français sont persuadés que leur système est le meilleur. On se cache derrière le mot République ou derrière le concept d'exception française qui permet d'embellir une situation qui est très laide. C'est un concept creux. La France, qui a coupé la tête au roi, a reconstitué un régime monarchique, avec une stratification sociale très forte. Tout le monde veut garder ses privilèges. Personne ne veut partager. Il n'y a pas de place pour les Français issus de l'immigration. Quand un élève des cités dit qu'il veut devenir journaliste, les profs lui affirment qu'il n'y arrivera pas et l'orientent vers un CAP. La République est en danger. Les Français doivent tenir compte de cette réalité. La France est multiethnique et cette diversité ne va pas cesser de s'amplifier. »

C'était la conclusion du rapport sur la France, fait par la Commission européenne contre le racisme et l'intolérance (ECRI) : « Une des difficultés à surmonter par la société française actuelle est de se reconnaître et de se percevoir pleinement comme multiculturelle. Dans ce contexte, les médias audiovisuels peuvent jouer un rôle primordial [...]. Or il semble subsister à l'heure actuelle une nette distance entre la réalité des choses et le reflet que les médias renvoient à la société française. Cela apparaît dans la représentation parfois simpliste et stéréotypée des communautés minoritaires, ainsi que dans le manque d'émissions illustrant l'apport réel de ces communautés au patrimoine culturel national. »

La cécité du modèle français

Fils d'un docker algérien venu en France en 1952, docteur en sciences économiques, Yazid Sabeg, P-DG de Communication et systèmes, une société informatique cotée en bourse, dénonce lui aussi l'imposture de cette posture républicaine. Dans son livre, *Discrimination positive, pourquoi la France ne peut y échapper*[1], il dit toute sa souffrance de vivre dans une France restée

---

1. Calmann-Lévy, 2004.

coloniale. Où les enfants d'immigrés sont traités comme des sous-citoyens. « Non, dit-il, la France n'est pas ce qu'elle prétend être. Le pays des droits de l'homme, de la justice, de l'égalité, de la fraternité. Les dirigeants français ont accepté l'idée que les minorités ethniques n'étaient que le résidu marginal de la crise économique. On est dans l'occultation, la cécité et l'amnésie. La France serait le pays des Lumières et le reste du monde plongé dans les ténèbres ! C'est l'arrogance ultime : on revendique notre exception au nom de valeurs universelles et nous ne sommes même pas capables de les faire respecter chez nous ! Ce modèle est foutu, dans ses fondements mêmes. Il n'y a pas d'altérité sans égalité. Il n'y a pas d'égalité sans droit à la différence. »

C'est donc cela « le modèle français, sans équivalent dans le monde », que vante Dominique de Villepin ? « L'égalité » à laquelle aspirent les socialistes ? Mais ce « modèle » fait sourire le monde entier. La France n'a aucune excuse. En ce domaine, elle était libre de donner l'exemple. Nulle contrainte extérieure. Nulle opposition syndicale. Près d'un Français sur deux affirme approuver le principe de la discrimination positive[1]. 58 % des Français pensent même que ce serait une bonne chose de réserver un certain nombre de places dans les universités, les entreprises, les institutions politiques aux « personnes issues de l'immigration[2] ».

---

1. Sondage CSA, France-Europe Express, France Info, réalisé le 2 décembre 2004.
2. Institut de sondage BVA, pour le quotidien *Metro* et la revue *Acteurs publics*, novembre 2004.

Alors, on en revient toujours à la même question : pourquoi ? Raffarin a fourni la réponse, de manière candide : « La discrimination, ce serait l'aveu même de notre échec[1]. » Blandine Kriegel a dit la même chose en accusant l'*affirmative action* d'être « un projet communautariste fondé sur la conviction que le modèle républicain a failli et qu'on doit emprunter à nos voisins, notamment anglo-saxons, leurs recettes[2] ». Ainsi, faire comme tout le monde de la discrimination positive pour aider les minorités, ce serait renoncer à notre exception, à notre modèle. Humiliation suprême.

Le sociologue Michel Maffesoli, auteur notamment d'un ouvrage qui avait fait grand bruit, *Le Temps des tribus. Le déclin de l'individualisme dans les sociétés postmodernes*[3], dénonce cette frilosité archaïque : « Depuis deux décennies un grand fossé s'est creusé entre l'élite – ceux qui ont le pouvoir de dire – et le peuple – ceux qui n'ont pas le pouvoir de dire. Or aujourd'hui, le discours des clercs ne correspond plus à la réalité sociale. C'est une crise globale de représentation qui affecte le vieux contrat social républicain hérité du XVIIIe siècle. Cette rupture produit un sentiment de mensonge. La seule solution, ce serait d'ouvrir le débat de la postmodernité. En finir avec le mythe d'une République une et indivisible, pour s'ouvrir à une nouvelle diversité sociale. Aujourd'hui, les individus se regroupent en fonction de leurs choix religieux, de leur sexualité, de leurs goûts musicaux... C'est un fait qu'il est vain de nier et de diaboliser en

1. *Le Figaro*, 4 décembre 2003.
2. *Elle*, 20 décembre 2004.
3. La Table ronde, 1988.

fustigeant le communautarisme, comme le font les politiques français de droite comme de gauche. Mieux vaudrait ouvrir une vraie discussion sur le sujet pour refonder un discours dans lequel les citoyens se reconnaissent[1]. »

1. *Le Nouvel Observateur,* 7 octobre 2004.

Chapitre 12

Un pays normal

« Tâcher toujours plutôt à me vaincre
que la fortune, et changer mes désirs plutôt que l'ordre du monde. »

DESCARTES, *Discours de la Méthode*

L'expression est du gouverneur de la Banque centrale européenne, Jean-Claude Trichet. À propos des
difficultés d'adaptation de l'économie française, il
avait déclaré : « La France est un pays qui s'est édifié
sur un modèle très particulier. Assez original. Aucun
autre pays ne repose sur la même construction historique. Cela lui donne des atouts. Elle doit en tirer parti.
En même temps, la construction européenne, l'inter-
nationalisation des économies, la mondialisation exigent qu'elle assimile complètement les règles de
l'économie de marché. » Et il évoquait la nécessité,
pour la France, de « devenir un pays normal [1] ».

La France excelle dans certains domaines. Dans
d'autres, elle est moins performante. Elle sait concevoir des systèmes, des organisations, inventer des

---

1. Ghislaine Ottenheimer, *Les Intouchables*, Albin Michel,
2004.

modèles. Mais elle ne sait pas toujours gérer la réalité.
C'est un pays profondément structuraliste. Qui privilégie la globalité, l'intérêt général sur l'individu. Qui
pense l'ensemble, en négligeant l'humain. Qui pré-
fère la théorie à la pratique. Le monde anglo-saxon
est fonctionnaliste. Il conçoit la société comme un
ensemble d'éléments complexes, dont l'équilibre
dépend de ses diverses composantes, dont la dynamique est le résultat de mécanismes interdépendants. La
France édicte moult lois, qu'elle s'ingénie à transgres-
ser. Les Anglo-Saxons sont jurisprudentiels. La France
décrète. Le monde anglo-saxon s'adapte sans cesse
sous la pression de contre-pouvoirs multiples. D'un
côté, la culture du risque, de la responsabilité, de l'initiative individuelle, de l'autre le culte de l'intérêt
général, l'aspiration à un absolu intangible, accessible
à tous. Des approches pas toujours compatibles.

Panurgisme

La normalité est évidemment très difficile à définir.
C'est la conformité à des lois, à des règles, à des
croyances, à des comportements. Mais quelles lois ?
quelles règles ? celles qui sont dominantes ? anglo-
saxonnes ? Évidemment pas. Un tel raccourci est un
piège. Cela diabolise le débat, entraîne le rejet. On
ne change pas une culture, on n'abandonne pas une
histoire, une façon d'être.
Mais on peut également entendre le mot norme au
sens de repère, de point d'équilibre. C'est une référence, par rapport à un groupe donné. Ce groupe
peut se définir géographiquement, économiquement,
politiquement : c'est l'Europe, le monde développé,

les pays industriels, les démocraties occidentales. Tous ces pays vivent sur un certain consensus.

On pourrait dire qu'un pays normal, c'est un pays qui accepte les règles collectives, qui a su les rendre compatibles avec ses propres lois, son modèle social, qui a trouvé un équilibre, un juste milieu entre particularismes et règles communes. Sans les remettre éternellement en cause. Or la France manifeste un rejet quasi compulsif à l'égard des normes. Se conformer à la norme est perçu comme une forme de panurgisme. Une soumission. En France, on fait l'éloge de l'exception. C'est une forme de snobisme, d'arrogance. Et au lieu de nous définir par rapport à nous-mêmes, à nos valeurs, on se définit par rapport aux autres. On veut être différents. Avant tout différents.

Devenir un pays normal, c'est arriver à vivre en harmonie avec nos partenaires, tout en tenant compte de nos différences respectives. Leur manifester du respect. Avoir une attitude juste. Tout le monde a besoin d'une singularité. Et la France est, à bien des égards, très singulière. Par sa diversité. Son art de vivre. Son raffinement. Son épicurisme. Son aspiration à un monde juste. Mais est-il besoin d'affirmer cette différence par un ego surdimensionné, une attitude arrogante et méprisante ?

C'est Chirac lâchant devant Vladimir Poutine et Gerhard Schröder, lors des cérémonies pour le sept cent cinquantième anniversaire de Kaliningrad : « La seule chose que les Anglais aient faite pour l'Europe, c'est la vache folle. On ne peut pas faire confiance à des gens qui font une si mauvaise cuisine. » Et d'ajouter, pour bien enfoncer le clou : « Après la Finlande, c'est le pays où l'on mange le plus mal. » L'Angleterre, qui s'enorgueillit d'avoir considérablement élevé ses standards culinaires et qui compte vingt des deux cents restaurants les plus cotés au monde, l'a très mal pris. D'autant que, concernant la vache folle, la France est le dernier pays à avoir levé les restrictions, sans raisons valables, par pur protectionnisme. Est-ce une façon de traiter un partenaire ? Édith Cresson avait fait preuve de la même arrogance en traitant les Anglais d'homosexuels et les Japonais de fourmis.

Être normal, c'est surtout savoir s'adapter. Évoluer. C'est aussi simple que cela. Accepter de vivre différemment à vingt ans et à cinquante ans. De vivre et de travailler différemment en 1950 et en 2005. C'est accepter le cycle naissance, vie et mort. Admettre le caractère inéluctable de la finitude de toute chose. Au lieu de rester figé. Une attitude forcément pathogène. Imaginez une ancienne mannequin qui, à soixante ans, continuerait à s'habiller, à se maquiller, à se comporter comme au temps où elle avait vingt ans et faisait la une de tous les magazines. Un professeur de médecine qui refuserait d'avoir recours à la pénicilline. On dirait qu'ils ne vont pas bien. Qu'ils sont dérangés. Or c'est exactement ce que fait la France. Elle veut piloter une économie du IIIe millénaire avec des outils datant de la Seconde Guerre mondiale. Au mieux cela peut faire sourire, au pire cela peut conduire à la catastrophe.

Devenir normal, c'est rendre notre organisation, notre économie compatibles avec la réalité de ce siècle. Au lieu de rechigner dans un coin, en criant « pouce ! exception française ! » à la moindre contrariété et en se prosternant devant nos vaches sacrées. Vouloir favoriser la fluidité du marché du travail dans une économie où les technologies, les marchés les processus de fabrication ne cessent d'évoluer, vouloir instaurer la formation professionnelle tout au long de la vie, au bas comme au sommet de l'échelle hiérarchique, ce n'est pas faire du mimétisme idéologique, ce n'est pas s'inspirer de tel ou tel modèle, ce n'est pas renier l'exception française, cela s'appelle s'adapter aux réalités.

Les trains ne fonctionnent plus à la vapeur

Il suffit de voir comment s'est construit notre « modèle », pour comprendre qu'en réalité il est le fruit de notre histoire, il n'a cessé d'évoluer, de se modifier. C'est d'ailleurs le contraire d'un modèle, au sens de standard. Quelque chose qui aurait été défini au départ et qui ne bouge plus.

Prenons le statut des cheminots, présenté comme une garantie pour le maintien de la qualité des services publics. Un statut, assorti de maints avantages et de conditions de travail exceptionnelles, que plus personne n'ose contester depuis les grèves de décembre 1995. Ce fameux statut n'est pas l'aboutissement d'une réflexion argumentée, la pierre philosophale de notre exception. C'est en réalité le résultat d'une évolution qui a duré plus d'un siècle. Et il n'y a aucune raison pour qu'il n'évolue pas encore si l'intérêt général l'exige. Parce que le monde change. Parce que les trains ne fonctionnent plus à la vapeur.

Les premiers « statuts » sont apparus en France au milieu du XIXe siècle, sous le Second Empire, dans les premiers conglomérats privés. Dans les chemins de fer, les mines, la poste. Il ne s'agissait en aucune manière de garantir la qualité d'un quelconque service public. Cela n'avait rien à voir avec les monopoles d'État. À l'origine, il s'agissait avant tout pour les patrons de fidéliser une main-d'œuvre qualifiée. À l'époque, en effet, les hommes se louaient souvent à la tâche lorsqu'ils avaient besoin d'argent. Impossible de gérer la production d'énergie ou des entreprises de transport avec une main-d'œuvre aussi volatile. Qui plus est, en ce siècle de développement industriel, la main-d'œuvre qualifiée se faisait rare et la concurrence poussait les salaires à la hausse. Pour fidéliser leurs employés et rationaliser leur gestion, les entrepreneurs ont proposé aux salariés des statuts avantageux, avec garantie de l'emploi, retraites... Chacun y trouvait son intérêt.

Dans le même temps, les syndicats ont commencé à se développer. Peu à peu, sous la pression de l'action syndicale et du mouvement ouvrier, ces fameux statuts ont évolué, notamment chez les cheminots, fief de la CGT : couverture maladie, caisses de prévoyance, caisses de retraites, service médical rattaché à l'entreprise, puis viendront les congés payés, le logement social, les colonies de vacances, le comité d'entreprise.

À cette époque les chemins de fer étaient encore privés : PLM, Paris-Orléans, Compagnie du Midi, Compagnie du Nord, Compagnie de l'Ouest. C'était un régime de concessions. Très vite, ces sociétés vont battre de l'aile, ployant sous la charge des obligations de service – création de voies ferrées, entretien du réseau, obligation de desservir toutes les préfectures. Le développement du transport routier va précipiter leur déconfiture financière. Sauvées par le Front populaire, en 1937, elles seront en quelque sorte nationalisées en 1938, avec le regroupement de toutes les compagnies, et la création d'une société commune,

la SNCF, dont l'État détient 51 %. Voilà pour l'historique du statut des cheminots, qui préfigure tous les
autres. Il n'a pas été pensé pour garantir des services
publics de qualité. Il est le fruit d'un rapport de force.
Et des circonstances.

L'organisation de l'administration française, telle
qu'elle fonctionne aujourd'hui, sur un mode hyper-
centralisé, répond elle aussi aux exigences d'une époque. À la Libération en 1945, s'est posé le problème
de l'administration qui avait obéi au gouvernement de
Vichy. Pour rompre avec ce passé, dès avril 1944, à
Alger, le général de Gaulle a abrogé le statut des fonctionnaires de 1941. Et mis en place une réforme de
la fonction publique. Une fonction publique rénovée,
lavée de l'opprobre de Vichy. Par ailleurs, l'effort de
reconstruction nécessitait, aux yeux du Général et du
Conseil national de la Résistance, la mise en place
d'un exécutif fort et d'une administration puissante,
de qualité, très hiérarchisée. Une sorte d'armée civile.
    La pierre angulaire de cette réforme était la créa-
tion de l'École nationale d'administration et d'une
direction de la fonction publique, deux mesures destinées à unifier l'administration et à renforcer l'autorité
centrale. Que cette organisation soit amenée à être
révisée, amendée soixante ans plus tard, de manière à
l'adapter aux nouvelles contraintes économiques, géographiques, sociales, quoi de plus normal ? Que l'on
puisse reconvertir certains fonctionnaires en surnombre dans des secteurs où les évolutions technologiques
ont permis de gros gains de productivité, que l'on
puisse supprimer des corps devenus obsolètes, que
l'on puisse transférer certains agents de l'administration centrale dans des collectivités locales, ou que l'on

redonne vie au système de notation au mérite qui a été mis à mal par une dérive cogestionnaire, ce n'est ni libéral ni anglo-saxon. C'est simplement normal. C'est ce qu'ont fait la plupart des pays occidentaux. En quoi est-ce contradictoire avec le modèle français ?

Le système de retraite par répartition créé à la Libération répond lui aussi à une problématique précise : l'effondrement de l'économie et la faillite des fonds destinés au versement des pensions. Mais la démographie de l'époque, l'espérance de vie, la pyramide des âges le permettaient. Aujourd'hui ce n'est plus le cas. À la SNCF, il y a deux fois plus de retraités que d'agents actifs. Ceux-ci ne peuvent évidemment pas supporter la charge des pensions. La plupart des pays confrontés aux mêmes difficultés en ont pris acte et, anticipant sur l'avenir où la durée de vie va encore s'allonger, ils ont réformé de manière radicale leurs systèmes de retraite. En allongeant la durée de cotisation, en modifiant son mode de calcul, mais aussi en adossant ce système de retraite par répartition à un système par capitalisation. Est-ce libéral ? anglo-saxon ? C'est simplement une gestion réaliste. Normale.

« Un chaos où l'on ne voit goutte »

Mais combien d'« exceptions françaises » subsistent, sans aucune raison ? Par entêtement. Par conservatisme. Par superstition. Prenons le nombre des communes : 36 779. Un record en Europe. La plupart d'entre elles n'ont pas la taille critique pour disposer des moyens techniques, juridiques, financiers nécessaires à une bonne gestion. Inévitablement, sous l'effet conjugué des progrès technologiques, de l'évolution des modes de production, les territoires réels ne cessent de se recomposer. Aux politiques d'adapter les limites géographiques des collectivités en fonction des nécessités administratives, sociales et économiques. Or cette adaptation n'a jamais été possible.

En 1789, deux positions s'affrontaient. D'un côté les Girondins, Thouret, Sieyès et Condorcet, qui plaidaient pour la création de grandes communes, arguant que la démocratie serait plus forte. Ils demandaient la création de 6 500 communes. De l'autre les Jacobins, centralisateurs, et Mirabeau qui pensaient que l'émiettement communal assoirait le pouvoir central. Ils réclamaient la transformation des 44 000 paroisses en autant de communes. À la Constituante, c'est Mirabeau qui l'emporta et une loi de 1789 instaura une municipalité dans chaque ville ou paroisse, avec tout de même une réduction du nombre des communes de 44 000 à 38 000.

Déjà, on s'inquiète de cette atomisation. Sieyès parle d'un « chaos où l'on ne voit goutte ». Dès 1790, une loi cherche à favoriser la fusion des petites communes de moins de 250 habitants. Loi qui restera lettre morte. Les nombreuses tentatives qui vont se succéder vont toutes avorter. Et finalement, devant l'attachement manifesté par les Français à leur commune, à leur clocher, en 1890, les législateurs ont mis au point un système ingénieux : le syndicat de communes ! Après deux nouvelles tentatives de regroupement, en 1942 et en 1945, infructueuses elles aussi, le gouvernement de 1959 renforce ce système de syndication : il institue les districts urbains et les syndicats intercommunaux à vocations multiples (sivom). En 1966, ce seront les communautés urbaines. Ensuite viendront les syndicats d'agglomération nouvelle, les communautés de commune, les contrats de pays, les conventions de développement, les chartes intercommunales. C'est cela qui n'est pas normal. Cette réticence. Cette peur de perdre. D'être floué. Comme s'il n'y avait pas de communauté de destin. Du coup, on n'évolue pas, on conserve, on superpose.

Et on en est resté à ce bricolage où les municipalités gardent leur identité, mutualisent leurs moyens, s'associent, tout en restant rivales. Avec des procédures complexes, lourdes, coûteuses. Pas vraiment démocratiques, puisque les dirigeants de ces structures ne sont pas élus au suffrage direct. Et c'est ainsi que, à défaut d'avoir réussi à adapter le maillage administratif aux réalités économiques, on se retrouve avec des maires dépourvus de moyens, qui dépendent de l'État et de sa manne, se lamentant dès qu'on supprime une succursale de la Banque de France, un bureau de poste, une gare. Les élus locaux, eux, s'en satisfont : ils se partagent présidences, secrétariats, voitures.

La plupart des pays européens, confrontés au même phénomène, ont entrepris des regroupements. Entre 1965 et 1975, l'Allemagne a réduit le nombre de communes de 25 000 à 8 500. Le Danemark s'est attaqué au problème en 1967. L'Italie en 1970, la Grande-Bretagne en 1974, la Belgique en 1975. Dans les pays nordiques, qui ont procédé à une simplification des échelons administratifs, les collectivités locales ont peu à peu été investies de nouveaux pouvoirs et de moyens conséquents permettant la mise en place de politiques souples, efficaces et adaptées aux territoires en matière d'aide sociale, d'urbanisation, de transports, mais aussi de recherche, de développement économique. Les gouvernements ont eu une politique de responsabilisation du pouvoir local.

Réduire le nombre de communes pour que le pouvoir local le plus proche des administrés soit renforcé, responsabilisé, tout en veillant, bien évidemment, à un système de pondération au niveau national, pour assurer une juste redistribution des ressources, c'est libéral, anglo-saxon ? c'est une atteinte au modèle social ? En quoi l'État centralisateur a-t-il permis une juste répartition des ressources sur le territoire ? Où sont les bons lycées ? les bonnes universités ? les meilleurs hôpitaux ?

Toute-puissance magique du politique

Dans tous les pays d'Europe où des réformes ont eu lieu, le système n'est pas remis en cause. Il ne s'agit pas d'inventer autre chose. On cherche simplement à l'amender, à le faire évoluer. Comment fait-on pour favoriser l'innovation ? comment fait-on pour équilibrer les systèmes sociaux ? comment modernise-t-on les services publics ? Qu'est-ce qui est plus efficace, les agences, la concurrence, les délégations de service public, la privatisation, le maintien dans le giron de l'État ? Comment peut-on lutter contre la pauvreté ? En France, tout débat achoppe sur des présupposés idéologiques. À droite, comme à gauche.

La France, « fille aînée » de l'Église, a besoin de dogmes puissants. D'absolu. Elle ne peut s'accommoder du relatif. La République, l'intérêt général, la laïcité, le culte de l'État ont remplacé la religion. Immature, aliéné par les idéologies égalitaires assurant protection et partage, le peuple français est incapable de renoncer à la toute-puissance magique du politique, comme l'enfant est incapable de renoncer à la toute-puissance magique de la mère. Une mère qui nourrit, protège, soigne tous les bobos. Un État magique qui redistribue, soigne, protège, garantit. Et il croit aux dogmes sans esprit critique. La tempête qui a sévi les 26 et 27 décembre 1999 en donne une illustration édifiante.

Au cours de ces deux jours de tempête, le réseau EDF a été très fortement endommagé. Centrales et postes de transformation inondés, poteaux et pylônes à haute tension arrachés, lignes électriques rompues ou emmêlées. Des milliers de kilomètres de lignes à moyenne et basse tension se sont effondrés. Une partie du réseau à très haute tension a été gravement détériorée. 3 400 000 foyers sont privés d'électricité. Il faudra attendre le 14 janvier, près de trois semaines, pour que le réseau soit entièrement restauré. Et personne n'a posé de questions sur l'état du réseau, la qualité de l'entretien. C'était pourtant la hantise des dirigeants. Pourquoi une telle adhésion à l'entreprise ?

Certes, EDF a très bien géré la crise. Mettant tous les moyens en œuvre, faisant preuve d'humilité face aux événements, communiquant très habilement. Le président, parti en vacances, a été rapatrié d'urgence. Installé dans un des nombreux studios de télévision mis en place au siège d'EDF, entouré d'agents, évoluant dans tous les sens pour évoquer la mobilisation générale, il est intervenu en direct dans tous les médias. Chaque jour, la cellule communication a alimenté les journaux et les télévisions en sujets porteurs. La directrice départementale en tournée la nuit, avec les agents, perchés sur leurs échelles. Un village isolé, où les agents d'EDF sont arrivés avec les pompiers. L'aide internationale. La solidarité européenne. Les militaires. Chaque jour, la cellule trouvait de belles histoires pour louer la mobilisation des équipes. Chaque jour, elle guettait aussi l'article critique, les interrogations. Mais rien. « Aucune critique sur les moyens, ou les insuffisances du réseau. Au contraire, soutien de la presse et des politiques », est-il noté en interne.

Aucune question sur le maillage et la centralisation des réseaux de distribution. Aucune allusion à la faiblesse des investissements pour entretenir les lignes, comparés à ceux consentis pour l'expansion internationale de l'entreprise ou la réduction de la dette en vue de la privatisation. Rien sur les moyens consacrés à la production, aux très nombreux agents du siège, au détriment du réseau de distribution et notamment de la sûreté. Rien non plus sur les retards en matière d'enfouissement comparés à d'autres pays voisins comme la Suisse ou l'Allemagne. Rien sur l'insuffisance du dispositif d'urgence et le fait qu'EDF ne dispose pas de packs de groupes électrogènes de secours. C'est Hydro-Québec qui lui en a fourni. Le directeur de la communication de l'époque s'en émerveille encore : « L'image d'EDF n'a pas souffert. Au contraire, cela a renforcé notre image de service public efficace, proche des gens. »

Seuls les Verts ont demandé des explications sur l'inondation de la centrale de Blayais. Défaut de conception ? On leur a répondu que tout était normal, qu'il s'agissait simplement d'une situation « imprévisible » !

Tout le monde a en effet loué l'efficacité, le dévouement, la compétence des agents d'EDF. Ils étaient pourtant minoritaires dans le dispositif. La remise en état du service a été réalisée grâce au concours de 8 500 techniciens d'EDF certes, mais aussi de 4 200 techniciens d'entreprises sous-traitantes privées appelés en renfort, comme la société Bouygues, de 3 600 militaires et de 1 800 techniciens étrangers. Au total, donc, 18 100 personnes. Moins de la moitié étaient des agents d'EDF ! Quand aux lignards, 800 agents étaient effectivement des agents d'EDF. Mais on a également mobilisé 750 salariés d'entreprises privées, 80 agents étrangers et 150 militaires. Aucune critique n'a été formulée sur le fonctionnement de ce service public. Pas une seule voix discordante. EDF, vache sacrée incontestée et incontestable, était comme immunisée.

EDF, un service public exemplaire ? Ce n'est pas l'avis de Noël Mamère : « EDF est au service d'une caste, le corps des Mines, qui a la maîtrise absolue de la politique énergétique en France. Qui fonctionne de manière opaque. Ainsi, pendant des années, EDF a obligé les bailleurs sociaux à équiper les logements sociaux de convecteurs électriques, qui ne diffusent pas et sont très coûteux, surtout dans des logements mal isolés. On a donc condamné les familles aux plus faibles revenus à une surconsommation d'énergie ! Tout cela pour financer le programme nucléaire. EDF n'est pas un service public ! »

EDF, qui a été mise en cause par la Cour des comptes pour avoir sous-évalué, dans son bilan, le coût futur du démantèlement des centrales. EDF, dont le sous-traitant, la Cogema, qui fabrique le combustible, a été mise en cause dans une commission d'enquête parlementaire révélant que ses propres sous-traitants n'étaient pas soumis aux contrôles sur les taux de radiation. Dans n'importe quel pays, de tels comportements auraient provoqué des scandales. Cela aurait été normal.

Mais EDF est une vache sacrée. Pas touche ! Service public ! L'entreprise fonctionne dans une totale opacité. Les dirigeants avouent « off » que la manne du comité d'entreprise, si souvent dénoncée, ce n'est rien comparé à la gabegie en personnels. Pas grave. L'entreprise a pactisé avec la CGT, de manière à avoir son soutien sur la question du nucléaire. Et cela a un coût très élevé : 20 à 30 % de sureffectifs, selon les confidences d'un dirigeant. Le peuple n'est-il pas en droit d'exiger qu'un tel « service public » soit bien géré, et dans la transparence ?

Les Français font preuve de la même indulgence concernant la SNCF. Selon nombre de hauts fonctionnaires, chaque année les chemins de fer français coûtent près de 13 milliards d'euros aux Français. Sous forme de contribution au régime de retraite, aux investissements, à l'entretien du réseau, au financement des tarifs réduits, etc. L'addition – qui n'a jamais été faite officiellement – est colossale. C'est 5 % du budget de la France. Près de trois fois le budget de la Justice, plus que le budget de la recherche. Et à l'arrivée, la SNCF est contrainte de fermer des lignes, le fret patine. Certes, le TGV est une merveille technologique qu'hélas on n'a pas réussi à exporter, mais à ce prix, cela mérite un débat, avec des comptes clairs. En a-t-on pour notre argent ?

C'est cela qui n'est pas normal. Cette crédulité. Cette absence d'esprit critique. Cette croyance en des dogmes, qui altère toute réflexion et se perd en débats idéologiques. Service public contre privatisation. Intérêt général contre profits financiers. Au nom de quoi un service public ne se doit-il pas d'être géré de manière exemplaire ? C'est le bien commun.

Exercice de catharsis

En France, les gouvernements peuvent engager des dépenses qui ne sont pas inscrites au budget. Budgéter des emplois de fonctionnaires qui ne seront jamais affectés. Geler des crédits votés par les représentants du peuple en toute discrétion. Sans contrôle. Et cela ne gêne personne. République bananière, disent nos voisins. Être un pays normal c'est être un pays équilibré, avec des contre-pouvoirs efficaces, des lieux de dialogue.

S'il est aisé de donner des ordres, il l'est beaucoup moins de savoir s'ils ont été exécutés, et, s'ils ne l'ont pas été ou imparfaitement, de prendre des mesures adéquates afin qu'ils le soient. Cette question du contrôle doit être au cœur de toute réflexion sur l'État. Elle est un des fondements de la crédibilité de l'État et de la démocratie. Elle protège à la fois les gouvernants et les citoyens, car elle est une garantie de l'efficacité de commandement et une protection contre les abus. Or notre système de contrôle est très largement inexistant. Ainsi les soi-disant inspections dans l'Éducation nationale ne servent à rien. Formidable outil au service de la gestion humaine de ce grand ministère, elles ont été complètement neutralisées. Là aussi on est dans le jeu de rôles, les faux-semblants. Les notes des inspecteurs sont systématiquement soumises à une péréquation départementale, puis nationale. Pour que tout le monde ait une note comprise entre 18 et 19 ! Mais il en est ainsi du système de notation et d'évaluation dans tous les ministères. Ce serait cela l'exception française que le monde nous envie ?

Le président de la Cour des comptes a de bonnes raisons de se montrer satisfait du travail de l'institution qu'il préside. Celle-ci peut en effet s'enorgueillir d'avoir débusqué bon nombre de dérives ou d'abus. Devenue indépendante, avec un pouvoir accru puisque c'est elle qui certifiera les comptes de la nation dès la mise en œuvre de la nouvelle procédure budgétaire, elle préfigure ce que devrait être une démocratie moderne, normale, avec un système équilibré, doté de contre-pouvoirs. Mais les moyens dévolus, en France, au contrôle de l'exécutif sont lilliputiens comparés à ce qui se passe en Grande-Bretagne ou aux États-Unis.

En mars 2005, l'Institut Montaigne, le *think tank* créé par l'ancien président d'Axa Claude Bébéar et quelques universitaires, de droite et de gauche, a publié une note dans laquelle il a comparé le rapport annuel de l'institution à « un vain exercice de catharsis collective, dénué d'effets opérationnels ». Le professeur de droit Guy Carcassonne, président du groupe de travail qui a rédigé cette note, faisait remarquer qu'en Grande-Bretagne, le gouvernement qui prendrait à la légère les recommandations du National Audit Office s'exposerait aux foudres de l'opinion publique et des médias.

En mai 2005, deux parlementaires, Yves Jego, député UMP de Seine-et-Marne, et Jean-Louis Drumont, député PS de la Meuse, auteur d'un rapport sur ce sujet, ont fait le même constat : les recommandations du rapport annuel de la Cour des comptes restent le plus souvent lettre morte. « Passé la médiatisation du rapport annuel, les administrations répugnent à appliquer les recommandations de la rue Cambon visant à remédier à des irrégularités ou des gaspillages. »

Non seulement elles restent lettre morte, mais les contrôles ne portent, chaque année, que sur une infime partie de l'activité de l'État. Le budget annuel de la Cour des comptes est de 113 millions d'euros seulement. Pour contrôler un budget annuel de 273,5 milliards d'euros (hors budget de la Sécurité sociale). Une somme ridicule au regard de ses missions.

Comparée aux autres grandes démocraties, la France est un pays sous-développé en matière d'évaluation, de contrôle, d'expertise indépendante. Pas de grandes fondations, de grandes universités, avec des pôles de recherche permettant, sur chaque question économique, sociale, d'alimenter le débat, de nourrir les politiques, les journalistes, les professeurs, les chercheurs. Quant aux autorités de contrôle, réputées indépendantes, elles sont très dépendantes de l'État qui nomme ses membres au sein de la même caste. Et toutes manquent cruellement de moyens.

Un État gothique

Opacité, passe-droits, copinages... Tout pays dans lequel l'État joue un rôle important et dont les ardeurs ne sont pas tempérées par des contre-pouvoirs finit par produire une caste, dont la puissance excède ce que la démocratie est en droit d'exiger. Et le peuple perd peu à peu la confiance, indispensable à tout processus d'évolution. Ainsi, alors que le gouvernement ne cesse d'affirmer la nécessité d'introduire dans la fonction publique des processus d'évaluation, l'avancement au mérite, l'État, lui, continue de nommer aux plus hautes fonctions des affidés, des amis politiques, des obligés, sans la moindre évaluation des compétences. Normal ?

Compte tenu des déboires de la recherche française, et du retard des PME françaises dans le domaine des nouvelles technologies, le gouvernement a décidé de regrouper la BDPME, banque des petites et moyennes entreprises, et l'Anvar, pour créer un nouveau zinzin, Oséo, au service des entreprises innovantes.

Réfléchit-on au profil idéal de l'homme qui devra diriger cet organisme ? Procède-t-on à une définition de poste ? Faut-il un homme qui a de l'expérience dans le domaine du capital-risque ? Un chercheur ? Un banquier connaissant bien le secteur des nouvelles technologies ? Fait-on appel à candidature ? Non, on nomme quelqu'un que le président connaît : Jean-Pierre Denis. Un homme intelligent, bardé de diplômes, puisqu'il a fait HEC, l'ENA, l'inspection des Finances. Mais il n'a aucune expérience dans ce domaine. Après avoir servi de plume à Chirac durant la campagne de 1995, il a occupé le poste de secrétaire général adjoint de l'Élysée, avant d'être parachuté à la tête d'une filiale de Vivendi, dont il a été remercié au lendemain de la chute de Jean-Marie Messier. Chirac l'a recasé à la tête de la BDPME, sans se préoccuper de savoir si c'était l'homme idoine. L'expérience, le *know how*, le flair ? Balivernes.

On peut dénoncer la rigidité de la grille de la fonction publique, mais tout en haut, le système fonctionne de manière aussi archaïque. Jean-Pierre Denis fera peut-être très bien son job, mais le moins qu'on puisse dire c'est que cela ne donne pas le sentiment qu'on cherche à promouvoir les plus méritants.

Autre exemple. Pour succéder au président de la chaîne publique TV5, décédé, lance-t-on un appel à candidature ? Cherche-t-on un gestionnaire ayant une certaine expérience de la télévision ? Non, on recase l'ancien ministre de la Culture, Jean-Jacques Aillagon, un homme délicieux au demeurant, qui a très bien réussi à Beaubourg, mais qui ignore à peu près tout de la production, de la programmation. C'est tellement plus simple de nommer des affidés pour les récompenser.

C'est ainsi que le chef de l'État a nommé sa porte-parole, Catherine Colonna, diplomate de carrière, à la présidence du Centre national de la cinématographie (CNC) et Yves Guéna, résistant de la première heure, ancien ministre du général de Gaulle, ancien président du Conseil constitutionnel, quatre-vingt-deux ans, à la tête de l'Institut du monde arabe.

En 2001, lorsque le préfet Rémy Chardon, ancien directeur de cabinet de Chirac à la mairie de Paris, est contraint de quitter la présidence de l'ATMB, la société d'exploitation des autoroutes et du tunnel du Mont-Blanc au lendemain du drame qui a fait trente-neuf morts, que devient-il ? Le relègue-t-on dans une administration obscure, alors qu'il est mis en examen et que, tous les rapports le démontrent, le mauvais état du tunnel était avéré et que personne n'a rien fait ? Il a d'ailleurs été condamné depuis. Non, on le nomme à la présidence des autoroutes de Paris-Normandie. Et l'on ose parler d'avancement au mérite ? d'évaluation ? C'est cela le modèle français ? la mérito-cratie républicaine ? Sarkozy a beau faire un show très médiatique à Bercy avec les meilleurs douaniers, les fonctionnaires de catégorie B ou C ont le sentiment que dans ce pays, l'évaluation, c'est simplement plus de flexibilité pour le bas de l'échelle.

Pascal Lamy, directeur de l'OMC, ancien commissaire européen, énarque, inspecteur des Finances, de gauche, et peu suspect de cracher sur la fonction publique française, m'a affirmé que, vu de Bruxelles, aujourd'hui, c'était la Grande-Bretagne qui avait la meilleure haute fonction publique. Pourquoi ? Parce qu'elle a une super-école de fonctionnaires ? Non, parce qu'elle a mis au point un vrai processus d'évaluation et de recrutement. On cherche la personne idoine pour piloter une agence de recherche et de développement ? L'appel à candidature est affiché à White Hall (le siège du gouvernement). Pour les postes les plus importants, la compétition est ouverte à tout le monde. Fonctionnaires et non-fonctionnaires. Les candidats doivent produire trois documents : leur profil professionnel, une lettre de motivation et un projet. Les candidats sont soumis à une évaluation : ont-ils le profil du poste ? leurs qualités professionnelles correspondent-elles à la mission qui va leur être confiée ? Puis ils passent devant un jury, composé à la fois de leurs futurs dirigeants, d'experts dans le domaine, de futurs partenaires. Pour choisir le président de la SNCF, il y aurait eu dans le jury un représentant des usagers, des entreprises de logistique clientes, etc. Et ce processus permet a priori de sélectionner les meilleurs, de nommer les bonnes personnes, au bon moment, à la bonne place. C'est cela qui serait normal. Est-ce une perspective si effrayante ?

Chapitre 13

Le plafond de verre

« Il est déjà mort celui-là qui a donné pour but à son existence d'assurer sa propre survie. »

GOETHE

En privé, John Major et son ministre des Finances Gordon Brown confient volontiers que la Grande-Bretagne ne serait pas aussi riche et dynamique aujourd'hui s'il n'y avait pas eu Margaret Thatcher. Thatcher ! L'épouvantail libéral absolu pour la classe politique française. Tout le monde, à droite, se réclame de Blair, mais plus personne ne fait référence à la dame de fer, qui a mis fin au déclin de la Grande-Bretagne, mais dont la politique a eu un « coût » social très élevé. Sous son gouvernement, la pauvreté s'est accrue, le fossé s'est creusé entre les riches et les pauvres, les services publics ont continué à se dégrader.

Qui voudrait d'un tel destin ? D'autant que la gauche a largement contribué à populariser l'idée selon laquelle il vaut mieux être pauvre en France qu'en Grande-Bretagne... Cette perspective d'avoir à en passer par les difficultés auxquelles a été confrontée la population britannique fait évidemment peur. Et c'est cette peur qui provoque tous les mécanismes de défense : déni, évitement, paranoïa, narcissisme. Avec cette idée communément répandue que ce sont les classes populaires qui auront à payer le prix fort, si la France acceptait de se soumettre à l'ordre libéral. Que les acquis de décennies de luttes voleraient en éclats et que les plus démunis se verraient acculés à accepter des petits boulots. Sans le filet de l'assurance chômage, de la sécurité sociale. En réalité, la question ne se pose pas comme cela.

Ligne Maginot, forteresses Vauban

En France, contrairement à la Grande-Bretagne d'avant Thatcher, l'adaptation a déjà eu lieu dans de nombreux secteurs, dans la sidérurgie, l'industrie minière, l'aéronautique, l'automobile, le textile. Plans de licenciements, plans de reconversion, de Lip à Longwy, en passant par Billancourt, la casse sociale a déjà eu lieu. Avec des régions traumatisées, des territoires meurtris. Mais aussi des redressements spectaculaires, comme la « textile vallée » à Roubaix-Tourcoing ou dans le Bas-Rhin, des reconversions, comme Toyota à Valenciennes. À l'exception de quelques mammouths comme la SNCF, EDF, La Poste, la plupart des grands groupes se sont adaptés à l'économie mondiale. C'est la sphère publique qui est obsolète, coûteuse, inefficace. Et l'exemple de ce qui s'est passé en Suède, au Danemark, aux Pays-Bas, en Finlande montre qu'on peut ajuster, agencer l'État différemment sans pour autant renoncer à la solidarité. Qu'il n'est pas antinomique d'allier compétitivité et justice sociale. Au prix d'un effort collectif. En matière de durée de temps de travail, de méthode de travail. Mais surtout d'une révolution en termes de management public.

Mais si les adaptations ont eu lieu, pourquoi LU, pourquoi Moulinex ? Pourquoi cela continue ? La faute à la mondialisation ? Aux délocalisations ? Pas seulement. C'est un cycle inévitable. Chaque année, en France, 10 % des entreprises disparaissent. Chaque jour, 30 000 personnes perdent leur emploi et 30 000 en retrouvent. Les grands plans de licenciement qui font la une des journaux ne représentent qu'une infime minorité des emplois détruits. De l'ordre de 0,5 %. Nous ne sommes pas les témoins d'une disparition du travail, mais d'une incessante recomposition. De plus en plus rapide. Mais alors, si le nombre d'emplois reste le même, pourquoi ne pas protéger tous les emplois afin que chacun garde le sien ? La question apparemment naïve est pourtant sous-jacente dans le débat public. Et les revendications sans cesse formulées pour « interdire » les licenciements en témoignent. En un mot, l'efficacité des économies de marché doit-elle s'accompagner de telles souffrances, de telles incertitudes ? Malheureusement oui. Avec plus ou moins de dureté. Le rôle des dirigeants est de faire respecter un certain nombre de règles du jeu acceptables par tous, équitables. De protéger le peuple des excès. Et de favoriser l'émergence d'entreprises compétitives, pour avoir un solde positif. C'est ce processus de création-destruction d'emplois qui est le moteur de la croissance. Certaines entreprises, grâce à l'innovation, au marketing, au savoir-faire, à la capacité d'exportation survivent et d'autres meurent. Les sociétés ayant des capacités d'adaptation se développent, prennent des parts de marchés sur les autres. L'important, c'est que les créations soient chaque année plus nombreuses que les destructions. Les pays où le chômage est le plus faible sont ceux qui favorisent l'innovation et cette fluidité du marché du travail, cet incessant processus création-destruction. L'histoire a montré que les sociétés qui ont renié le libre-échange, l'économie de marché, au profit d'une organisation planifiée ont toutes échoué. Qui plus est, et ce n'est pas anecdotique, elles ont été incapables de concilier l'équité avec les libertés individuelles.

« Économie planifiée et économie de marché sont totalement différentes eu égard aux processus de création-destruction d'emplois, car elles relèvent de deux logiques opposées. Une économie planifiée est guidée par le choix des autorités publiques, une économie de marché est guidée par les intérêts privés, en particulier par le profit, expliquent Pierre Cahuc et André Zylberberg. C'est la recherche du profit qui motive le mouvement perpétuel des innovations. Ces innovations font naître de nouveaux produits, de nouvelles firmes, et font disparaître les anciens procédés. Une économie de marché est un bouillonnement d'essais et d'erreurs, de créations et de destructions. Par essence, ce bouillonnement est imprévisible et c'est pourquoi il n'existe pas dans une économie planifiée. Une économie de marché se caractérise par une incertitude permanente, et surtout inévitable. C'est le caractère imprévisible de l'économie de marché qui la rend insupportable à beaucoup[1]. »

---

1. Pierre Cahuc et André Zylberberg, *Le Chômage : fatalité ou nécessité ?*, *op. cit.*

La France rêve d'un monde clos, protégé, où personne ne viendrait la déranger. Où il n'y aurait aucune incertitude. Et où en même temps, on serait les plus forts, les plus intelligents, les plus innovants, les plus cultivés. On est dans une stratégie de forteresse. Cela permet de tenir quelque temps, mais ce n'est jamais une stratégie gagnante. On peut bâtir des forts Vauban, des lignes Maginot, des murailles de Chine, la réalité est là : le monde est fait d'échanges. Toutes les périodes de progrès ont été des époques d'aventures, de commerce, d'ouverture, d'inventions. La Chine, la Grèce, les Phéniciens, Venise. Et si une entreprise comme Renault a embauché 10 000 personnes l'an dernier, dont 5 000 en France, c'est parce que cette entreprise compétitive gagne des parts de marchés à l'international. Si elle se recroquevillait sur l'Hexagone, elle serait condamnée à une mort certaine. Ce sont les règles du jeu. On peut les corriger, en atténuer les effets, mais pas les ignorer. Or, cette économie-là, nos élites politiques ne la connaissent pas. Ils en ont peur. Car ils ne peuvent pas la maîtriser, la dominer. Alors, de la même façon qu'ils nous ont fait croire que le nuage de Tchernobyl s'était arrêté aux limites de l'Hexagone, ils font comme si la mondialisation pouvait s'arrêter à nos frontières.

Un État stratège

Claude Rochet est un haut fonctionnaire atypique. Un énarque de gauche qui, après une quinzaine d'années au service de l'État, est passé dans le privé, a créé un cabinet de conseil. Il est aujourd'hui chargé de mission à la délégation interministérielle à la Réforme de l'État. Il est également professeur à l'Institut de management public d'Aix-Marseille et chercheur à l'université de Versailles-Saint-Quentin en gestion de la technologie. Il n'appartient pas à la caste des grands corps. Mais la réforme de l'État et la révolution technologique sont ses deux dadas. Rochet explique : « Il faut réformer, non pas pour avoir moins d'État comme le laissent entendre les défenseurs du statu quo, qui sont complices des dérives budgétaires, mais pour avoir un État plus efficace. Plus performant. Sans une réflexion stratégique sur le rôle de l'État, on passe à côté de l'essentiel, en termes d'investissements, de recherche, de formation, d'intelligence économique. » Et ce chevènementiste n'hésite pas à citer l'économiste libéral Friedrich List qui a expliqué, en 1841, par quel processus les grandes puissances étaient devenues dominantes : en accumulant des capacités technologiques à haute valeur ajoutée, en développant l'éducation et les infrastructures, bref, en combinant dynamisme économique et puissance politique.

Pour avoir un État stratège, il faut commencer par retrouver des marges de manœuvre. « En supprimant ici ou là quelques directions superfétatoires, en rationalisant les centrales d'achat certes, explique ce haut fonctionnaire. Mais l'essentiel, c'est de réorganiser l'État en tenant compte de la révolution technologique. C'est une révolution qui entraîne forcément un processus de suppression-création d'emplois. Il ne faut pas forcément moins d'État, mais moins de bureaucratie. Il faut réorganiser, reconfigurer les organisations, comme l'ont fait les entreprises. Décloisonner. Organiser par projet, et ensuite travailler à des méthodes d'*outsourcing*, à une logique de formation pour dispatcher les effectifs et les moyens. Or là, cha-

cun défend son territoire, son petit pouvoir, sa carrière, son statut. Les nouvelles technologies devraient
supprimer les rentes. »

Cet énarque de gauche est révolté de voir tant de
chances gâtées, par aveuglement. « La révolution a eu
lieu aux États-Unis au milieu des années quatre-vingt,
explique-t-il. Ils ont compris que leur modèle était
obsolète. Il y a eu prise de conscience. Et Reagan a
certes eu une politique libérale, dans le sens où il a
coupé dans les budgets sociaux, mais dans le même
temps, il a mené de grandes politiques publiques,
notamment dans le domaine des innovations. Sous sa
présidence, l'État américain est redevenu stratège. »
Et selon ce fonctionnaire, la France a tout à fait les
moyens de réaliser ces mutations : « Tous les outils
sont sur les étagères, explique-t-il. En face de chaque
problème, il y a une réponse quelque part. Des gens
travaillent sur des solutions très innovantes. Avec des
logiciels venus du monde entier. Il suffit de s'en
servir. »

Mais les gouvernants se contentent de mettre une
petite touche de technologie sur des process obsolètes. Parce qu'ils ne comprennent toujours pas. Parce
qu'ils ne sont préoccupés que par la conquête du pouvoir. La conscience en paix, ils se sont débarrassés de
la question de la réforme de l'État, en créant un nouvel outil budgétaire, la loi organique relative aux lois
de finances (Lolf). La nouvelle procédure budgétaire,
votée par la droite et la gauche en août 2001, qui sera
mise en œuvre en 2006, est en soi une petite révolution qu'il faut saluer. Le budget ne sera plus voté par
chapitre (850) mais par programme ministériel (environ 157). Cette réforme vise à rendre les comptes de

la nation plus lisibles et à les accompagner d'évaluations. L'objectif est de permettre au Parlement d'exercer son contrôle. Ainsi, on passera d'une logique de services votés, qui entraînait la reconduite automatique des budgets de fonctionnement, soit 94 % du budget total, à une logique d'objectifs. Mais cette approche « purement comptable », comme disait Chirac, cet outil budgétaire, aussi vertueux soit-il, est évidemment très insuffisant dans le cadre d'une mutation radicale des modèles managériaux, d'une réallocation des ressources. On met la charrue avant les bœufs, comme pour les stratégies ministérielles de réforme (SMR). La France est le seul pays au monde – encore une exception – à engager une réforme de son administration publique par le biais d'une réforme budgétaire. La Lolf ne peut être le moteur qui impulse la réforme globale de l'État, comme l'a encore dit Villepin dans son interview aux *Échos*. C'est un leurre. Elle sera vite phagocytée par les bureaucraties.

La crise actuelle n'est pas seulement une crise de gestion, mais aussi une crise de l'État. Si l'on vise 3 à 5 % d'économies, ce que permettra – en théorie – de faire la Lolf, on ne résout pas le problème structurel et on compromet l'avenir car ce sont souvent les dépenses d'investissement qui en font les frais. Il faut des objectifs ambitieux dans certains secteurs, de l'ordre de 40 %. Pour investir massivement dans d'autres missions.

Mais ce débat n'a pas eu lieu. On en est resté à des postures idéologiques. Toute critique à l'encontre de la bureaucratie est perçue comme une critique de l'État lui-même. Et les « libéraux » français, qui se contentent de copiés collés, en sont restés à une vision purement gestionnaire : optimiser la productivité des processus administratifs.

Pourtant, les esprits sont prêts. Certes, les résistances existent, dans certains syndicats, dans une partie non négligeable de la gauche. Tous les sondeurs l'affirment, de manière très nette, dans leurs études qualitatives, il apparaît que les Français sont très majoritairement d'accord pour une stratégie de rupture, mais ils veulent savoir à quoi cela sert, vers quel type de société on se dirige. Le non du 29 mai était aussi un non au statu quo, une façon de faire exploser le système. Alors pourquoi ce déni, cette fuite, ces faux-semblants ? En réalité la question est : qui bloque ?

En attendant le messie

À dix-huit mois du scrutin décisif, tout le monde a intégré le fait qu'il ne se passerait rien dans ce pays. Rien, si ce n'est une interminable campagne présidentielle. La politique de Villepin n'est pas jugée à l'aune des défis que la France doit relever, mais de la marge de manœuvre dont il dispose, entre d'un côté le véritable détenteur de l'autorité, Jacques Chirac, et de l'autre le chef du parti majoritaire, Nicolas Sarkozy. Pire, comme il est acquis qu'il ne peut rien faire, son action, son discours sont analysés à travers le filtre de son éventuelle stature présidentielle. La seule discussion qui vaille – en dehors du fameux : la France est foutue –, c'est le jeu des pronostics. Le pays attend l'homme providentiel. Le messie. Face à une impuissance chronique, il n'y a plus de réflexion rationnelle. On attend le sauveur.

Notre République en est réduite à la problématique

de la conquête du pouvoir. L'essentiel n'est plus d'agir, de créer, de développer, de s'associer dans un but commun, mais de combattre, de détruire l'autre, pour conquérir l'Élysée.

Une République trop mâle, où tout le pouvoir est concentré entre les mains du chef. Un chef défaillant, ce qui crée un vide immense. Un système politique tendu vers l'élection présidentielle, sans contre-pouvoirs, où les Assemblées disposent de moyens dérisoires en termes de contrôle, mais aussi d'initiative législative, qui fonctionne sur le mode monarchique. Une République gérée par une caste homogène, qui se reproduit. Qui manque d'oxygène, de respiration. Une République guerrière, virile, et qui ne laisse aucune place au dialogue, à l'échange.

Pas étonnant que les femmes soient aussi peu nombreuses dans la représentation nationale, malgré la loi sur la parité. 12,2 % de femmes au Parlement. Ce qui situe la France au soixante-troisième rang dans le classement mondial réalisé par l'Union interparlementaire. Loin derrière les démocraties du nord de l'Europe, comme la Suède (45 % de femmes), le Danemark (38 %), la Finlande (37 %), mais aussi derrière l'Argentine (30 %), la Chine, le Canada, le Sénégal, les Philippines, le Pakistan, le Mexique, le Turkménistan. Dans 22 pays, des femmes ont été élues à la présidence des Parlements nationaux. En Afrique du Sud, en Espagne, en Hongrie, en Jamaïque, en Géorgie. En France, elles ne sont ni présidentes, ni vice-présidentes, ni présidentes de groupe, ni présidentes de commission. C'est aussi le signe d'un déséquilibre, d'une organisation passéiste, de valeurs en décalage avec la vie réelle.

Cette république autoritaire, mais sans autorité, est

moribonde. La moitié du corps électoral la rejette. Passer à la VIᵉ République ne suffira pas. Ce n'est pas un remède miracle. Mais c'est une des conditions de la guérison. Afin de définir de nouvelles règles du jeu. De redonner confiance au peuple. Certains visiteurs du soir sont d'ailleurs allés proposer à Jacques Chirac d'initier un big-bang constitutionnel au lendemain du non à la Constitution européenne. Une Assemblée constituante pour sortir de la crise, cela aurait eu de la gueule. Mais ces visiteurs du soir sont revenus dépités : « Le président ne se sent pas à l'aise avec les questions constitutionnelles. »

La VIᵉ République

Arnaud Montebourg, cofondateur du courant Nouveau Parti socialiste, milite depuis plusieurs années pour une VIᵉ République : « Si, aujourd'hui, il y a une telle crise de confiance, c'est parce qu'il n'y a plus de lieu où la nation définit son destin ensemble. Cela n'existe plus, explique-t-il. Le système de prise de décision collective est détruit, il fonctionne comme un moulin qui éparpille au vent les espérances, les croyances, avec un discours qui n'a rien à voir avec la réalité. Pourquoi les hommes politiques ne disent pas la vérité ? Parce que le système les y autorise. On peut raconter n'importe quoi sans avoir à redouter la moindre sanction. Il n'y a pas de délibérations, pas de contrôles. La VIᵉ République réintroduirait de l'adhésion. Cela doit être un outil pour démocratiser le système, avec du contrôle, du dialogue. Quand on aura ce nouvel outil, alors on traitera les problèmes qui

277

n'ont jamais été traités. Les Français sont d'accord avec cela. Ils ont compris. »

Montebourg a fait la première proposition aboutie de réforme constitutionnelle. Il y est évidemment question de clarifier les rôles respectifs du président et du Premier ministre. Mais le député de Saône-et-Loire a surtout réfléchi à un nouvel équilibre des pouvoirs. Il a repensé toute l'architecture des institutions à l'aune de la responsabilité, de la transparence, du contrôle. Contrôle du Parlement sur les administrations, sur les nominations qui sont aujourd'hui à la discrétion du gouvernement, création d'un système de *Whistle-Blower,* de « siffleurs d'alarmes », d'autorités de contrôle indépendantes des administrations, attribution automatique de la présidence de la commission des Finances à l'opposition, comme en Grande-Bretagne, obligation, pour ceux qui déposent une motion de censure, de proposer un Premier ministre de remplacement, mise en place d'un vrai *spoil system* qui dit son nom.

Une façon d'en finir avec ces cabinets ministériels pléthoriques, qui contribuent à compliquer les problèmes au lieu de les simplifier. Et à favoriser la caste des grands corps d'État. Ainsi la liste des hauts fonctionnaires amenés à être remplacés par la nouvelle majorité serait officielle. Les ministres seraient amenés à travailler directement avec leurs administrations, au lieu de doubler les directeurs d'administration par des conseillers. C'est ce qu'a fait Rufenacht au Havre. Pour le plus grand bonheur du personnel municipal. Comme le dit Virville, le directeur des ressources humaines de Renault : il faut une chaîne de management courte.

« Il faut en revenir à Montesquieu, à *L'Esprit des*

lois », conclut Montebourg. En écho, Hervé Novelli, un député libéral accablé par l'indigence de la politique menée par le gouvernement issu de sa majorité – « du pointillisme » – fait exactement le même diagnostic : « On est dans un régime ultraprésidentiel. Le pouvoir est concentré sur une seule personne. Il n'y a aucune respiration, d'autant que la caste de la haute fonction publique, qui s'est déversée dans les cabinets ministériels, bloque toute tentative de modification du système. Jamais le principe de séparation des pouvoirs n'a été autant bafoué. Il faut en revenir à Montesquieu. » Une Constituante pour 2007 ? Ou simplement l'espoir d'un homme providentiel ?

On joue à la lutte des classes

Jean-Christophe Le Duigou est secrétaire général de la CGT. Le syndicat maudit. Celui de tous les blocages, de tous les acquis sociaux. La tête de Turc des patrons et des politiques. Le Duigou est le cerveau, l'intellectuel, la tête chercheuse de la confédération. Cet économiste a parfaitement compris la nécessité d'adaptation au nouveau monde. Il a donc proposé, pour faire face aux nouveaux défis, une « sécurité sociale professionnelle », c'est-à-dire « un système de protection et de responsabilité faisant place à la mobilité et à la formation dans la continuité des garanties sociales. En réduisant la crainte du chômage, on en viendrait progressivement à dépasser le travail vécu comme une activité contrainte. C'est une révolution qui s'amorcerait[1] ». Derrière un certain verbiage cégétiste, poin-

---

1. *L'Humanité*, 25 août 2005.

tent les mots clés : mobilité professionnelle, carrières diversifiées, formation. C'est exactement ce qui a été mis en place au Havre, chez Renault, dans les pays nordiques. Un dialogue serait-il possible ?

Le doute est permis, car, derrière ces mots, sur le terrain, ce syndicat – parmi les plus conservateurs – participe de tous les blocages. Le Duigou répond avec une certaine franchise : « Nous sommes tous coupables », phrase mise en exergue par François Dalle, alors président de L'Oréal, dans le rapport sur l'emploi qu'il avait fait en 1987, à la demande de Philippe Séguin.

Et le numéro deux de la CGT de poursuivre : « Il y a sans doute une grande responsabilité de la part de ceux qui ont initié le tournant de 1983-1984 sans l'assumer. On a présenté cela comme une parenthèse, une période d'austérité qui allait permettre de revenir au modèle antérieur. Et cela a recommencé en 1995. Chirac a suscité un faux espoir avec son autre politique et la fracture sociale. Si l'on veut sortir de la névrose, il faut avoir un débat sur les choix sociaux et économiques avec les syndicats, avec les politiques. Où met-on le curseur ? Il faut sortir de la relation gouvernants-gouvernés. Le pouvoir a toujours esquivé ce débat. La politique se limite à des stratégies de conquête du pouvoir. Il faut réfléchir à notre modèle social, qui est en train de se déliter. Peut-il évoluer ? Doit-on lui en substituer un autre ? Mais on ne change pas de modèle comme on change un processus de fabrication. Encore que cela soit très compliqué également. Il faut en discuter. On s'est précipités dans les bras du libéralisme sans savoir où on voulait aller. Il faut avoir une stratégie offensive. Or, depuis vingt ans, on se contente de traiter de la réforme sous l'angle exclusif des finances. On n'a toujours pas eu cette réflexion. »

Mais difficile tout de même d'enclencher ce débat, non ? La moindre mesure, à la SNCF par exemple, provoque une grève. Réponse du n° 2 de la CGT : « On joue à la lutte des classes... pardon, je ne devrais pas dire les choses comme cela. Il y a un jeu de rôles. Pourquoi tous les ans un conflit sur les plannings ? Systématiquement la direction va défavoriser la tête de Turc. On est dans ce type de rapports. Pourquoi le cadre n'est-il pas capable d'avoir une relation avec son employé ? Et puis, bien souvent, les directeurs s'abritent derrière la menace d'un conflit ou d'une grève pour ne pas gérer un dossier délicat. Tout le monde y trouve son compte. » Des rapports d'un autre âge...

Notre société fonctionne sur un canevas archaïque. Au centre de tout : le conflit. Dans le quotidien, c'est le petit chef qui enquiquine l'employé, le syndicaliste qui met systématiquement des bâtons dans les roues. Et lorsqu'il faut affronter des difficultés, on se tape dessus. Physiquement. La paralysie du port de Marseille, l'assaut du ferry « piraté » par des troupes d'élite et des hélicoptères, lors du conflit de la SNCM, en sont une illustration. Avec d'un côté des syndicats qui défendent bec et ongles des avantages irréalistes, sans tenir compte de la situation économique, des lois françaises ou européennes. Et de l'autre un pouvoir qui n'a pas su gérer, qui a laissé l'entreprise s'enliser et qui décrète sans négocier.

Or, on l'a vu, toutes les sociétés qui ont réussi à s'adapter, à se réformer l'ont fait sur la base d'un respect mutuel. Et c'est pour cela que le travail de deuil est important, c'est parce qu'une fois libéré de cette nostalgie du passé, le pays retrouvera une capacité d'écoute, un esprit d'ouverture. Il y aura moins de crispation. Moins de fantasmes.

Le Duigou raconte qu'en 1989, lors d'une négociation à Bercy sur la revalorisation des carrières des agents moyens, la CGT a proposé de mettre sur la table la question de la mobilité entre les différentes directions de Bercy, de manière à mieux gérer les carrières. C'était bien avant la réforme Sautter qui a échoué. « Cela a bloqué, car Bercy ne voulait pas inclure les agents de la catégorie A (la plus élevée), explique-t-il. Du coup on aurait clairement interprété cela comme une mesure de rationalisation des postes en bas de l'échelle, pas d'une meilleure organisation. Nos interlocuteurs nous ont dit que ce n'était pas possible car à ce moment-là, ils ne sauraient plus comment gérer les emplois dits de débouchés : conservateurs des hypothèques, trésoriers-payeurs généraux. Cela aurait remis en cause la caste. »

Nombre de hauts fonctionnaires m'ont expliqué la même chose. « Même si Raffarin a commencé à supprimer quelques structures, avec leurs présidents, les secrétaires, les chargés de missions, les voitures, les bureaux, un tas de postes ne subsistent que parce que ce sont des emplois de débouchés, m'explique cet ancien haut fonctionnaire de Bercy. Il faut en finir avec les "charges" – les trésoriers-payeurs généraux qui gagnent 250 000 euros par an, les conservateurs des hypothèques, les inspections générales. C'est digne de l'Ancien Régime. » Un autre haut fonctionnaire blâme à son tour cette caste qui profite du système : « Il faudrait cesser d'alimenter la technostructure, dit-il. En finir avec les cabinets ministériels et les 750 conseillers. Ce qui veut dire, avec les chauffeurs, les secrétaires, 3 650 personnes ! Des types de trente ans qui décident, sans aucune vision à long terme, qui s'en contre-foutent de la faisabilité de leurs décisions car ils ne seront plus là quand il faudra les appliquer. Ils vont au plus simple, au plus médiatique, quitte a se contenter de mesures virtuelles. »

Dans une note blanche, un haut fonctionnaire écrivait : « Les règles de fonctionnement de notre système public organisent l'irresponsabilité et l'opacité décisionnelle, favorisant le penchant naturel des responsables à rechercher une position hiérarchique pour les avantages qu'elle procure mais à en refuser les conséquences en matière de responsabilité. »

La confiance, le dialogue, le respect de l'autre, le sentiment qu'on est tous dans le même bateau. C'est à ce prix que peu à peu, étape par étape, la France acceptera de tourner la page et de construire un autre avenir. Or, pour le moment, la base a le sentiment d'avoir été flouée. Tous les syndicalistes que j'ai rencontrés, réformistes ou pas réformistes, tous ont eu la même complainte : « Les salariés ont déjà consenti beaucoup d'efforts, en termes de flexibilité, de précarité. Il y a eu des plans sociaux, des restructurations, des privatisations. Et globalement, pourquoi a-t-on fait tous ces efforts ? Quels ont été les effets pour les salariés ? Du chômage et une baisse du pouvoir d'achat. En revanche, les entreprises affichent des bénéfices. Et les patrons s'attribuent des stock-options, des retraites indécentes. Qu'est-ce qu'on a gagné ? »

Une élite qui risque sa peau

Car cette coupure entre les élites et la base ne concerne pas seulement la sphère publique. Rencontre avec un très haut fonctionnaire, un inspecteur des Finances, passé à la banque. Très rodé à l'international. Contraint à un certain droit de réserve, il explique, « off » : « La France est un pays où l'on n'aime pas la concurrence. De Cassen à Beffa. Les patrons français sont congénitalement allergiques à la concurrence. Ils aiment les situations consolidées. Les noyaux durs. Les grands zinzins. Ils fonctionnent sur un modèle ancien. La consanguinité des conseils d'administration français, c'est quelque chose d'unique au monde. Dans les comités de rémunération, on met ses copains. » Et d'évoquer les différends qui ont opposé nombre de grands patrons avec leur comité de rémunération, dès que celui-ci tentait de stopper la fringale des présidents. Citant même le cas d'un grand patron qui avait fait savoir à certains membres de son comité de rémunération qu'il ne souhaitait pas leur présence lors de la réunion où allaient se décider les conditions de son départ à la retraite. Et tout le monde a obtempéré. Il faudrait être fou pour se priver de jetons de présence confortables.

« Aux États-Unis, le montant des stock-options et des retraites est souvent très élevé, explique-t-il, mais les postes de P-DG sont à très haut risque. On reste président quatre ou cinq ans seulement. On quitte l'entreprise à cinquante-huit ans, et c'est fini. En France, ils s'accrochent pendant dix ou quinze ans, ils veulent être prorogés au-delà de l'âge de la retraite et en même temps toucher des stock-options et des retraites maximales. Ils veulent le beurre et l'argent du beurre. Il n'y a pas que les politiques qui refusent les contre-pouvoirs. Sur ce plan nous sommes très en retard. Le train de vie des grandes entreprises est à l'image de ce qui se passe en politique. Les entreprises anglo-saxonnes ne vivent pas sur ce train. »

En France toutes les élites rêvent des attributs du pouvoir : le chauffeur, les vitres teintées. Les Anglo-Saxons, eux, veulent acquérir une valeur en soi, qui sera reconnue par la société, appréciée sur le marché. C'est très différent. En Grande-Bretagne il n'y a que deux ou trois conseillers dans les cabinets ! Tony Blair et Gordon Brown se partagent des locaux, en toute simplicité. Et quand les Anglo-Saxons viennent en France, ils sont ébahis par le décorum, les huissiers, les assesseurs qui apportent café, thé, jus d'orange et petits fours. Les appartements de fonction, les hôtels particuliers, tous ces avantages en nature participent de l'esprit de cour et de course aux prébendes. Même si, à la suite de l'affaire Gaymard, le gouvernement a promis de remettre un peu d'ordre dans l'attribution des logements de fonction, l'État se montre encore très généreux.

« Les élites ne créent pas un climat qui les rende crédibles. Elles ne sont pas démocratiques, respectables, poursuit cet inspecteur des Finances. Et qu'on arrête de brandir le spectre d'une casse sociale. Quelle casse sociale ? Il n'y aura pas de casse sociale. C'est l'élite qui risque sa peau. La grande difficulté, c'est que les élites ne veulent pas abandonner leur rente. Cela dit, il faudra gérer le deuil. Ce ne sera pas un remake des trente glorieuses. »

Des élites incapables de dialoguer avec le peuple, mais également incapables de discuter entre elles. Chacune étant préoccupée de garder son pouvoir. « Il y a une compétition entre les "sachants", entre les politiques et les patrons. Entre les fonctionnaires et les élus, explique notre banquier. Prenons l'affaire Executive Life, elle s'est réglée au Trésor. Les hauts fonctionnaires de Bercy pensaient que les parlementaires n'allaient pas comprendre. Et ceux-ci ont eu le plus grand mal à obtenir des informations. Du coup, ils ont créé une commission d'enquête et le ton est devenu très accusatoire à l'égard de Bercy. On est perpétuellement dans le conflit. Il n'y a pas de capacité de dialogue. On ne veut pas associer. On est dans un système d'Ancien Régime. Le mode de sélection des élites administratives stérilise l'instinct de compétition. Elles sont assurées que leur supériorité ne sera pas contestée. Tout leur est dû. En Espagne, en Grande-Bretagne, en Pologne, les dirigeants ont quarante ans. Dans le public, comme dans le privé. » C'est un inspecteur des Finances qui parle.

La France est le seul pays au monde où une seule école, l'ENA, forme 90 % des élites administratives. Nicolas Tenzer, un énarque de droite, a l'honnêteté d'écrire, dans son dernier livre : « Cette focalisation sur l'ENA participe d'un travers français alors qu'il est des problèmes autrement plus importants à traiter. Mais il s'agit d'un exercice fondamental pourtant, dans la mesure où la réforme de la tête commande tout le reste. Si l'on ne parvient pas à la réformer, il est inutile d'espérer entreprendre des changements de quelque envergure [1]... »

---

1. *France, la réforme impossible*, Flammarion, 2004.

Une réorganisation de la sphère publique, un réengineering intelligent de la fonction publique ne pourra se faire sans une réforme en profondeur de la sphère décisionnelle. Tout commence par la tête. Et c'est là où le bât blesse. L'appareil d'État est tenu par une petite aristocratie, issue des grands corps de l'État. Secrétaire général de l'Élysée, directeurs de cabinet des ministères clés, vice-président du Conseil d'État. Ils sont quelques dizaines à verrouiller le processus de décision. Et c'est cette caste – au sens de « groupe social attaché à ses mœurs et à ses privilèges et qui exclut toute personne étrangère [1] » qui tient les clés du changement. Or, elle n'a aucun intérêt au changement. « Les élites françaises ne croient plus à la France. Elles ont démissionné de leur rôle. Qu'est-ce qu'elles risquent ? s'indigne un haut fonctionnaire de gauche. Au pire un rapport de la Cour des comptes. Les déficits ? Quelle importance ? »

Des élites qui ont magnifiquement profité du système passé et sont incapables d'en concevoir un autre : dirigeants politiques cacochymes, technocrates monopolisant les postes de commande, hommes d'affaires devenus milliardaires grâce aux largesses de l'État, présidents de holdings contrôlés par leurs pairs, corporatismes de tous poils qui règnent en maîtres dans leur pré carré hexagonal. Ce sont eux qui ont intérêt au maintien d'un État quasi féodal et ont installé entre le peuple et les dirigeants un plafond de verre infranchissable.

---

1. *Le Petit Robert.*

Conclusion

> « Le monde n'est pas dangereux à
> cause de ceux qui font le mal, mais à cause
> de ceux qui regardent et laissent faire. »
>
> ALBERT EINSTEIN

Villepin déclarait au terme de ses cent jours : « Les Français en ont marre des critiques. » Ils en ont surtout marre des mensonges. Des fausses promesses. Des efforts consentis pour rien. De l'horizon bouché. Oui, ils en ont assez de macérer dans ce climat mortifère, où, à défaut de régler les problèmes, on les presse, on les oppresse. Mais cela ne veut pas dire qu'ils se satisfont d'un optimisme béat, d'un volontarisme d'un autre âge.

Les Français sont las des querelles politiciennes, du petit jeu des écuries présidentielles. Camdessus, Kouchner ont raison, on ne pourra pas se contenter de petits arrangements. Réformes des institutions, de l'ENA, des universités, de la recherche, réorganisation de l'État, redéploiement des administrations. C'est à ce prix que la France retrouvera son tonus. Et pas en se contentant de honnir l'économie de marché. Il faut arrêter de subir et agir.

Le philosophe Marcel Gauchet, rédacteur en chef de la revue *Le Débat*, auteur de nombreux ouvrages sur la démocratie, le totalitarisme, se montre très sévère à l'encontre du discours de l'extrême gauche mais surtout de ceux qui le diffusent : « Il n'y a pas de modèle économique alternatif, dit-il. Les gens qui braillent cela n'y croient pas. Ce sont des démagogues. Des populistes. Ils sont voués à apparaître comme des traîtres. Il y a des réalités. Il faut s'y adapter. Cela demande un énorme effort. Face aux évolutions du monde, ils se contentent de dire : le réel n'est pas conforme, c'est donc le réel qui se trompe. Notre modèle a fonctionné, dans le sens où l'on est un des pays qui a le mieux réussi sa reconstruction. Il y a eu un moment heureux. Il faut savoir faire le deuil de cette époque. Au lieu de cela nous sommes plongés dans une nostalgie radicale. Une situation originale, avec un mélange de pulsion révolutionnaire et de conservatisme radical. »

Il est urgent de se réveiller. Aujourd'hui, cent cinquante millions de Chinois ont déjà un niveau de vie comparable au nôtre. Dans dix ans, il y aura plus d'ingénieurs et de chercheurs dans l'empire du Milieu que dans toute l'Europe. L'Inde est en train de rattraper le monde occidental. Les laboratoires de Bombay, de New Delhi sont en concurrence avec ceux des États-Unis, dans les domaines de pointe : nouvelles technologies, mais aussi marketing, packaging...

« La France est une Union soviétique qui fonctionne » : l'économiste libéral Jacques Marseille avait fait un tabac avec cette formule, lancée il y a une dizaine d'années. Mais ce n'est plus le cas aujourd'hui. C'est un peu moins l'Union soviétique. Mais cela fonctionne de moins en moins bien. Et la prise de conscience est en train de se faire. Les Français ont ouvert les yeux. À l'image de ces deux chercheurs, de gauche, qui ont écrit dans une tribune publiée par *Le Monde* : « Longtemps nous crûmes que la terre de France préfigurait la terre du monde, que notre destin national était une exception appelée à devenir la règle pour tous. Or la globalisation nous fait prendre conscience qu'il y a des valeurs, des inventions, des créations, qui ne sont pas françaises, et qui peuvent utilement relativiser les nôtres. Oui, l'avenir du monde et sa possible survie, le sens de son aventure ne dépendent plus d'abord de nous, ni de notre vision du monde. Avant de croire que nous avons raison contre tous, commençons par nous regarder nous-mêmes [1]. »

La France n'est pas aveugle. Certes, elle reste très méfiante à l'égard de l'économie de marché, elle est majoritairement favorable à une régulation, à une solidarité, à l'attribution de minima sociaux, de soins gratuits pour les plus démunis, etc. Les Français sont plus à gauche que d'autres pays d'Europe. Ils tiennent au respect de certains grands principes. Mais ils ne sont pas totalement déconnectés non plus.

Il y a déjà eu beaucoup d'évolutions positives. Et cela continue, ici ou là. Le pays n'est plus rétif au changement. Mais il faut dédramatiser. Faire de la désinflation idéologique. Ne pas mettre les Français face à un défi insurmontable : inventer un nouveau modèle !

Accepter le libéralisme ? Les lois du marché ? Mais c'est déjà le cas. Mieux vaut l'admettre. On s'en fait tout un monde. C'est comme changer de boulot.

---

1. *Le Monde*, 18 mai 2005.

Déménager. On angoisse, on a peur que cela soit moins bien, ou qu'on ne soit pas à la hauteur. Et puis, après être passé à l'acte, tout va mieux, l'air redevient léger, on respire, on revit. C'est pareil pour tout. Qu'il s'agisse de choses très importantes ou de petits détails de la vie quotidienne. Cela fonctionne de la même façon. On repousse l'échéance. On culpabilise. Et puis il y a un moment où il faut lâcher prise. De toute façon, quand un système devient trop figé et fait obstacle à la croissance, il devient oppressant et tôt ou tard il est renversé par un désir physique de vivre, de bouger, de créer.

On comprend ce que veut dire le ministre des Finances Thierry Breton quand il affirme : « La France vit au-dessus de ses moyens. » C'est vrai, mais il ne suffit pas de s'en tenir à ce constat : c'est l'État qui fonctionne mal, comme une vieille chaudière encrassée. Et du coup la France, elle, vit au-dessous de ses moyens. Elle a tous les atouts pour vivre mieux.

C'est une règle d'évidence, lorsqu'une puissance est parvenue au faîte de la grandeur, elle a beaucoup de mal à rejeter le système qui lui a permis d'atteindre ces sommets. La France est riche, d'un immense capital accumulé. Elle n'a pas complètement décroché. Elle peut continuer à vivre sur ses acquis pendant des années. Les experts fixent l'échéance critique à dix ans. Mais plus on attend, plus dure sera la chute, car la courbe du déclin est exponentielle. C'est tout l'enjeu de la prochaine présidentielle. À gauche comme à droite, s'affrontent le camp du déni et celui du réel. Et ce sont les Français qui choisiront de relever le défi ou non.

Remerciements

Le livre terminé, vient le moment d'exprimer ma gratitude à tous ceux qui ont contribué à sa réalisation.

Merci d'abord à mon ami le docteur Alain Lizotte, psychanalyste et psychiatre, qui m'a aidé à décrypter le malaise français par le biais d'une lecture analytique. Me faisant découvrir de nouvelles perspectives, et me mettant sans cesse en garde contre des interprétations trop simplistes, ou déplacées.

Merci à mon directeur littéraire Alexandre Wickham, un complice de longue date, avec lequel j'ai déjà publié de nombreux livres, *L'Impossible Victoire*, sur la première élection de Chirac, en 1995. *Le Fiasco*, sur l'échec du gouvernement Juppé, en 1996. *Les Frères invisibles*, écrit avec mon confrère de *Libération* Renaud Lecadre, sur les dérives maçonniques, en 2001. *Les Intouchables*, sur la caste des inspecteurs des Finances, en 2004. Ses encouragements, sa confiance, son soutien, mais aussi son exigence m'ont été très précieux.

Merci à Francis Esménard, P-DG d'Albin Michel, qui, au cours d'un déjeuner, m'a tout de suite encouragée dans le projet un peu fou que je lui soumettais à l'époque : faire une sorte de psychanalyse de la France pour essayer de comprendre les blocages, les conservatismes, la déprime.

Merci bien sûr à Richard Ducousset, vice-président

d'Albin Michel, sans qui rien ne serait possible, toujours vigilant, veillant à valoriser le travail de ses auteurs. Et qui, une fois encore, m'a fait confiance. Merci à Jean-Gustave Padioleau, un nouvel ami, professeur à Dauphine et chercheur à la Maison des Sciences de l'homme, qui m'a beaucoup écoutée et m'a ouvert de nombreuses portes.

Je tiens également à exprimer un grand merci à mes proches, à mon mari et à mes deux filles, qui, comme toujours, ont supporté avec humour et gentillesse mon stress, mes angoisses.

Table

Composition Nord Compo
Impression : Bussière, décembre 2005
Éditions Albin Michel
22, rue Huyghens, 75014 Paris
www.albin-michel.fr

ISBN : 2-226-15989-4
N° d'édition : 23577 – N° d'impression : 054390/4
Dépôt légal : janvier 2006
Imprimé en France.